MARÇO 2010, ANO 2, VOL. 3, SEMESTRAL

DIREITO DAS SOCIEDADES
em Revista

DOUTRINA

Concertação de accionistas, exoneração e OPA obrigatória em sociedades abertas
Pedro Pais de Vasconcelos

Diálogos com a jurisprudência,
II – Responsabilidade dos administradores para com credores sociais
e desconsideração da personalidade jurídica
Jorge M Coutinho de Abreu

Publicidade das participações nas sociedades comerciais
Rui Pinto Duarte

A igualdade de tratamento dos accionistas na OPA
José Engrácia Antunes

Penhora de quotas e acções
Alexandre Soveral Martins

Los deberes de lealtad de los administradores del art. 127 ter LSA
Carlos Górriz López

El ejercicio colectivo de la actividad profesional:
la ley española de sociedades profesionales de 2007
Carmen Herrero Suárez

O acórdão *Cartesio* e a liberdade de estabelecimento das sociedades
Rui M. Pereira Dias

ÍNDICE

5 Abreviaturas

DOUTRINA

11 Concertação de accionistas, exoneração e OPA obrigatória em sociedades abertas
Pedro Pais de Vasconcelos

49 Diálogos com a jurisprudência,
II – Responsabilidade dos administradores para com credores sociais
e desconsideração da personalidade jurídica
Jorge M Coutinho de Abreu

65 Publicidade das participações nas sociedades comerciais
Rui Pinto Duarte

87 A igualdade de tratamento dos accionistas na OPA
José Engrácia Antunes

113 Penhora de quotas e acções
Alexandre Soveral Martins

143 Los deberes de lealtad de los administradores del art. 127 ter LSA
Carlos Górriz López

179 El ejercicio colectivo de la actividad profesional:
la ley española de sociedades profesionales de 2007
Carmen Herrero Suárez

215 O acórdão *Cartesio* e a liberdade de estabelecimento das sociedades
Rui M. Pereira Dias

ABREVIATURAS

AAVV/VVAA	Autores Vários/Vários Autores
AAFDL	Associação Académica da Faculdade de Direito de Lisboa
ac./acs.	acórdão/acórdãos
ACE	Agrupamento(s) Complementar(es) de Empresas
AEIE	Agrupamento(s) Europeu(s) de Interesse Económico
AG	Die Aktiengesellschaft
AktG	Lei alemã sobre as sociedades anónimas e em comandita por acções, de 6 de Setembro de 1965
al.	alínea
AnnDrComm	Annales de Droit Commercial
AnwBl	Anwaltsblatt
BankLJ	Banking Law Journal
BB	Betriebs-Berater
BFD	Boletim da Faculdade de Direito da Universidade de Coimbra
BGHZ	Entscheidungen des Bundesgerichtshofs in Zivilsachen
BMJ	Boletim do Ministério da Justiça
BulJS	Bulletin Joly des Sociétés
CA 2006	Companies Act, de 2006 (Inglaterra)
CadMVM	Cadernos do Mercado dos Valores Mobiliários
CC	Código Civil
CCit	Codigo civil italiano, de 16 de Março de 1942
CCom	Código Comercial
CComf	Novo código de comércio francês (aprovado pela Ordonnance, de 18 de Setembro de 2000)
CEE	Comunidade Económica Europeia
CeImp	Contratto e Impresa
CEJ	Centro de Estudos Judiciários

cfr.	confronte
CIRC	Código do Imposto sobre o Rendimento das Pessoas Colectivas
CIRE	Código da Insolvência e da Recuperação de Empresas
CIRS	Código do Imposto sobre o Rendimento das Pessoas Singulares
CJ	Colectânea de Jurisprudência
CJ-STJ	Colectânea de Jurisprudência Acórdãos do Supremo Tribunal de Justiça
CLR	Columbia Law Review
CMLRev.	Common Market Law Review
CMVM	Comissão do Mercado de Valores Mobiliários
CPC	Código de Processo Civil
CPen	Código Penal
CPEREF	Código dos Processos Especiais de Recuperação da Empresa e da Falência
CódMVM	Código do Mercado de Valores Mobiliários
CRCom	Código do Registo Comercial
CRP	Constituição da República Portuguesa
CSC	Código das Sociedades Comerciais
CT/CTrab	Código do Trabalho
CVM	Código dos Valores Mobiliários
DB	Der Betrieb
DFiscB	Droit Fiscalité Belge
DJ	Revista Direito e Justiça
Dec.-Lei/DL	Decreto-Lei
DG	Diário do Governo
DR	Diário da República
DSR	Direito das Sociedades em Revista
ed.	edição
EBOR	European Business Organization Law Review
ECFR	European Company and Financial Law Review
EIRL	Estabelecimento(s) Individual(ais) de Responsabilidade Limitada
EuZW	Europäische Zeischrift für Wirtschafsrecht
ForI	Forum Iustitiae
ForLR	Fordham Law Review
Giur.Comm.	Giurisprudenza Commerciale
GmbH	Gesellschaft mit beschränkter Haftung (Alemanha)
GmbHG	Lei alemã sobre as sociedades de responsabilidade limitada, de 20 de Abril de 1892
GmbHR	GmbH-Rundschau
HarvLR	Harvard Law Review

id.	*idem*
InsO	Insolvenzordnung (lei alemã da insolvência)
IPRax	Praxis des Internationalen Privat- und Verfahrensrechts
JOCE	Jornal Oficial das Comunidades Europeias
JOUE	Jornal Oficial da União Europeia
L.	Lei
LGT	Lei Geral Tributária
LSGPS	Lei das Sociedades Gestoras de Participações Sociais
LSQ	Lei das Sociedades por Quotas
MoMiG	Gesetz zur Modernisierung des GmbH-Rechts und zur Bekämpfung von Missbräuchen (Alemanha)
NZG	Neue Zeitschrift für Gesellschaftsrecht
n./nn.	nota/notas
n.º	número
OPA	Oferta(s) Pública(s) de Aquisição
OPV	Oferta(s) Pública(s) de Venda
p./pp.	página/páginas
p. ex.	por exemplo
POC	Plano Oficial de Contabilidade
RCEJ	Revista de Ciências Empresariais e Jurídicas
RDE	Revista de Direito e Economia
RDES	Revista de Direito e de Estudos Sociais
RDM	Revista de Derecho Mercantil
RdS	Revista de Derecho de Sociedades
RDS	Revista de Direito das Sociedades
RC	Tribunal da Relação de Coimbra
RE	Tribunal da Relação de Évora
RevDBB	Revue de Droit Bancaire et de la Bourse
RevE	Revisores e Empresas
RevF	Revista Fisco
RevOD/O Direito	Revista O Direito
RevTOC	Revista dos Técnicos Oficiais de Contas
RG	Tribunal da Relação de Guimarães
RivDCom	Rivista del Diritto Commerciale e del Diritto Generale delle Obbligazioni
RJOIC	Regime Jurídico dos Organismos de Investimento Colectivo
RJUPort	Revista Jurídica da Universidade Portucalense Infante D. Henrique
RL	Tribunal da Relação de Lisboa
RMBCA	Revised Model Business Corporation Act (EUA)
RP	Tribunal da Relação do Porto

reimp.	reimpressão
RFDUL	Revista da Faculdade de Direito da Universidade de Lisboa
RGICSF	Regime Geral das Instituições de Crédito e Sociedades Financeiras
RIW	Recht der Internationalen Wirtschaft
RLJ	Revista de Legislação e Jurisprudência
RNPC	Registo Nacional de Pessoas Colectivas
ROA	Revista da Ordem dos Advogados
ROC	Revisor Oficial de Contas
RS	Rivista delle Società
s./ss.	seguinte/seguintes
SA	Sociedade(s) Anónima(s)
SARL	Sociedade de Responsabilidade Limitada (França)
SQ	Sociedade(s) por Quotas
SCE	Sociedade(s) Cooperativa(s) Europeia(s)
SE	Sociedade(s) Europeia(s)
SGPS	Sociedade(s) Gestora(s) de Participações Sociais
SPE	Sociedade(s) Privada(s) Europeia(s)
SRL	Sociedade de Responsabilidade Limitada (Itália)
SROC	Sociedade(s) de Revisores Oficiais de Contas
STJ	Supremo Tribunal de Justiça
SZW	Schweizerische Zeitschrift für Wirtschaftsrecht
tb.	também
TCE	Tratado da Comunidade Europeia
Themis	Themis – Revista da Faculdade de Direito da Universidade Nova de Lisboa
TJCE	Tribunal de Justiça das Comunidades Europeias
TJUE	Tribunal de Justiça da União Europeia
TRLSA	Lei espanhola sobre as sociedades anónimas (texto refundido aprovado pelo Real Decreto Legislativo 1564/1989, de 22 de Dezembro)
UCP	Universidade Católica Portuguesa
v.	*vide*
VJud	Vida Judiciária
vol./vols.	volume/volumes
ZGR	Zeitschrift für Unternehmens- und Gesellschaftsrecht
ZHR	Zeitschrift für das gesamte Handelsrecht und Wirtschaftsrecht
ZIP	Zeitschrift für Wirtschaftsrecht

 DOUTRINA

Resumo: A posição dos pequenos accionistas nas sociedades abertas pode ser fortemente prejudicada se ocorrer uma concentração de votos num accionista ou num grupo de accionistas que lhes confira um domínio opressivo da sociedade. Nesses casos, a lei confere aos pequenos accionistas a faculdade de se afastarem da sociedade mediante uma contrapartida equitativa. Este estudo trata do caso em que essa maioria opressiva seja construída pela concertação oculta de accionistas e do modo como os pequenos accionistas podem obter a sua saída da sociedade nestes casos, sem perderem a contrapartida equitativa.

Abstract: Minor shareholders have the right to leave the company and receive a fair value for their shares whenever one or a group of shareholders achieve an oppressive majority. This is openly foreseen in the law and normally raises no special difficulties. They may however face difficulties when the oppressive majority is achieved by undisclosed agreement of several shareholders acting supposedly not as a group. This paper deals with the juridical response of minor shareholders to undisclosed groups of shareholders in order to force the acquisition of their shares for its fair value.

PEDRO PAIS DE VASCONCELOS[*]

Concertação de accionistas, exoneração e OPA obrigatória em sociedades abertas

1. Especificidade e *ratio juris* do estatuto jurídico de sociedade aberta. O mercado dos valores mobiliários. A sua função de captação e canalização de poupanças para o investimento e de mobilidade das participações. A tutela do mercado e a tutela dos investidores. Ordem pública.

O *nomen juris* «sociedade aberta» foi introduzido na legislação sobre sociedades e valores mobiliários pelo actual Código dos Valores Mobiliários em substituição das anteriores designações «sociedades de subscrição pública» e «sociedades com subscrição pública»[1]. No artigo 13.º do Código dos Valores Mobiliários são enumerados os critérios de qualificação de sociedades como abertas. No n.º 8 do relatório do diploma preambular ao Código dos Valores Mobiliários, são designadas como «sociedades fechadas» as demais sociedades que não sejam qualificáveis como

[*] Professor da Faculdade de Direito da Universidade de Lisboa

---

1 Cfr. artigo 7.º do Decreto-Lei 486/99 de 13 de Novembro.

abertas. Foi assim introduzida no direito português das sociedades uma nova dicotomia classificativa: sociedades *abertas* e *fechadas*.

A consagração de um estatuto legal próprio para as sociedades abertas, no Código dos Valores Mobiliários, culmina uma evolução que vinha já do Código das Sociedades Comerciais. Com a evolução e desenvolvimento do mercado bolsista foi-se tornando cada vez mais patente a necessidade de legislar sobre as sociedades cotadas na bolsa, sobre a posição jurídica dos adquirentes de acções em bolsa, dos investidores que confiam as suas poupanças ao investimento em acções de sociedades anónimas cotadas. A captação de poupanças do público para o investimento introduz neste sector do direito das sociedades comerciais o interesse público. Este interesse público justifica a intervenção do Estado, como legislador e como administrador, na prossecução de objectivos que são de *ordem pública* e que, como tais, fundam a injuntividade dos preceitos legais e a autoridade da acção administrativa.

O mercado de valores mobiliários é um instrumento poderoso de captação para o investimento de poupanças ociosas, cujo funcionamento saudável e eficaz importa preservar por razões de eficiência económica. Por razões pragmáticas, mas também éticas, impõe-se a protecção dos investidores que neste mercado aplicam as suas poupanças. Pragmáticas, porque a quebra de confiança dos investidores acarreta mais cedo ou mais tarde o colapso do mercado; éticas, porque não é moralmente admissível que os investidores sejam enganados ou ludibriados numa relação com as sociedades cotadas que, dotadas de meios técnicos e profissionais de elevada sofisticação, estão em condições fácticas de obter vantagens económicas injustificadas à sua custa e com o seu detrimento. A *mão invisível* do liberalismo constitui o principal motor do mercado, mas não é suficiente para evitar desvios e abusos que, como a vida ensina, têm consequências perniciosas, tanto sobre os investidores individualmente considerados, como sobre a sociedade e a economia em geral.

Têm aqui o seu fundamento ético-jurídico as exigências que informam o sistema de informação, de verdade e de transparência, de honestidade e probidade, de equidade e de prevalência da materialidade substancial das próprias coisas sobre as construções formais. As sociedades abertas têm tipicamente o seu capital disperso no mercado por accionistas anónimos e desconhecidos, que podem ser económica e juridicamente ingénuos[2], que confiaram em padrões de verdade e de honestidade que devem ser

---

[2] Os investidores institucionais são profissional e tecnicamente sofisticados, mas desempenham um papel de intermediação entre os investidores ingénuos e o mercado. Sobre eles recaem de modo especialmente intenso as exigências de protecção dos investidores.

assegurados. A confiança que estes investidores anónimos depositam no mercado é crucial para o seu êxito: frustradas as legítimas expectativas dos investidores e instalada uma desconfiança generalizada na sua fiabilidade e seriedade, o mercado entra em colapso.

O aparelho legislativo e regulamentar do mercado dos valores mobiliários é orientado, pois, por duas ideias dirigentes: a defesa do mercado, objectivamente considerado em si como instituição, e a defesa dos investidores subjectivamente encarados na sua singularidade, sejam eles indivíduos ou empresas[3].

2. A exoneração dos sócios nas sociedades comerciais fechadas e abertas. A concentração de participações como perturbação do mercado. A *ratio juris* do dever de lançamento de OPA. A tutela do direito à exoneração por parte dos accionistas.

2a. A liberdade de associação e a exoneração dos sócios nas sociedades comerciais fechadas e abertas[4]

As sociedades, sejam civis ou comerciais, são associações com intuito lucrativo. Como tais, não podem deixar de obedecer ao princípio constitucional da liberdade de associação, liberdade positiva na constituição e na adesão de associados e liberdade negativa na extinção ou na saída dos associados. Segundo o n.º 3 do artigo 46.º da Constituição da República Portuguesa, «ninguém pode ser obrigado a fazer parte de uma associação nem coagido por qualquer meio a permanecer nela». Este é o principal fundamento do poder de exoneração dos sócios das sociedades comerciais.

O poder de exoneração não tem como único suporte a liberdade constitucional de associação. Encontra também fundamento na alteração de circunstâncias, do quadro circunstancial que constituiu a base da sua decisão de integrar a sociedade, da *affectio societatis*, do relacionamento interno entre os sócios, etc., incluindo o caso de concentração accionária.

Na *lex scripta* a exoneração dos sócios tem regime diversificado segundo os tipos legais societários.

---

[3] EDUARDO PAZ FERREIRA, *Sectores Estratégicos e Intervenção do Estado no Mercado dos Valores Mobiliários*, Direito dos Valores Mobiliários, III, Coimbra Editora, Coimbra, 2001, p. 9-28; Sofia NASCIMENTO RODRIGUES, *A Protecção dos Investidores em Valores Mobiliários*, Almedina, Coimbra, 2001, p. 23s.
[4] Seguimos aqui de perto o nosso livro *A Participação Social nas Sociedades Comerciais*, 2.ª ed., Almedina, Coimbra, 2006, pp. 236ss.

No que concerne às associações, a saída de sócios está prevista nos artigos 167.º, n.º 2 e 181.º do Código Civil. É permitida a estipulação nos estatutos das condições de saída e proibida ao associado que saia da associação a restituição das quotizações que haja pago.

Nas sociedades civis, a exoneração dos sócios está regulada nos artigos 1002.º e 1021.º do Código Civil. Se a duração da sociedade não tiver sido fixada no contrato, ou a sociedade tiver sido constituída por toda a vida de um sócio ou por mais de trinta anos, a exoneração é livre; quando tenha sido fixada uma duração determinada para a sociedade, o sócio só pode exonerar-se nos termos previstos no contrato, ou ocorrendo justa causa. O sócio que se exonera tem direito a receber da sociedade o valor de liquidação da sua quota, valor este que é apurado por avaliação patrimonial da sociedade nos termos do artigo 1021.º do Código Civil. A parte social do exonerado extingue-se e a contrapartida é paga pela própria sociedade.

É semelhante o regime da exoneração de sócios nas sociedades em nome colectivo. O artigo 185.º do Código das Sociedades Comerciais prevê que o sócio se exonere nos casos previstos na lei e no contrato. Se à sociedade não tiver sido estipulada duração ou se tiver sido constituída por toda a vida de um sócio ou por mais de trinta anos, o sócio pode exonerar-se se ocorrer justa causa ou, independentemente dela, se mantiver essa qualidade há, pelo menos, dez anos. Segundo o n.º 5 do artigo 185.º, o sócio que se exonera tem direito a receber da sociedade o valor da sua parte social, calculado nos termos do artigo 105.º, que remete para o artigo 1021.º do Código Civil. Também neste caso a exoneração provoca a extinção da parte social e a contrapartida é paga pela sociedade.

O regime de exoneração de sócios nas sociedades por quotas consta do artigo 240.º do Código das Sociedades Comerciais e é mais restritivo. O sócio pode exonerar-se nos casos previstos na lei e no contrato e, além destes, quando contra o seu voto expresso a sociedade tenha tomado ou deixado de tomar certas deliberações[5]. O sócio exonerado tem direito a receber uma contrapartida cujo valor é fixado também nos termos do artigo 105.º do Código das Sociedades Comerciais, isto é, do artigo 1021.º do Código Civil. Para a execução da exoneração, a sociedade pode proceder à amortização da quota, pode adquiri-la ou pode ainda fazer com que seja adquirida por um sócio ou um terceiro; e a contrapartida será

---

5 São elas as seguintes: (a) ter deliberado um aumento do capital a subscrever total ou parcialmente por terceiros, a mudança do objecto social, a prorrogação da sociedade, a transferência da sede para o estrangeiro, o regresso à actividade depois de dissolvida; e (b) ocorrendo justa causa de exclusão de um outro sócio, a sociedade não ter deliberado a sua exclusão ou não ter promovido a sua exclusão judicial.

suportada, consoante os casos pela própria sociedade, pelo sócio ou pelo terceiro adquirente.

Nas sociedades anónimas, não está expressa e especificamente prevista a exoneração de sócios nos artigos 271.º a 464.º do Código das Sociedades Comerciais que contêm o núcleo central do seu tipo legal. A explicação desta ausência está no facto de a participação social ser expressa por acções, que são títulos de crédito[6] (titulados ou escriturais) tipicamente circulantes e transmissíveis, o que dispensa na normalidade dos casos a necessidade de exoneração. O accionista que se pretende apartar da sociedade pode fazê-lo vendendo as suas acções[7]. As sociedades em comandita seguem o regime das sociedades em nome colectivo ou das sociedades anónimas, consoante sejam simples ou por acções.

Na parte geral do Código das Sociedades Comerciais, está ainda prevista a exoneração de sócios em caso de fusão (artigo 105.º), de cisão (artigo 120.º) ou transformação (artigo 137.º). A contrapartida é calculada também por avaliação patrimonial, nos moldes do artigo 105.º. A amortização pode traduzir-se na aquisição da parte social pela própria sociedade ou por terceiro e será custeada pelo adquirente.

Da análise comparativa do regime da exoneração de sócios nos vários tipos de sociedades, podem ser retirados ensinamentos interessantes. O regime da exoneração é mais liberal nas sociedades de pessoas e mais restritivo nas de capitais. Está claramente ligado à maior ou menor abertura do seu elemento pessoal. Nas sociedades civis, tal como nas sociedades em nome colectivo, os sócios têm, em princípio, um controlo total sobre a entrada de novos sócios. Este regime muito fechado é exigido pelo regime de administração e de responsabilidade ilimitada e principalmente pelas restrições à transmissibilidade das quotas ou partes sociais. Nas sociedades civis não está prevista na lei a transmissibilidade da parte social e nas

---

6 Em nossa opinião, as acções escriturais não deixam de ser títulos de crédito pelo facto de deixarem de estar tituladas em papel. O papel era a forma mais sofisticada de documentação no tempo em que historicamente surgiram os títulos de crédito. As acções escriturais estão documentadas de modo actualmente mais sofisticado, que é o registo em suporte informático. A característica típica dos títulos de crédito não é o papel, mas a documentação em suporte capaz de assegurar uma documentação segura e uma circulação célere, simples e com risco reduzido. Constitui uma perda doutrinária o abandono de toda a riquíssima doutrina dos títulos de crédito em consequência, apenas, do abandono parcial do papel como suporte documental. É claro que alguma adaptação terá de ser feita, mas fazê-lo não está fora do alcance dos especialistas na matéria.

7 Esta falta não é compensada pela previsão do regime da amortização de acções, que tem uma diferente natureza de reembolso, com ou sem redução, do capital. A amortização pode servir de instrumento à exoneração mas, só por si, não a substitui.

sociedades em nome colectivo, o artigo 182.º, exige o consentimento unânime de todos os restantes sócios e a escritura pública. Perante a dificuldade na transmissão *inter vivos* da parte social, o princípio da liberdade de associação exige que o sócio se possa exonerar sem grande dificuldade.

Já nas sociedades por quotas, o regime da exoneração é mais restritivo, o que tem a ver com a maior facilidade de transmissão entre vivos das quotas. Os sócios mantêm o poder de se exonerar, embora em condições que se aproximam da justa causa[8]. O regime do artigo 231.º é sucedâneo da exoneração, naquilo em que permite ao sócio que se afaste da sociedade, quando lhe seja recusada a transmissão da quota. Também neste caso, a contrapartida é calculada por avaliação patrimonial da sociedade[9].

Nas sociedades anónimas, o típico regime de livre transmissibilidade e circulação das acções parece tornar supérflua a faculdade de exoneração de sócios. O sócio que se quiser apartar da sociedade, pode em princípio alienar livremente as suas acções. Porém, para que haja alienação das acções do sócio que se quer apartar é necessário que haja quem esteja disposto a adquiri-las. A prática tem demonstrado todavia que nem sempre o accionista que se quer afastar da sociedade consegue alienar as suas acções, ou porque não encontra interessado na sua aquisição, ou porque a contrapartida que lhe é oferecida não é suficiente[10].

Nos casos de fusão, cisão e transformação, dá-se uma modificação radical no estatuto da sociedade que justifica que ao sócio descontente seja facultada a possibilidade de se apartar[11].

---

[8] Estes casos assemelham-se aos que são previstos como justa causa de exoneração no n.º 2 do artigo 185.º do Código das Sociedades Comerciais.

[9] Curiosamente, a alínea d) do n.º 1 do artigo 231.º do Código das Sociedades Comerciais remete directamente para o artigo 1021.º do Código Civil, enquanto a alínea a) do n.º 1 do artigo 235.º remete para o artigo 105.º do Código das Sociedades Comerciais, o qual, por sua vez, remete para o artigo 1021.º do Código Civil.

[10] Muitos dos litígios sociais em sociedades anónimas têm na sua origem situações de aprisionamento de sócios que, não conseguindo alienar as suas acções por preços que consideram aceitáveis, optam por criar litígios com a sociedade, como modo de a forçar, ou aos seus sócios, a adquirir as suas acções por um preço que acaba por ser negociado transaccionalmente como «preço da paz». Por isto, é corrente a inserção de cláusulas de saída em acordos parassociais, embora só raramente estejam presentes nos estatutos de sociedades anónimas. Esta dificuldade de exoneração e de exclusão de sócios constitui um dos graves defeitos do Código das Sociedades Comerciais.

[11] Não é muito diferente o que está previsto no artigo 240.º, n.º 1, alínea a) do Código das Sociedades Comerciais, a propósito da exoneração de sócios de sociedades por quotas. Também aqui o fundamento está na modificação radical da feição da sociedade, tal como até então existia.

É nesta perspectiva da exoneração do sócio perante modificações radicais do modo de ser da sociedade, que pode ser encarada a faculdade que a lei confere aos sócios de se apartarem quando ocorram concentrações importantes de capital que, pela sua importância, sejam de molde a reduzir relevantemente o poder efectivo do accionista na sociedade, o interesse do accionista em se manter sócio da mesma e o valor das suas acções.

Assim sucede no caso da alienação potestativa (artigos 490.º do Código das Sociedades Comerciais e 196.º do Código dos Valores Mobiliários) e no das ofertas públicas de aquisição (OPAs) obrigatórias (artigos 187.º a 193.º do Código dos Valores Mobiliários).

No caso do artigo 490.º do Código das Sociedades Comerciais, a concentração na titularidade de um ou de um grupo de accionistas, de noventa por cento, ou mais, do capital da sociedade pode ter como consequência a redução à insignificância prática das posições dos demais accionistas com a consequente redução do valor venal das respectivas acções ou mesmo a impossibilidade de venda por falta de comprador. Os sócios minoritários que restarem podem ficar colocados numa situação de tremenda inferioridade. É claro que sempre se poderá dizer que eles continuam a ser titulares das mesmas acções que já detinham, e que se mantêm tão minoritários como já eram. Mas pode não ser assim. Os pequenos accionistas podem, em certas circunstâncias, ser importantes para a formação de maiorias. Nas grandes sociedades anónimas da actualidade não são raros os casos em que, em consequência da forte dispersão do capital, accionistas com percentagens proporcionalmente diminutas assumem mesmo a direcção da gestão. Perante a concentração de noventa por cento ou mais do capital num único accionista, directa ou indirectamente, as posições dos demais accionistas ficam fortemente enfraquecidas. Nestas circunstâncias será difícil ou mesmo impossível para os accionistas minoritários encontrar alguém interessado em lhes adquirir as suas acções por um preço correspondente à respectiva quota parte do valor patrimonial da sociedade. Sem o regime do artigo 490.º, n.ºs 5 e 6 do Código das Sociedades Comerciais, os accionistas minoritários ficariam numa péssima situação em que, por um lado, praticamente nenhum poder teriam na sociedade e, por outro, só conseguiriam previsivelmente vender as suas acções por preços fortemente degradados. A lei intervém em defesa dos accionistas minoritários de modo a dar-lhes a possibilidade prática de se apartarem da sociedade, se quiserem, alienando as suas acções por um preço equitativo. Este preço é referido na lei como «uma contrapartida em dinheiro ou nas suas quotas, acções ou obrigações, justificada por relatório elaborado por revisor oficial de contas independente das sociedades interessadas» (cfr. artigo 490.º, n.º 2). O mesmo sucede no caso do artigo 196.º do Código dos

Valores Mobiliários, de acordo com o qual, se ocorrer uma concentração de mais de noventa por cento em virtude de uma OPA geral, os titulares das acções restantes podem proceder à sua alienação potestativa em moldes análogos, mediante uma contrapartida calculada, agora, do modo da OPA obrigatória.

Embora a lei não o diga expressamente, a referência da segunda parte do n.º 2 do artigo 490.º deve ser interpretada de modo equivalente à do artigo 105.º, ambos do Código das Sociedades Comerciais. Não se vislumbra na *ratio legis* algo que justifique uma avaliação diferente. Quer no artigo 1021.º do Código Civil, quer no artigo 105.º do Código das Sociedades Comerciais, quer ainda no artigo 490.º, n.º 2 deste Código, a contrapartida a apurar é o valor equitativo apurado segundo as regras da arte, por avaliadores sérios, competentes e independentes[12]. Este valor deve corresponder à proporção, à quota parte do sócio, no valor real da sociedade.

Os sócios minoritários são assim protegidos contra a desvalorização que da concentração do capital possa resultar para as suas acções.

É semelhante, *mutatis mutandis*, o que se passa no regime da OPA obrigatória previsto nos artigos 187.º a 193.º do Código dos Valores Mobiliários. As diferenças são induzidas pela circunstância de se tratar de sociedades abertas que estão, em princípio, cotadas no mercado[13] e não são especialmente relevantes.

No que concerne à identidade do adquirente e de quem suporta a contrapartida, o regime da alienação potestativa, previsto nos artigos 490.º e seguintes do Código das Sociedades Comerciais difere do regime da exoneração nas sociedades de pessoas, mas corresponde a uma das alternativas admitidas no tipo das sociedades por quotas e bem assim nos casos de fusão e cisão: a aquisição por um sócio a custas do mesmo. O montante da contrapartida é determinado de modo semelhante, através de uma avaliação económica.

No caso da OPA obrigatória, as acções são adquiridas pelo accionista dominante, a quem é imposto o lançamento da oferta e que suporta o respectivo custo. O valor da contrapartida é determinado, agora, de modo

---

12 Este valor não se confunde com o chamado «valor de balanço» que resulta da aplicação das regras contabilísticas da gestão corrente e que muitas vezes não corresponde à realidade em consequência das práticas de «contabilidade criativa».
13 O artigo 187.º, n.º 4 prevê expressamente a existência de sociedades abertas que não tenham as suas acções cotadas em mercado regulamentado e a confrontação entre o artigo 13.º e o artigo 27.º que temporariamente uma sociedade aberta possa não ter as suas acções cotadas. Trata-se, todavia, de uma situação atípica que é contraditória com a designação legal «sociedades abertas ao investimento público».

diferente: em princípio, não resulta de uma avaliação económica das acções em função do património da sociedade em questão; a avaliação é agora feita em função do valor de mercado. Esta diferença de método de avaliação decorre de este caso se inserir numa dinâmica de mercado e de o mercado fornecer uma base de avaliação que nesta circunstância é, em princípio, mais adequada. A contrapartida, segundo o n.º 1 do artigo 188.º do Código dos Valores Mobiliários, não pode ser inferior ao maior de dois valores: o mais alto preço pago pelo adquirente nos últimos seis meses e o preço médio ponderado apurado no mercado nos últimos seis meses[14]. O sócio que se exonera nestas circunstâncias beneficia do valor que as acções assumiram no mercado nos seis meses anteriores e fica defendido contra as quebras valorativas subsequentes a uma tomada de controlo. Ensina a experiência que, após o culminar de um processo de concentração ou de tomada de controlo, a cotação das acções costuma sofrer uma quebra acentuada que não é justo impor ao exonerado. Numa perspectiva diferente, não se trata de defesa contra quebras subsequentes de cotação emergentes do domínio, mas antes de participar no benefício de uma alta induzida pelas aquisições dirigidas à tomada do domínio, designada geralmente como um «direito ao prémio de controlo»[15].

Este valor pode todavia, segundo o n.º 2 do artigo 188.º, vir a ser determinado por avaliação de um auditor independente, se não puder sê-lo nos moldes previstos no n.º 1 ou se a CMVM entender que não está suficientemente justificado ou que não é equitativo, por deficiente ou excessivo. Mantém-se assim, embora num segundo plano, o recurso à avaliação económica para correcção da injustiça do preço determinado com base no mercado.

2b. A concentração de participações como perturbação do mercado

A situação típica das sociedades abertas no mercado de acções – principalmente na bolsa – é a de dispersão de capital por um número indeterminado de accionistas anónimos, nenhum dos quais detenha uma posição de domínio. Quanto maior dispersão e capitalização bolsista,

---

14 Note-se que as acções da sociedade podem manter-se fora do mercado por um ano sem que a sociedade perca o estatuto de sociedade aberta. Nesse caso, não será possível determinar um preço médio ponderado no mercado.
15 PAULO CÂMARA, *O Dever de Lançamento de Oferta Pública de Aquisição no Novo Código dos Valores Mobiliários*, in Direito dos Valores Mobiliários, II, Coimbra Editora, Coimbra, 2000, p. 221.

quanto maior liquidez, melhor funciona o mercado. Por isso, a dispersão e capitalização bolsista suficientes são condição de admissão no mercado, e a sua falta acarreta a exclusão do mercado e a perda da qualidade de sociedade aberta (cfr. artigos 27.º, 207.º e 228.º do Código dos Valores Mobiliários).

A excessiva concentração de acções constitui uma anomalia que perturba o mercado. Na prática, o titular da concentração e as acções que detém saem do mercado. Este passa a funcionar, na realidade, apenas com os restantes investidores e com as acções remanescentes. Quanto maior for a concentração, mais reduzido fica o mercado. Com um número insuficiente de investidores e de acções, perde liquidez e torna-se vulnerável à manipulação de cotações. Daqui resultam dificuldades – e por vezes mesmo a impossibilidade – de compra ou de venda de acções que não encontram vendedor ou comprador. As cotações passam a sofrer oscilações inexplicáveis. As subidas e descidas tornam-se bruscas e excessivas, as altas e as baixas agravam-se e prolongam-se irracionalmente.

Os investidores que adquirem acções no mercado fazem-no na pressuposição que, pelo menos no que a essas acções respeita, esse mercado continue a funcionar normalmente. Esta pressuposição é frustrada se ocorrer a concentração. Por outro lado, ao adquirirem acções no mercado, os investidores fazem-no no quadro legal e regulamentar em vigor, no qual se insere a possibilidade de se livrarem, através da OPA obrigatória, de acções cuja concentração tenha perturbado o funcionamento perfeito do mercado. Uma vez perturbado o mercado por concentrações anómalas de acções, os accionistas anónimos têm a faculdade de se livrarem das acções que adquiriram e que entretanto deixaram de ser o que eram quando foram compradas.

2c. A *ratio juris* do dever de lançamento de OPA

A *ratio juris* da OPA obrigatória está na necessidade de assegurar o poder de exoneração dos sócios minoritários, mediante uma contrapartida justa, com o fim de se protegerem da desvalorização das suas acções e posições accionistas consequente da perturbação do mercado causada pela excessiva concentração de acções na titularidade de um accionista, ou de um grupo concertado de accionistas e também, objectivamente, na necessidade de evitar aquela perturbação do mercado.

No *ratio juris* do regime da OPA obrigatória pode ser dado maior ênfase à protecção (objectiva) do mercado ou à defesa (subjectiva) do accionista investidor.

A primeira atitude insere-se numa visão mais publicista do direito dos valores mobiliários e do mercado, como instrumento de política económica dirigido à captação de poupanças para o investimento, visto como parcela do aparelho estatal de regulação da economia e de promoção da eficiência económica.

A segunda, corresponde a uma perspectiva diferente, assente na consideração da posição jurídica subjectiva do accionista cujo direito subjectivo de sócio contém um poder de exoneração, constitucionalmente fundado na liberdade de associação e finalisticamente dirigido a evitar o detrimento resultante da perturbação do mercado em que se traduz a concentração accionista.

A primeira perspectiva é publicista e objectiva; a segunda é privatista e subjectiva.

Na primeira, o regime jurídico da OPA obrigatória é entendido como manifestação de uma tutela indirecta de interesses da colectividade, de interesses difusos, da qual os accionistas individualmente considerados poderão indirectamente beneficiar, mas que lhes não confere um direito subjectivo. É um modo de ver pré-ockhamiano, correspondente à concepção medieval, pré-renascentista, do direito entendido como *ipsa res iusta*. Esta concepção estatista e publicista do direito dos valores mobiliários é expressamente afastada no relatório do diploma preambular ao Código dos Valores Mobiliários (Decreto-Lei n.º 486/99, de 13 de Novembro), onde se revela uma linha de continuidade em relação à orientação vinda já do Código anterior, assente em «princípios estruturadores» de «desestatização», «desgovernamentalização» e «liberalização».

A segunda, nasce na esteira do nominalismo ockhamiano, desenvolve-se no renascimento e no iluminismo, e traduz a visão moderna do Direito. Nesta perspectiva, a qualidade de sócio, o direito subjectivo de que o sócio é titular, contém entre os vários poderes instrumentais de que se compõe, o de se apartar da sociedade, o poder de exoneração que encontra consagração constitucional na liberdade de associação. Este poder de exoneração só é verdadeiramente eficaz, se o sócio puder apartar-se da sociedade mediante uma contrapartida determinada com equidade, quer dizer, que corresponda ao justo valor da sua parte. Por isso, não fica suficientemente garantido com a susceptibilidade de venda das acções por um preço inevitavelmente degradado pela perturbação do mercado consequente da concentração accionista e, como tal, inaceitavelmente injusto. Reduzido a uma insignificância no que respeita à influência no poder societário, o sócio vê reduzir-se drasticamente também o valor venal das suas acções. Se quiser vendê-las terá de o fazer por um valor aviltado em virtude da perversão das condições do mercado decorrente da concentração. O direito subjectivo do accionista – o direito social[16] – traduz-se na afectação de meios, de bens jurídicos, à realização de fins do sócio. Estes meios jurídicos são os mais variados e muitas vezes são denominados pela doutrina atomisticamente como direitos. Mas na realidade, não se trata de direitos subjectivos autónomos, mas antes de poderes jurídicos que integram o direito subjectivo unitário e complexo do sócio, poderes estes que contribuem como ferramentas para assegurar a eficácia e êxito desse direito[17].

O dever de lançamento de uma OPA no caso do artigo 187.º do Código dos Valores Mobiliários não deve ser entendido exclusivamente de um modo ou de outro. Tem uma dupla funcionalidade que se traduz, por um lado, no *modus operandi* do poder de exoneração do sócio de uma sociedade aberta em caso de domínio da sociedade por um ou mais accionistas, inerente ao seu direito subjectivo de sócio; por outro, na tutela de interesses colectivos ou difusos, na defesa do mercado. Estas duas funcionalidades não se excluem mutuamente, mas antes se integram harmoniosamente na natureza simultaneamente pública e privada dos interesses dominantes no direito dos valores mobiliários.

É usual referir como fundamento jurídico do regime da OPA obrigatória a tutela da igualdade dos accionistas e a distribuição do prémio de controlo[18]. É duvidoso que se tutele a igualdade – melhor se diria paridade – dos accionistas e a distribuição do prémio de controlo, porque assim não sucede com os accionistas que tenham vendido as suas acções durante os seis meses anteriores à tomada do domínio por preço inferior àquele a que a OPA será lançada e que são assim excluídos da igualdade e da partilha do prémio de controlo. O princípio da liberdade negativa de

---

[16] Sobre a participação como *direito social*, Pais de Vasconcelos, *A Participação Social nas Sociedades Comerciais*, cit, p. 498s.

[17] Neste sentido, o nosso *Direitos destacáveis – O problema da unidade e pluralidade do direito social como direito subjectivo*, in Direito dos Valores Mobiliários, I, Coimbra Editora, Coimbra, pp. 167-176.

[18] Neste sentido, por todos, Paulo Câmara, *ob. cit.*, pp. 221 e segs. e Menezes Falcão, *A OPA Obrigatória – Fundamentos e regime no novo Código dos Valores Mobiliários*, in Direito dos Valores Mobiliários, III, Coimbra Editora, Coimbra, 2001, pp. 190s. Em obra mais recente, Paulo Câmara, *Manual de Direito dos Valores Mobiliários*, Almedina, Coimbra, 2009, pp. 656-658, considera um *dever* de lançamento da OPA, mas não aceita que a este dever correspondam direitos subjectivos na titularidade dos beneficiários, embora reconheça (p. 657) que «a oferta obrigatória visa proteger os interesses dos accionistas minoritários e dos titulares dos valores mobiliários que dêem direito à subscrição ou à aquisição de acções visadas». Opina, não obstante, que a técnica normativa, neste domínio, «assenta preferencialmente na previsão de protecções reflexas, e não no reconhecimento de direitos subjectivos na esfera jurídica dos investidores». Discordamos desta posição que o citado Autor se limita a afirmar sem lograr fundamentar.

associação exige que os sócios possam exonerar-se da sociedade mediante uma contrapartida justa calculada com equidade e o princípio da paridade dos sócios postula que, na exoneração, sejam tratados sem discriminação.

3. O direito social como direito subjectivo complexo

O direito do sócio é uma posição jurídica activa, mas também passiva, que configura um direito subjectivo complexo: o direito social. O direito subjectivo é simultaneamente uno e plural[19]. A afectação jurídica dum bem à realização dum ou mais fins de pessoas individuais[20] implica uma pluralidade de instrumentos, de operadores, de ferramentas jurídicas.

O conteúdo do direito subjectivo é variável, é instável. Compreende os poderes e deveres adaptados às circunstâncias, é uma célula de energia normativa que gera os instrumentos necessários, em cada caso e em cada momento, em cada circunstância, para a afectação jurídica daquele bem àquela pessoa. Foi esta mais uma das grandes descobertas de GOMES DA SILVA[21] em matéria de direito subjectivo. Como posição jurídica activa complexa, o direito subjectivo engloba, num feixe ordenado finalisticamente à afectação daquele bem àqueles fins daquela pessoa, posições jurídicas activas e passivas: faculdades de aproveitamento, pretensões creditícias e poderes potestativos, mas também vinculações genéricas, débitos obrigacionais, sujeições, e ainda ónus e expectativas. Um direito subjectivo tão complexo como o direito social é um micro sistema móvel.

Mas o mais importante, na instabilidade que lhe foi reconhecida por *Gomes da Silva*, é que, em cada momento e em cada circunstância, o direito subjectivo gera no seu seio as faculdades, pretensões e poderes potestativos, vinculações, débitos, sujeições, ónus e expectativas, que forem necessários para obter, com êxito, a afectação do bem. O direito subjectivo é um organismo vivo que é capaz de gerar os anticorpos necessários à sua defesa perante agressões ilícitas e as ferramentas jurídicas necessárias a soluções de problemas novos.

Como direito subjectivo, o direito social tem ainda uma outra característica típica: não tem um titular isolado, mas antes é tipicamente exercido em companhia, em sociedade com outros sócios com direitos, em princípio, iguais e com posições relativas tendencialmente paritárias.

---

19 Sobre a problemática do direito social como direito subjectivo, com desenvolvimento, PAIS DE VASCONCELOS, *A Participação Social nas Sociedades Comerciais*, cit., pp. 389ss.
20 GOMES DA SILVA, *O Dever de Prestar e o Dever de Indemnizar*, 1944, Lisboa, p. 52.
21 GOMES DA SILVA, *O Dever de Prestar e o Dever de Indemnizar*, 1944, Lisboa, p. 53.

A doutrina tradicional, com reflexo no Código Civil e nos demais códigos e leis, não costuma distinguir entre o que é o direito subjectivo, com toda a sua complexidade, elasticidade e instabilidade, e o que são os instrumentos, as ferramentas jurídicas, que o integram, que lhe pertencem, e trata todos indistintamente por «direitos»[22]. Assim, por exemplo, no direito das obrigações há o direito de crédito, o direito de interpelar, o direito de concentrar nas obrigações genéricas e o de escolher nas alternativas, o direito de impugnação pauliana, todos direitos e mais direitos, sem se atentar a que uns não passam de meros instrumentos dos outros.

O mesmo se passa no direito social, com a agravante de que este é um direito subjectivo extremamente complexo. Engloba posições jurídicas activas e passivas: desde logo, segundo os artigos 20.º e seguintes do Código das Sociedades Comerciais, o dever de realizar a entrada e o dever de quinhoar nas perdas, que são posições passivas integrantes do direito social; o direito de quinhoar nos lucros, de voto, de informação, de participar na orgânica social e muitos outros, que não são direitos subjectivos autónomos, mas apenas posições activas instrumentais do direito social. São estas as principais posições activas e passivas. Mas há mais, muitas mais: há muitos poderes e deveres consagrados na lei e nos estatutos, todos eles orientados a um objectivo comum e unitário que é o da afectação ao sócio, na parte respectiva e em companhia, em sociedade, com os outros sócios, daquele bem que é a empresa subjacente à sociedade, a empresa social.

Dentro desta elasticidade que tem o direito subjectivo, podem e devem distinguir-se, do lado activo, as faculdades ou poderes de gozo, de aproveitamento, as pretensões ou poderes creditícios, os poderes potestativos ou *potestas*, e as posições activas correspondentes a ónus, e ainda as expectativas; e do lado passivo os deveres genéricos, as obrigações ou débitos, as sujeições, os ónus, os deveres funcionais.

O que distingue estas situações jurídicas simples, activas e passivas, dos direitos subjectivos é que as posições simples, instrumentais, se determinam estruturalmente, pelo tipo de afectação, enquanto os direitos subjectivos são construídos funcional e finalisticamente, pela afectação do bem ao fim da pessoa, integrando para isso os poderes e vinculações simples,

---

[22] Mantemos a definição de direito subjectivo adoptada em *Teoria Geral do Direito Civil*, 5.ª ed., Almedina, Coimbra, 2008, p. 284, e em *A Participação Social nas Sociedades Comerciais*, cit., p. 478, como «uma posição jurídica pessoal de vantagem, de livre exercício, dominantemente activa, inerente à afectação, com êxito, de bens e dos correspondentes meios, isto é, de poderes jurídicos e materiais, necessários, conveniente ou simplesmente úteis, à realização de fins específicos do seu concreto titular».

instrumentais, que forem necessários. Os direitos subjectivos – e também o direito social – são feixes de posições jurídicas simples, umas activas e outras passivas, finalisticamente ordenadas à afectação daquele bem aos concretos fins daquela pessoa determinada e naquelas circunstâncias. Por isso, se pode dizer com acerto que o direito subjectivo é uma *posição de vantagem*[23].

Esta perspectiva do direito social como direito subjectivo, esclarece a natureza jurídica da OPA obrigatória como manifestação funcional do poder de exoneração do sócio de uma sociedade aberta com acções cotadas no mercado, em caso de excessiva concentração accionista traduzida no domínio. O poder de exoneração integrante do direito subjectivo do sócio – direito social – pode ter a sua eficácia jurídica e o seu êxito funcional assegurado de diversos modos. Nas sociedades de pessoas, através da extinção da parte social, mediante uma contrapartida suportada pela própria sociedade e liquidada por avaliação económica. Nas sociedades por quotas, por amortização da quota, pela sua aquisição pela própria sociedade, por um sócio ou por terceiro, mediante uma contrapartida determinada também por avaliação. Nos casos de fusão ou cisão, por aquisição da parte social pela própria sociedade ou por outrem, sendo a contrapartida calculada por avaliação. Nos casos de concentração igual ou superior a noventa por cento, pela aquisição da parte social pela sociedade ou por outrem, e sendo a contrapartida avaliada por revisor oficial de contas, no caso do artigo 490.º do Código das Sociedades Comerciais, ou nos moldes da OPA obrigatória, no caso do artigo 196.º do Código dos Valores Mobiliários. Nos casos de concentração de trinta ou cinquenta por cento em sociedades abertas, mediante a obrigatoriedade do lançamento de uma OPA. A OPA obrigatória permite ao accionista minoritário, na situação de domínio, exonerar-se da sociedade vendendo as suas acções por um preço justo, não degradado pela perturbação do mercado consequente da concentração e calculado com equidade nos moldes do artigo 188.º do Código dos Valores Mobiliários.

4. A tutela do direito à exoneração por parte dos accionistas de sociedades abertas cotadas em caso de concentração accionista

Como ficou já descrito (supra 2a.), o poder de exoneração que integra o direito subjectivo do sócio constitui uma exigência do princípio da liber-

---

[23] O artigo 490.º do Código das Sociedades Comerciais aplica-se a sociedades por quotas e anónimas; o do artigo 196.º do Código dos Valores Mobiliários, apenas a sociedades anónimas.

dade (negativa) de associação e são diversos os *modi operandi* do poder de exoneração dos sócios nos vários tipos de sociedades e nas diferentes circunstâncias.

A exoneração dos sócios das associações, sociedades civis e sociedades em nome colectivo é potestativa. O membro da associação limita-se a emitir uma declaração receptícia, em que lhe comunica a sua saída. Também na sociedade civil e na sociedade em nome colectivo a exoneração é potestativa e opera por declaração unilateral, mas só se torna efectiva no fim do ano social em que é feita, mas nunca antes de decorridos três meses (artigos 1002.º, n.º 3 do Código Civil e 185.º, n.º 4 do Código das Sociedades Comerciais); na esfera jurídica dos sócios exonerados constitui-se um crédito à contrapartida, cuja liquidação e pagamento podem dar lugar a litígio judicial.

Nas sociedades por quotas, a exoneração não é potestativa, porque exige a cooperação da sociedade. O sócio comunica à sociedade a sua intenção de se exonerar e, segundo o n.º 3 do artigo 240.º do Código das Sociedades Comerciais, a sociedade deve, no prazo de trinta dias, «amortizar a quota, adquiri-la ou fazê-la adquirir por sócio ou por terceiro, sob pena de o sócio poder requerer a dissolução judicial da sociedade». Cria-se na esfera jurídica da sociedade uma obrigação de agir de certo modo, de praticar actos jurídicos – amortizar ou adquirir – ou de obter um resultado – fazer com que a quota seja adquirida por outrem. Se a sociedade não cumprir, pode o sócio, se o desejar, recorrer a juízo para promover a dissolução judicial da sociedade. Em nossa opinião, nada impede que o sócio, em vez de promover a dissolução da sociedade, peça em juízo a execução específica da obrigação de adquirir ou de amortizar a quota. É um regime juridicamente menos violento, que encontra suporte no artigo 830.º do Código Civil. Se a situação líquida da sociedade não suportar o pagamento da contrapartida, o sócio pode «optar pela espera do pagamento» ou promover a dissolução judicial.

Nos casos de fusão e cisão (artigo 105.º do Código das Sociedades Comerciais) a exoneração não é potestativa e a sociedade fica obrigada a adquirir ou fazer adquirir a parte (acções ou quotas) do exonerado, sendo omitida a consequência em caso de incumprimento pela sociedade desta sua obrigação. Já na transformação (artigo 137.º do Código das Sociedades Comerciais) a exoneração volta a ser potestativa, o sócio comunica a sua intenção e a parte extingue-se na data da escritura de transformação; se os capitais próprios não suportarem o pagamento da contrapartida, será convocada uma nova assembleia geral para deliberar a revogação da transformação ou a redução do capital. No artigo 490.º, n.º 6, a exoneração é novamente potestativa e opera por sentença judicial, a requerimento do exonerado, que declara as acções adquiridas pela sociedade e a condena ao pagamento da contrapartida. No artigo 196.º do Código dos Valores Mobiliários a exoneração opera como no artigo 105.º do Código das Sociedades Comerciais, mas o tribunal é substituído pela CMVM.

Esta variação de soluções não é caótica. Tem um sentido que se compreende se se atender à natureza das coisas. O poder de exoneração é o mesmo e a sua funcionalidade também. Mas o seu *modus operandi* é adaptado à diferença de tipo de sociedades e de circunstâncias e traduz-se naquilo que, no caso típico, melhor assegura o êxito na tutela do direito social, com maior eficiência e justiça, com menor dano. Como mediador entre o ser e o dever ser, a natureza das coisas, entenda-se das situações, dos tipos de sociedades em questão, das circunstâncias, aconselha ao legislador, ou impõem mesmo, soluções diferenciadas. Ao diferenciar o modo de exercício do poder de exoneração e o seu regime concreto, a lei responde a solicitações que vêm das próprias coisas.

Assim, nas associações e sociedades de pessoas, a exoneração pode fazer-se com êxito potestativamente através da extinção da parte social. Entre as associações e as sociedades existe a diferença da lucratividade e daí decorre a divergência de regime que recusa a contrapartida aos associados que saiam, e concede-a aos sócios das sociedade civis e em nome colectivo.

As sociedades por quotas são entes mais estruturados, com uma institucionalização mais forte, embora o elemento pessoal seja nelas ainda muito relevante. No regime da exoneração foram encontradas as soluções que, sem prejuízo do interesse do exonerando, menos se afastam do que é tradicional e típico na modificação do elemento pessoal: por um lado, a amortização da quota; por outro, a sua aquisição pela sociedade, por outro sócio ou por terceiro. Dentro da lógica e do sentido próprios deste tipo de sociedade, a amortização e a aquisição pela sociedade ficam sujeitas à disponibilidade de fundos, como no regime do artigo 236.º do Código das Sociedades Comerciais. A exoneração deixa de ser puramente potestativa porque tal não permitiria a alternativa entre a amortização e a aquisição da quota e porque nos casos de amortização e de aquisição de quota própria era necessário acautelar a eventualidade de insuficiência dos fundos próprios. Um regime puramente potestativo como o das sociedades civis e das sociedades em nome colectivo seria demasiadamente rígido. O Código das Sociedades Comerciais não previu expressamente a execução específica a requerimento do sócio exonerando, da obrigação de aquisição pela própria sociedade ou de amortização da quota. Trata-se de um regime geral, relativo à obrigação de prática de actos jurídicos, que não precisa de ser expressamente previsto para vigorar: a pedido do sócio exonerando, o tribunal emite sentença que produz o efeito da declaração do faltoso.

No tipo das sociedades anónimas, a saída dos sócios está em princípio assegurada pelo regime de circulação das acções. Porém, as situações de excessiva concentração e de domínio perturbam a circulabilidade das acções e impedem, na prática, o êxito da livre exoneração do sócio.

Quando o capital se torna excessivamente concentrado nas mãos de um sócio (ou de um grupo concertado de sócios), quando ocorre uma situação de domínio de parte de um ou de um grupo de sócios, pode ser difícil ou mesmo impossível ao sócio apartar-se da sociedade. Pode suceder que não encontre interessados na aquisição das suas acções e pode suceder também que só consiga vender as suas acções a preço degradado, inferior ao seu valor económico. À impossibilidade de exoneração por falta de compradores é comparável àquela em que a venda das acções só é possível com degradação do preço. Esta degradação do preço, resultante da concentração ou do domínio, traduz-se numa injusta expropriação parcial do valor económico do direito social. O princípio da liberdade de associação exige remédios para os casos em que o sócio não consiga apartar-se da sociedade, ou só consiga fazê-lo com perda económica, em consequência da concentração ou do domínio.

Para assegurar uma real liberdade de associação na sua componente negativa – liberdade negativa de associação –, houve a necessidade de prever regimes especiais de exoneração em casos de alterações estruturais da sociedade – fusão, cisão e transformação – e de perturbação das condições de livre circulação das acções e de mercado – concentrações excessivas e tomadas de controlo. Não basta que o sócio se consiga apartar a qualquer preço, é necessário que o possa fazer mediante uma justa contrapartida.

Nos casos de concentração de noventa por cento, a exoneração por justa contrapartida está assegurada pelo regime dos n.ºs 5 e 6 do artigo 490.º do Código das Sociedades Comerciais, para as sociedades fechadas, e do artigo 196.º do Código dos Valores Mobiliários, para as sociedades abertas.[24]

Restam ainda os casos de fusão e cisão, e o de transformação. Estes dois regimes são aplicáveis a modificações estruturais profundas da sociedade, independentemente do seu tipo. A transformação, porém, é mais radical do que a fusão e a cisão, porque envolve a mudança do tipo legal e está mais próxima, substancialmente, de uma refundação. O regime da exoneração em caso de fusão e de cisão aproxima-se do das sociedades por quotas, o da transformação, mais do das sociedades de pessoas. Talvez

---

24 O artigo 490º do Código das Sociedades Comerciais aplica-se a sociedades por quotas e anónimas; o do artigo 196º do Código dos Valores Mobiliários, apenas a sociedades anónimas.

neste último caso, o legislador tenha sido influenciado por uma reminiscência da antiquada concepção da transformação como somatório de uma dissolução seguida de uma constituição e, no caso da fusão e da cisão, tenha sido sensível ao facto de serem claramente mais frequentes os casos de fusão e cisão de sociedades de capitais, principalmente de sociedades anónimas. Não é clara a *ratio juris* desta diferença de regimes.

As sociedades abertas são sociedades anónimas (os demais tipos de sociedades não suportam a abertura ao investimento do público) que satisfazem os critérios do artigo 13.º do Código dos Valores Mobiliários. O poder de exoneração existe nos casos já descritos de fusão, cisão e transformação, nos moldes dos artigos 105.º e 137.º do Código das Sociedades Comerciais, e também nos de concentração a noventa por cento, nos moldes dos artigos 490.º e seguintes do Código das Sociedades Comerciais ou nos do artigo 196.º do Código dos Valores Mobiliários[25]. Ainda nos casos de domínio, podem os sócios das sociedades abertas exonerar-se através do regime da OPA obrigatória. O artigo 187.º do Código dos Valores Mobiliários estabelece duas presunções de domínio: uma a um terço, que é ilidível; outra a metade, inilidível.

Da comparação dos regimes de exoneração, resulta claro que só nas sociedades de pessoas a exoneração opera exclusivamente perante a sociedade e a suas expensas. Nas sociedades por quotas, traduz-se na aquisição da quota pela sociedade, por um sócio, ou por terceiro e também nos casos de cisão e fusão a parte social do exonerado é adquirida pela sociedade ou por terceiro. O entendimento da OPA obrigatória como mecanismo de exoneração não é dificultado pelo facto de o adquirente ser um sócio e não a sociedade, e de o correspondente dever incumbir directamente ao sócio que alcançou o domínio e que, com a sua actuação, perturbou o mercado e deu origem à exoneração. Não nos parece também que este entendimento seja perturbado por considerações ligadas a uma estrutura contratual das sociedades. O poder de exoneração inerente ao direito subjectivo do sócio é exigido pela liberdade negativa de associação.[26]

---

25 O artigo 490.º do Código das Sociedades Comerciais refere «disponha de quotas ou acções correspondentes a, pelo menos, 90% do capital de outra sociedade», enquanto o artigo 194.º do Código dos Valores Mobiliários, para que remete o artigo 196.º do mesmo Código, refere «ultrapasse (...) 90% dos direitos de voto correspondentes ao capital social». Para o efeito que nos ocupa, a diferença é negligenciável.

26 Não comungamos, assim, do pensamento de PAULO CÂMARA, *O Dever de Lançamento de Oferta Pública de Aquisição no Novo Código dos Valores Mobiliários* cit., pp. 23-245 e *Manual de Direito dos Varores Mobiliários*, cit., p. 656. Como deixámos já exposto, no nosso entendimento a *ratio legis* da OPA obrigatória tem uma componente subjectiva e outra objectiva:

Por todas estas razões não nos parece de seguir a posição daqueles que recusam ao sócio o poder de exigir o lançamento da OPA obrigatória, como direito subjectivo.[27]

4a. A tutela do poder de exoneração através da OPA obrigatória: a determinação da situação de concertação no domínio.

O artigo 187.º do Código dos Valores Mobiliários impõe o dever de lançar uma OPA geral sobre «aquele cuja participação em sociedade aberta ultrapasse, directamente ou nos termos do n.º 1 do artigo 20.º, um terço ou metade dos direitos de voto correspondentes ao capital social». Se ultrapassar o terço, mas não a metade, o accionista em questão pode fazer a prova de que, não obstante a importância da sua participação, não tem o domínio da sociedade.

Este regime jurídico contém duas presunções de domínio: a primeira assenta na titularidade de um terço dos votos e pode ser ilidida por prova em contrário; a segunda decorre da titularidade de metade dos votos e não pode ser ilidida. O dever de lançar a OPA decorre de uma situação de domínio real ou presumido. É o domínio da sociedade que desencadeia a obrigação.

O artigo 187.º do Código dos Valores Mobiliários, diferentemente do artigo 490.º do Código das Sociedades Comerciais, refere o domínio, não pelo número ou percentagem de acções detidas, mas antes pelo *voting power*. A previsão do preceito refere-se a um terço ou metade dos direitos de voto. Esta diferença é relevante quando, como a lei permite, o poder de voto não seja proporcional ao número de acções. A divergência entre a titularidade das acções e a dos direitos de voto pode ser emergente da lei ou dos estatutos da sociedade.

---

não reside exclusivamente em propiciar a exoneração dos sócios que se quiserem apartar da sociedade aberta em caso de domínio, mas ainda na defesa do mercado.
27 Paulo Câmara, *O Dever de Lançamento de Oferta Pública de Aquisição no Novo Código dos Valores Mobiliários* cit., pp. 220 e 242-245, *Manual de Direito dos Valores Mobiliários*, cit., p. 657, e Sofia Nascimento Rodrigues, ob. cit., pp. 24-25. Menezes Falcão, ob. cit., p. 190 escreve «no sistema de OPA obrigatória a imposição é justificada pelos potenciais efeitos negativos que as operações em causa significam para os accionistas minoritários, atribuindo-se a estes, por isso, o direito de alienarem as suas posições nas mesmas condições dos accionistas de controlo», embora, depois, ao tratar dos efeitos do incumprimento do dever de lançar a OPA (p. 223-224) não retire daí qualquer consequência e omita o poder de exigir o lançamento da OPA por parte dos accionistas investidores não institucionais minoritários.

Na versão originária do regime jurídico das sociedades anónimas, anterior à reforma de 1972, o § 3 do artigo 183.º do Código Comercial limitava o direito de voto de um accionista na assembleia geral a um máximo de dez por cento dos votos representativos do capital e a um máximo de um quinto dos votos apurados, fosse qual fosse o número de acções que detivesse[28]. Esta regra, que se destinava a evitar situações de domínio, veio a ser frustrada pelo artifício de distribuir por pessoas de confiança – accionistas fiduciários –, em lotes de dez por cento, as acções do maioritário. Esta prática era tão comum que cobriu de ridículo o regime legal, e criou a convicção generalizada da sua inutilidade. Decidiu-se então eliminar o preceito de modo a tornar mais verdadeiras as coisas e mais claras as situações de domínio e de controlo. Não obstante, é hoje frequente, nos pactos sociais de algumas sociedades anónimas e em acordos parassociais, recuperar a antiga limitação, com o fim de construir o que na gíria se chama «blindagens a dez por cento».

A previsão de cláusulas como esta nos estatutos de uma sociedade aberta não afasta a aplicabilidade do preceito do artigo 187.º do Código dos Valores Mobiliários. Na verdade, cláusulas como estas não evitam as maiorias de domínio. Esta realidade tornou-se de tal modo ostensiva que o próprio legislador veio a revogar, em 1972, como inútil, o preceito que consagrava na lei essa limitação.

O efeito do conhecimento no universo accionário da importância da participação dominante, o modo de apuramento do resultado das votações em assembleia geral e a prática das participações indirectas ou fiduciárias, impõem que se considere aplicável o preceito.

Se um accionista for titular, por exemplo, de oitenta por cento das acções de uma sociedade aberta, e esse facto for conhecido no universo accionário e no mercado, não será uma cláusula de limite de dez por

---

28 O seu teor era o seguinte: «Nenhum accionista, qualquer que seja o número das suas acções, poderá representar mais da décima parte dos votos conferidos por todas as acções emitidas, nem mais de uma quinta parte dos votos que se apurarem na assembleia geral. Exceptua-se o Estado, que, nas sociedades a que se refere o artigo 178.º, terá tantos votos quantos os correspondentes às acções que a seu favor estiverem depositadas ou averbadas». Este texto veio a ser substituído, por força do artigo 1.º do Decreto-Lei n.º 154/72, de 10 de Maio, e passou a ser o seguinte: «Os estatutos podem limitar o número de votos de que cada accionista dispõe na assembleia, quer pessoalmente, quer como procurador, admitindo-se que o façam para todas as acções ou apenas para acções de uma ou mais categorias, mas não para accionistas determinados; a limitação não funciona, todavia, nos casos em que a lei ou os estatutos exijam para a validade das deliberações sociais uma certa maioria do capital, salvo quando aqueles estabeleçam diversamente, e não funciona também em relação aos votos que pertençam ao Estado, ou a entidades para o efeito a ele equiparadas por legislação especial».

cento que lhe irá retirar, ou mesmo enfraquecer, o real domínio da sociedade. Não é só das votações em assembleia geral que o domínio resulta. O domínio societário é um fenómeno que assenta, por um lado, na vontade de quem domina e, por outro, na sujeição de quem o sofre. Na maior parte dos casos de domínio, é espontânea a aceitação da vontade ou opinião de quem mais tem investido na sociedade. Além disso, os remanescentes accionistas muito cedo se apercebem de que, se derrotarem o maioritário em assembleia, por efeito da cláusula limitadora, este encontrará outros meios de fazer valer o seu real peso na sociedade.

Se a cláusula estatutária «fixar a percentagem máxima dos votos que um mesmo accionista pode emitir em Assembleia Geral em percentagem inferior a 33% dos votos correspondentes ao capital social», ainda mais clara se torna esta realidade. Se um accionista for detentor, por exemplo, de oitenta por cento das acções, a limitação a menos de um terço não impede o seu domínio, porque as acções restantes não serão suficientes para derrotar quaisquer propostas suas.

Contra esta realidade não vale a pena argumentar que o limite se refere aos votos expressos em concreto em cada votação na assembleia. Basta pensar no caso de na assembleia se apresentarem apenas dois accionistas, o titular de oitenta por cento das acções e outro com vinte por cento. Ao primeiro, a mesa reconheceria um voto de apenas trinta e três por cento e ao outro não poderia atribuir mais de vinte por cento. As propostas formuladas pelo primeiro seriam aprovadas por trinta e três contra vinte por cento.

Imagine-se, para maior facilidade de demonstração, que a sociedade tem um milhão de euros de capital e um milhão de acções de um euro cada. Os estatutos dispõem que cada acção confere um voto, mas nenhum accionista pode votar com mais de 30% dos votos. Um accionista é proprietário de 800.000 acções. Na assembleia apresentam-se este accionista e ainda dois outros, cada um com 100.000 acções.

A mesa, poderia actuar de dois modos:
- Reconhecer ao grande accionista apenas 300.000 votos e este manteria o domínio absoluto.
- Ou proceder à votação e, no apuramento do resultado, contar um número de votos válidos apenas de 500.000. Se limitar o voto deste accionista, ao nível do apuramento, a 30%, terá de reconhecer aos outros dois 70%, o que implicará que cada um destes (uma vez que as respectivas participações são iguais) terá votado com 35%, o que viola o preceito limitador dos estatutos. Em desespero de causa, para manter o cumprimento formal do preceito estatutário, teria de limitar o voto de cada um a 30%. Para não reduzir os 100% do universo da assembleia a 90%, acabaria por ter de reconhecer a

cada accionista 333.333,3 votos, o que, novamente colidiria com o limite estatutário. Se apenas surgissem na assembleia dois accionistas, o problema seria ainda pior. Com cláusulas limitativas a 30% interpretadas deste modo, a assembleia não poderia funcionar com menos de quatro accionistas. Se as limitações fossem a 10%, seriam necessários, pelo menos dez accionistas.

Deve, pois, concluir-se que as cláusulas estatutárias que limitam o voto dos accionistas, em assembleia geral, a menos de um terço não afastam a aplicação do regime do artigo 187.º do Código dos Valores Mobiliários.

Outra das dificuldades de tutela do poder de exoneração de domínio de sociedades abertas está na determinação das situações de domínio. Como era já patente em 1972, o titular do domínio pode tentar disfarçá-lo através de vários artifícios que, de um modo geral, se traduzem no recurso a participações indirectas que assegurem o domínio em conjunção com a participação já detida directamente. O n.º 1 do artigo 20.º do Código dos Valores Mobiliários ilustra, no cômputo das participações qualificadas, uma série de situações que, de acordo com a experiência comum, são tidas como modos de participação indirecta.

É particularmente relevante a alínea c) do n.º 1 do artigo 20.º do Código dos Valores Mobiliários que refere como incluídas na participação indirecta «os direitos de voto (...) detidos por titulares do direito de voto com os quais o participante tenha celebrado acordo para o seu exercício». Comparando com o regime que o antecedia no anterior Código do Mercado dos Valores Mobiliários – alínea g) do artigo 525.º, aplicável por remissão do artigo 530.º, n.º 1, alínea c) e 527.º do mesmo Código –, houve um claro alargamento na previsão: onde se restringia a «um contrato de sindicato de voto» alarga-se agora a um «acordo» para o exercício do voto. Abandona-se uma referência limitativa a um tipo contratual – sindicato de voto – cujo funcionamento dependia de uma qualificação, que é substituído pela referência a uma certa eficácia jurídica – acordo sobre o exercício do voto – independentemente da respectiva qualificação e conteúdo. Quaisquer acordos, escritos ou verbais, expressos ou tácitos, relevam para a aplicação do preceito.

Na concretização deste preceito, deve, desde logo, acentuar-se que não é necessário que o acordo para o exercício do direito de voto seja formal: qualquer entendimento ou actuação conjunta de accionistas que envolva uma concertação no exercício do voto corresponde à previsão desta disposição.[29]

---

[29] Encontram-se vozes na Doutrina que excluem a obrigatoriedade da OPA quando o vínculo entre os accionistas concertados na aquisição do domínio seja qualificável como um

Os acordos a que se refere a alínea c) do artigo 20.º do Código dos Valores Mobiliários podem ser patentes ou ocultos. São patentes quando revelados, nos termos do n.º 2 do mesmo artigo. Os accionistas actuam então em concertação, abertamente assumida e conhecida, quer na própria sociedade, quer no mercado. São ocultos quando os accionistas reservam para si e mantêm secreto, quer o facto de agirem concertadamente, quer as regras e os moldes da concertação.

A lei exige a revelação dos acordos de concertação no voto. O n.º 2 do artigo 20.º é expresso nesse sentido, o artigo 19.º obriga à revelação dos acordos parassociais, os artigos 16.º e 17.º impõem a comunicação e divulgação das participações qualificadas. O mercado dos valores mobiliários deve ser aberto e transparente. Não admite o jogo com cartas fechadas e muito menos a chicana. Por isso, a ocultação de acordos de concertação no exercício do voto é ilícita.

Mas é natural a tentação de ocultar e manter secretos os acordos de concertação. Com a ocultação, visa-se evitar, entre outras, a aplicação das regras sobre OPAs obrigatórias. Na tomada de domínio por concertação oculta de accionistas, por exemplo, a ocultação da concertação – se lograr êxito – permite evitar o custo da aquisição das acções dos restantes accionistas que as queiram alienar, pelo preço determinado segundo o artigo 188.º do Código dos Valores Mobiliários.

A ocultação pode ser definitiva ou provisória. No primeiro caso, os accionistas concertados tentam manter em segredo a concertação sem limite de tempo, com a intenção de evitar definitivamente o lançamento da OPA e o respectivo custeio. No segundo, têm apenas a intenção de a retardar até um momento em que a subsequente quebra nas cotações reduza a contrapartida calculada nos moldes das alíneas a) e b) do artigo 188.º. Mostra a experiência que, depois de uma tomada de controlo, a cotação das acções da sociedade controlada cai. O interesse dos investidores reduz-se e a procura baixa. A limitação da dispersão das acções,

---

gentleman's agreement e não tenha carácter jurídico. Para além de ser discutível a qualificação dos *gentlemen's agreements* como algo de extra-jurídico e de esta qualificação ser hábil para excluir das injunções e proibições da lei aqueles entre quem vigoram, esta asserção poderá ser correcta perante a redacção da alínea g) do n.º 2 do artigo 525.º do pretérito Código do Mercado dos Valores Mobiliários, que se referia a «sindicatos de voto», mas não é perante a redacção actual da alínea c) do n.º 1 do artigo 20.º do Código dos Valores Mobiliários. A *ratio* do preceito e a sua actual redacção conduzem-nos a pensar que a exclusão dos *gentlemen's agreements* o tornaria letra morta. Na verdade, tal constituiria uma porta escancarada para a prática de tomadas de domínio concertadas por *gentlemen's agreements*, uma vez que só muito dificilmente os interessados deixariam de arquitectar como tais os acordos que celebrassem.

agora fortemente concentradas, permite mesmo práticas de manipulação de cotações dirigidas a provocar a sua baixa. Do mecanismo de funcionamento do mercado resulta financeiramente menos oneroso atrasar a revelação do acordo, da concertação e da tomada do domínio até que a baixa subsequente da cotação das acções torne menos onerosa a contrapartida.

Torna-se, assim, importante a revelação de acordos ocultos de concertação, na tutela do poder de exoneração dos accionistas de sociedades abertas através do lançamento de OPAs obrigatórias.

A aplicação conjugada do artigo 187.º com a alínea c) do n.º 1 do artigo 20.º do Código dos Valores Mobiliários não pode ser restringida aos acordos patentes. Se assim fosse, o preceito tornar-se-ia letra morta, pois a sua eficácia dependeria da boa fé e da probidade espontâneas dos accionistas dominantes. A própria existência de lei escrita e órgãos estatais de coerção demonstra que nem todas as pessoas foram dotadas com o dom da probidade na medida necessária a um sistema de cumprimento espontâneo e não coercivo. Principalmente quando estão em jogo valores avultadíssimos, é fortíssima a tentação de ocultar e não revelar os acordos de concertação de voto na tomada de domínio ou de atrasar no tempo a sua revelação. O Direito não pode ser ingénuo.

Mas a demonstração da concertação oculta pode ser difícil.

Em primeiro lugar, não deve ser esquecida a regra do artigo 217.º do Código Civil. Os acordos podem ser expressos ou tácitos. São tácitos quando se deduzem de factos que, com toda a probabilidade, os revelam. Há comportamentos patentes que são reveladores de outros ocultos. São comportamentos concludentes. A concludência opera com base nas regras da experiência, do bom senso, e até do senso comum. O artigo 217.º não é sequer muito exigente na concludência e contenta-se com um juízo de mera probabilidade. É suficiente que da actuação patente dos accionistas se possa, de acordo com as regras da experiência, concluir «com toda a probabilidade» a celebração do acordo.

Na demonstração dos factos concludentes da concertação oculta pode lançar-se mão dos meios probatórios normais.

Desde logo a confissão. Esta, pode ser expontânea, e poderá acontecer quando algum dos accionistas concertados se arrependa e revele o segredo, eventualmente em consequência de um subsequente conflito interno no grupo concertado. A solidez dos acordos ocultos nem sempre é forte e os conflitos de interesses podem surgir e quebrar a sua textura.

A confissão provocada, em depoimento de parte, pode ser eficaz. Em acção proposta por um accionista prejudicado pela ocultação do acordo, pode ser chamado a prestar depoimento de parte, sob juramento, qualquer dos accionistas concertados. O registo do depoimento e o receio da sanção criminal do perjúrio pode conduzir à confissão.

A prova por documentos e testemunhal poderá ser útil, dependendo das circunstâncias do caso. A construção de um projecto de domínio por concertação, mesmo oculta, envolve naturalmente a participação de várias pessoas e a elaboração de estudos escritos e minutas de contratos. Porém, o regime do sigilo profissional, pode dificultar esta prova.

Podem ser requisitadas informações a terceiros que delas disponham. O financiamento da operação dificilmente dispensará a participação de uma ou mais instituições financeiras e consultoras. O tribunal pode requisitar, oficiosamente ou a requerimento da parte, a prestação de informações sobre a operação.

Finalmente, a prova pericial pode ter utilidade quando seja necessário determinar os valores da contrapartida.

Numa perspectiva de tipicidade social, é corrente o caso em que vários accionistas – de cuja actuação concertada oculta se suspeita – apresentam em assembleia geral uma lista conjunta para a eleição do conselho de administração. A suspeita funda-se nas circunstâncias seguintes:

a) A apresentação por um desses accionistas de uma lista para o Conselho de Administração da sociedade aberta, integrada, na sua larga maioria, por altos quadros de sociedades integrantes dos grupos societários a que cada um desses accionistas pertence;

b) A presença na Assembleia Geral de todos esses accionistas e a respectiva votação no sentido de fazer aprovar a lista proposta para tal Conselho de Administração;

c) A cumulação do exercício de funções de administração da sociedade aberta dos membros eleitos para o Conselho de Administração com as funções que vinham a desempenhar nas sociedades integrantes dos grupos societários a que cada um dos accionistas pertence.

Em suma: um dos accionistas apresenta uma lista integrada na sua maioria por altos quadros de um número determinado de accionistas; estes altos quadros mantêm o exercício das funções profissionais nos seus lugares de origem, em acumulação com o exercício dos cargos para que foram eleitos; nas votações são convergentes os votos dos mesmos accionistas; a maioria formada pelos votos desses accionistas na eleição daqueles quadros é superior a um terço.

Destes factos, que conclusões podem extrair-se? Tratou-se de uma mera coincidência fortuita? Houve concertação oculta?

A concludência destes factos deve ser apreciada de acordo com as regras da experiência, do bom senso, do senso comum, e perante a natureza das coisas.

Perante estes factos podem, em princípio, ser formuladas duas teses conclusivas: a «tese da coincidência fortuita» e a «tese da concertação oculta».

A «tese da coincidência fortuita» traduz-se no seguinte: na assembleia geral, um accionista propôs, com um espírito abrangente, uma lista cuja composição inclui pessoas que individualmente lhe merecem confiança e lhe parecem profissionalmente as mais dotadas para o preenchimento dos cargos electivos e para o exercício das respectivas funções. Subjacente a esta actuação, não houve consultas mútuas nem consensos. Os outros accionistas, a cujos quadros superiores pertencem a maioria dos propostos, ficam agradavelmente surpreendidos com a escolha feita pelo accionista proponente e, com a melhor das boas vontades, votam favoravelmente a proposta. Estes outros accionistas permitiram ainda que os eleitos mantivessem o exercício profissional das novas funções em acumulação com as que anteriormente exerciam (e continuam a exercer) nos seus quadros. O espírito clarividente do accionista proponente permitiu uma composição da administração que mereceu o voto de uma maioria, sem necessidade de se comprometer em acordos com os outros accionistas cujo voto espontâneo logrou, assim, obter.

A «tese da concertação oculta» retira dos referidos factos conclusão diferente. Antes da assembleia havia já um acordo entre os accionistas que votaram a proposta de eleição do conselho de administração, acordo este tendente, não apenas à composição do conselho de administração, mas também e principalmente à tomada do controlo da sociedade e ao exercício concertado desse controlo. A ocultação do acordo de concertação poderá ser definitiva, para evitar o custo do lançamento de uma OPA obrigatória, ou provisória, com o intuito de atrasar o lançamento da OPA até que a cotação das acções baixasse para níveis que permitam que seja feita com um custo inferior. Entretanto e beneficiando da real redução da dispersão accionista, será possível promover intervenções bolsistas discretas tendentes a promover ou intensificar a baixa da cotação da acções. Atingido o valor de cotação adequado, o acordo será revelado e só então virá a ser lançada a OPA com custos muito inferiores.

Qual das teses tem maior probabilidade?

Somos de opinião que a primeira tese, da «coincidência fortuita», é verdadeiramente pouco provável. Não é impossível que assim tenha sucedido, mas tal seria verdadeiramente estranho e deixaria inexplicados alguns aspectos relevantes do sucedido. Desde logo, não é normal que o accionista proponente da lista para o conselho de administração tenha nela incluído nomes de pessoas sem as ter consultado previamente e obtido o seu prévio consentimento. Não é assim que se actua no ambiente social e jurídico em que as coisas se passam. Não é também crível que essas pessoas tenham consentido na sua candidatura a um cargo de administradores que iriam exercer em acumulação com as suas actuais funções profissionais, sem previamente consultar e obter o consentimento das empresas às quais se encontravam já profissionalmente vinculadas. Também não é normal que os accionistas não proponentes da lista tenham aceite a inclusão na mesma de seus quadros superiores e a tenham votado sem que tenha havido contacto e consenso com o proponente da lista e com os quadros propostos, pelo menos quanto ao regime de acumulação de funções, incompatibilidades funcionais e remunerações. Finalmente não é crível, de acordo com os padrões de comportamento normais na vida empresarial, que esta lista tivesse sido votada por aqueles accionistas sem que tenha havido uma prévia negociação e um consenso mais ou menos amplo e mais ou menos detalhado. Este quadro fáctico, a ser verdadeiro, seria gravemente anómalo e a credibilidade desta tese pressupõe uma forte ingenuidade.

Prosseguindo na análise do caso, deverá convir-se que não houve oposição nem discordância entre o accionista proponente da lista e os demais que a votaram e cujos quadros superiores a integraram. Se houvesse, a lista não teria sido eleita, pelo menos com aquela composição. Se não houve discordância por parte daqueles accionistas e a proposta mereceu o seu voto, então deve concluir-se inevitavelmente que houve concordância. Esta concordância teve como objecto o exercício do direito de voto.

O âmbito material e temporal do acordo entre os accionistas, que está subjacente no exercício do voto, pode ser variado. Pode ser limitado no tempo ou ter duração indefinida; pode abranger a tomada do controlo, o respectivo financiamento, a gestão futura, futuras cisões e desmembramentos da empresa, cooperação tecnológica, etc.; ou mais restritamente limitar-se a áreas determinadas. O seu conteúdo pode ser variável. A lei não distingue, mas exige, nos artigos 16.º e seguintes, a divulgação e publicidade do seu conteúdo integral. Poderia o legislador, na redacção da alínea c) do n.º 1 do artigo 20.º do Código dos Valores Mobiliários, ter inserido uma referência restritiva, com o sentido de limitar a sua aplicação a acordos que tivessem influência sobre a distribuição do poder na sociedade, o seu controlo, ou sobre a normalidade do funcionamento do mercado, mas não o fez. Qualquer que seja o acordo que liga os accionistas, desde que incida sobre o exercício do voto, preenche a previsão da alínea c) do n.º 1 do artigo 20.º do Código dos Valores Mobiliários.[30]

---

[30] Se entenderem que o conteúdo daquele acordo concreto não determina o domínio da sociedade, nem a constituição com ela de uma relação de grupo, os accionistas poderão,

A segunda tese – da «concertação oculta» – corresponde ao que é típico suceder no mercado, quando várias empresas (ou grupos de empresas) acordam na tomada do domínio de uma outra, ou quando uma delas associa «parceiros estratégicos» a esse fim. As situações são variadas, mas não deixam de ser suficientemente frequentes para terem já ganho tipicidade social.

Existem já e são discerníveis na vida, tipos sociais de tomadas de controlo. Trata-se de tipos reais, correspondentes a grupos, a conjuntos de casos detectados e recortados da vida; de tipos de frequência, que designam casos que, numa pluralidade semelhante, ocorrem com maior frequência, exprimem o usual; são tipos fluidos, com características graduáveis, aos quais um certo facto se poderá assemelhar ou corresponder mais ou menos; e são tipos representativos, que são especialmente elucidativos e servem para construir modelos, exemplos de comportamento, casos exemplares.[31]

O tipo de tomada concertada do domínio e o tipo de tomada de domínio com assistência de parceiros estratégicos não são radicalmente diferentes e surgem frequentemente misturados. No primeiro, salienta-se normalmente a intervenção de um dos intervenientes que assume uma certa liderança e sobressai, pelo menos nas relações externas. As instituições financeiras (ou os respectivos grupos) intervêm normalmente (tipicamente) como parceiros estratégicos com a função de assegurar o financiamento da operação de tomada de controlo e não costumam permanecer para além da recuperação do seu investimento. Empresas (e grupos) do mesmo sector de actividade, complementares ou concorrentes, têm normalmente uma intervenção mais estável e duradoura. Por vezes acabam por separar-se procedendo a uma partilha de activos destacáveis da empresa controlada, ou dos respectivos mercados. Não é raro que, nos acordos que as ligam, fique prevista a separação, decorrido um certo tempo ou ocorridas certas circunstâncias, mediante a estipulação de «cláusulas de saída» em que são previstas equações e fórmulas extremamente complexas de determinação do valor das respectivas participações. Frequentemente, também, mantêm-se associadas no controlo em parcerias de longa duração e tendencialmente sem termo. Fica normalmente prevista a composição dos órgãos societários, principalmente o de administração, para o qual são destacados muitas vezes quadros importantes de

---

nos termos do n.º 2 do artigo 187.º do Código dos Valores Mobiliários, tentar provar que assim é perante a CMVM.
31 Sobre estes tipos, Pais de Vasconcelos, *Contratos Atípicos*, Almedina, Coimbra, 1995, pp. 52s.

cada uma das empresas concertadas[32] ou são especialmente contratados outros. Na administração, cada um dos accionistas concertados tem um ou mais administradores que representa[33] os seus interesses no conselho. É usual também o acordo quanto à composição do órgão de fiscalização e à escolha da empresa auditora. É menos frequente que o acordo inclua a política de investimento, de gestão e de dividendos. Sucede por vezes que o acordo inclui políticas de restruturação da empresa controlada, principalmente quando se trata do controlo de empresas ou grupos em dificuldades.

4b. A (re)acção dos accionistas prejudicados

A excessiva concentração e a tomada de domínio, isolada ou concertada, afectam negativamente o mercado e os accionistas remanescentes. A reacção contra esta situação é diferente, nas duas perspectivas.

O Código dos Valores Mobiliários concentra nos artigos 187.º a 193.º os mecanismos de tutela do mercado em caso de domínio de uma sociedade aberta por parte de um ou mais accionistas.

No artigo 187.º estatui o dever que incide sobre o accionista dominante, de proceder ao lançamento de uma OPA obrigatória «sobre a totalidade das acções e de outros valores mobiliários emitidos por essa sociedade que confiram direito à sua subscrição ou aquisição».

O efeito sobre o mercado deste mecanismo depende do resultado da OPA. Esta, pode conduzir à aquisição da totalidade das acções remanescentes, de parte maior ou menor das mesmas, ou até de nenhuma.

Se a OPA não suscitar o interesse dos accionistas remanescentes, a situação mantém-se como já estava. Foi positiva a possibilidade dada aos accionistas minoritários de se apartarem da sociedade mediante uma con-

---

[32] Não conhecemos nenhum caso de tomada concertada do controlo de uma sociedade, aberta ou fechada, em que não tenha havido acordo quanto à composição do conselho de administração.

[33] Não se trata de representação no sentido estrito técnico-jurídico, mas antes de uma relação semelhante à representação indirecta, ao exercício em nome próprio, mas no interesse e sob as instruções de certo accionista, perante o qual se prestam informações e se responde. Na normalidade dos casos, o accionista «representado» tem o «direito de destituir» o administrador por quebra de confiança e de designar outro para o substituir. O accionista responde pelo seu administrador perante os outros accionistas concertados. É esta a situação que está subjacente ao regime do artigo 83.º do Código das Sociedades Comerciais.

trapartida justa[34]. Fica assegurado que não há accionistas prisioneiros. Porém, mantém-se o efeito nocivo da concentração sobre o mercado. Se a dispersão accionista tiver ficado excessivamente reduzida, a sociedade emitente perderá a qualidade de sociedade aberta (artigo 27.º do Código dos Valores Mobiliários). O accionista dominante poderá evitar esta consequência através do lançamento de uma oferta pública de venda que reponha o nível necessário de dispersão das acções.

No caso de domínio emergente de concertação oculta de accionistas, com violação dos deveres de informação e de lançamento da OPA obrigatória, o Código dos Valores Mobiliários prevê dois níveis de reacção:
– actuação da CMVM, oficiosamente ou a requerimento de interessados;
– acção popular, por impulso de investidores não institucionais, associações de defesa dos investidores e fundações que tenham por objecto a protecção dos investidores (artigo 31.º Código dos Valores Mobiliários)

4b.1. A acção da CMVM, oficiosa ou provocada por denúncia de investidores

A CMVM é uma pessoa colectiva de direito público, com autonomia administrativa e financeira, sujeita à tutela do Ministro das Finanças. Tem as atribuições enumeradas no artigo 4.º da sua lei orgânica (Decreto-Lei 473/99 de 8 de Novembro), entre as quais cabe ressaltar a regulação dos mercados de valores mobiliários, das actividades exercidas pelas entidades sujeitas à sua supervisão, das ofertas públicas relativas a valores mobiliários, o exercício das funções de supervisão que lhe são cometidas pelo Código dos Valores Mobiliários, a promoção do desenvolvimento do mercado de valores mobiliários e de outros instrumentos financeiros e das actividades de intermediação financeira. De entre as suas competên-

---

34 A tomada de domínio pode circunstancialmente agradar a alguns accionistas e desagradar a outros. Os que se sentirem confortáveis não são forçados a vender as suas acções na OPA obrigatória e manter-se-ão na sociedade; os outros poderão aliená-las e apartar-se, exercendo assim o seu poder de exoneração. Pode mesmo suceder, embora não seja normal, que nenhum accionista queira vender as suas acções. A OPA, no caso do artigo 187.º do Código dos Valores Mobiliários, só é obrigatória para quem assume o domínio da sociedade e não para os pequenos accionistas não institucionais. Não nos parecem, por isso, razoáveis as considerações feitas por MENEZES FALCÃO, *ob. cit.*, pp.197-201, em que defende que o domínio pode ter carácter benéfico para os pequenos accionistas como argumento para refutar que na *ratio legis* se encontre a sua defesa contra o dano que o domínio lhes possa causar.

cias avultam as de «deduzir acusação ou praticar acto análogo que impute factos ao arguido e aplicar coimas e sanções acessórias em processo de contra-ordenação» e «determinar a abertura de processo de averiguações preliminares relativas a crimes contra o mercado e o seu encerramento» (artigo 5.º).

O exercício das suas funções de supervisão pela CMVM obedece aos princípios da protecção dos investidores, da eficiência e regularidade do funcionamento dos mercados de valores mobiliários, do controlo da informação, da prevenção do risco sistémico, da prevenção e repressão das actuações contrárias à lei ou a regulamento, e da independência (artigo 358.º do Código dos Valores Mobiliários). Estão sujeitas à supervisão da CMVM, entre outras, as entidades emitentes de valores mobiliários (artigo 359.º, n.º 1, alínea c)).

No exercício destas funções, a lei dotou a CMVM com poderes muito amplos, entre os quais avultam os de instruir processos e punir infracções; dar ordens e formular recomendações concretas; exigir elementos e informações e examinar livros, registos e documentos, não podendo as entidades supervisionadas invocar o segredo profissional; e ouvir quaisquer pessoas, intimando-as para o efeito, quando necessário.

Com esse fim, a CMVM está também dotada de poderes importantes de inspecção às entidades sujeitas à sua supervisão, de realização de inquéritos para averiguação de infracções de qualquer natureza cometidas no âmbito dos mercados de valores mobiliários ou que afectem o seu normal funcionamento, e de proceder às demais diligências necessárias.

Adquirida a notícia da prática dos crimes especialmente previstos no Código dos Valores Mobiliários (abuso de informação, manipulação do mercado e desobediência), por conhecimento próprio, participação de autoridade judiciária, entidade policial ou funcionário, ou denúncia particular, ou suscitada uma suspeita sólida nesse sentido, a CMVM deve proceder a averiguações preliminares, no âmbito das quais tem poderes também muito fortes. Entre os quais os de «solicitar a quaisquer pessoas e entidades todos os esclarecimentos, informações, documentos, independentemente da natureza do seu suporte, objectos e elementos necessários para confirmar ou negar a suspeita de crime», e «proceder à apreensão e inspecção de quaisquer documentos, independentemente da natureza do seu suporte, valores, objectos relacionados com a possível prática de crimes contra o mercado de valores mobiliários».

A omissão do lançamento de uma OPA obrigatória por concertação oculta, a confirmar-se, constitui contra-ordenação muito grave prevista na alínea h) do n.º 2 do artigo 393.º do Código dos Valores Mobiliários e pode envolver a prática do crime de manipulação do mercado (artigo

379.º). Sem dúvida, prejudica o funcionamento normal e saudável do mercado e põe em causa a confiança dos investidores, sem a qual não pode subsistir.

A CMVM tem o poder e o dever de desencadear as investigações necessárias ao esclarecimento das suspeitas suscitadas quanto à eventual tomada de domínio da sociedade aberta por concertação oculta de accionistas, e ao consequente incumprimento do dever de lançamento de uma OPA obrigatória. Dispõe dos poderes necessários de investigação que são mais do que suficientes para chegar a uma conclusão, fundada em critérios de probabilidade, nos termos do artigo 217.º do Código Civil, sobre a existência de um acordo tácito que preencha a previsão da alínea c) do n.º 1 do artigo 20.º do Código dos Valores Mobiliários.

Não deverá deixar de interrogar os accionistas individuais, os administradores das accionistas societárias suspeitas de envolvimento na concertação e os administradores eleitos na lista proposta, de requisitar informação das instituições financeiras envolvidas no financiamento da operação e das consultoras que a tenham assessorado, incluindo documentos e estudos preparatórios. Os interrogatórios deverão ser feitos sob juramento, sob a cominação de perjúrio e gravados (como em processo civil), de modo a evitar ou reduzir o risco de insinceridade nas respostas. Poderá requisitar a colaboração das entidades policiais.

Se concluir que houve acordo tácito, pode e deve ordenar, nos termos do artigo 360.º, n.º 1, alínea f) e sob a cominação do crime de desobediência previsto no artigo 381.º do Código dos Valores Mobiliários, o lançamento da OPA obrigatória, cuja contrapartida deverá ser calculada com referência ao tempo em que o deveria ter sido.

4b.2. A acção popular por iniciativa de investidores

O Código dos Valores Mobiliários prevê ainda no seu artigo 31.º a acção popular «para a protecção de interesses individuais homogéneos ou colectivos dos investidores não institucionais». Têm legitimidade activa para propor a acção popular os investidores não institucionais, as associações de investidores e as fundações para a protecção dos investidores.

O artigo 14.º da lei de autorização legislativa relativa ao Código dos Valores Mobiliários (Lei n.º 106/99 de 26 de Julho) autorizou expressamente o Governo a «aditar ao elenco do n.º 2 do artigo 1.º da Lei n.º 83/95, de 31 de Agosto, os interesses dos investidores não institucionais em valores mobiliários ou outros instrumentos financeiros, conferindo a qualquer deles e às associações e fundações defensoras desses interesses a titularidade para a iniciativa da acção popular». Daqui decorre um alargamento da legitimidade activa para o exercício da acção popular aos investidores não institucionais. Este alargamento vem a surgir expresso na alínea a) do artigo 31.º do Código dos Valores Mobiliários.

Esta especialidade de regime da acção popular do Código dos Valores Mobiliários traduz-se no alargamento da sua função à defesa de direitos subjectivos individuais, para além da tutela dos interesses colectivos. Já em JHERING[35] o binómio acção comum e acção popular corresponde à alternativa entre a tutela directa de interesses individuais através do direito subjectivo e a tutela indirecta ou reflexa de interesses gerais, colectivos ou difusos. O alargamento do âmbito da acção popular no Código dos Valores Mobiliários é intencional e vem já, como se viu, da lei de autorização legislativa. Corresponde pois claramente à intencionalidade normativa do sistema do direito dos valores mobiliários.

Esta opção legislativa tem a eficácia pragmática – que é própria do direito comercial – de evitar ou reduzir o efeito entorpecedor das dúvidas ou querelas jurídico-dogmáticas na eficácia do sistema jurídico. Reduz-se assim, acentuadamente, a utilidade da discussão doutrinária sobre a qualificação da OPA obrigatória como tutela indirecta de interesses colectivos ou difusos alheia ao direito subjectivo, ou como instrumento funcional de um direito subjectivo – no caso do direito social – mais concretamente do poder de exoneração que o integra. De uma ou outra opção doutrinária deixa de depender o recurso à acção comum ou à acção popular. Esta última está sempre disponível, qualquer que seja o entendimento.

A acção popular constitui um meio hábil, tanto para a tutela dos interesses colectivos ou difusos, como para o exercício do poder de exoneração inerente ao direito subjectivo do sócio.

Na tutela dos interesses difusos e colectivos é o mercado que se protege. Para além da instituição pública – CMVM – a quem cabe regular, supervisionar e defender o mercado, a lei confere legitimidade também aos investidores não institucionais para agir na defesa dos interesses gerais e difusos que também são seus. Esta acção não tem carácter supletivo nem substitutivo: não pressupõe a inércia da CMVM e pode ser concomitante com a sua acção[36]. Mas não só.

---

35 JHERING, *O Espírito do Direito Romano*, III, Alba, Rio de Janeiro, 1943, pp. 228s.
36 Neste sentido, SOFIA NASCIMENTO RODRIGUES, ob. cit., pág. 65, sustenta que «a propositura por um dos interessados de uma acção destinada a tutelar exclusivamente o seu interesse individual nunca origina excepção de litispendência na acção popular» porque «o objecto destas acções não é o mesmo pelo que nunca se satisfaz um dos requisitos daquela excepção».

Na tutela do direito subjectivo do sócio, a acção popular é particularmente adequada porque este é um direito subjectivo que tem uma característica específica: é um direito de que se é titular e que se exerce tipicamente em companhia, em sociedade, com os demais sócios.[37] Exceptuado o caso da unipessoalidade, o direito subjectivo de cada sócio, quer na sua titularidade, quer no seu exercício, não é independente nem está isolado dos direitos subjectivos de cada um dos demais sócios. Em praticamente todas as suas componentes, os direitos dos consócios interagem uns com os outros. A título meramente exemplificativo – entre muitos outros casos que não vale a pena citar – tal sucede no exercício do voto, na realização do capital, na recepção do dividendo, na aprovação das contas, ou na impugnação de deliberações sociais. Por isso, é útil que o poder de exoneração, nas sociedades abertas, seja exercido em acção popular. Na verdade, a ser procedente, a acção desencadeia o lançamento de uma OPA geral, o que tem eficácia na posição jurídica, não só do sócio que propôs a acção, mas também nas de todos os demais. A acção popular permite, neste caso, unificar num único processo o exercício de um poder que cabe à generalidade dos sócios e que, sem ela, poderia conduzir a uma pluralidade de acções. A lei poderia, é certo, evitar o recurso à acção popular se impusesse a apensação de todas as acções comuns propostas por cada um dos sócios em que fosse exercido o poder de exoneração e pedido de lançamento de uma OPA, com esse fim. Mas não o fez. A OPA obrigatória, como se demonstrou, constitui um instrumento útil, quer de defesa objectiva do mercado dos valores mobiliários, quer de efectivação do poder de exoneração inerente ao direito do sócio da sociedade aberta. Esta proximidade, esta vizinhança, de interesse difuso e direito subjectivo, torna particularmente feliz o recurso à acção popular.[38]

Cabe agora determinar qual o teor do pedido que o accionista investidor institucional pode formular na acção popular.

A OPA obrigatória constitui o *modus operandi* típico do poder de exoneração do accionista de uma sociedade aberta cujo domínio tenha sido tomado no quadro do artigo 187.º do Código dos Valores Mobiliários.

Nesta acção, é pedido o lançamento da OPA e a indemnização.

No que respeita ao primeiro pedido, encontra fundamento no artigo 830.º do Código Civil. Embora os juristas estejam habituados a ver neste

---

[37] Pais de Vasconcelos, *Direitos destacáveis*, cit., p. 171: «Como direito subjectivo, o direito social tem ainda uma outra característica típica: não tem um titular isolado, mas antes é tipicamente exercido em companhia, em sociedade com outros sócios, com direitos, em princípio, iguais e posições jurídicas essencialmente paritárias».
[38] Ver supra 2.c..

preceito o regime da execução específica do contrato promessa e seja isso o que parece ressaltar da respectiva epígrafe, a sua previsão é mais ampla e abrange todas as obrigações de celebrar um ou mais negócios jurídicos. Nada na *ratio* do preceito aponta no sentido de restringir a contratos, de excluir os negócios unilaterais, ou mesmo os actos jurídicos. Também nada permite excluir as obrigações de contratar ou de celebrar negócios jurídicos fundadas na lei. Se a obrigação negocial de contratar é susceptível de execução específica, porque não o seria a obrigação legal, cujo fundamento obrigatório é mais forte?[39]

Se julgar a acção procedente, o tribunal deve, nos termos do artigo 829.º-A do Código Civil, condenar numa sanção pecuniária compulsiva, cujo montante deve ser fixado segundo critérios de razoabilidade que seja suficientemente elevada para ser eficientemente compulsiva.[40]

O artigo 193.º do Código dos Valores Mobiliários prevê expressamente que «o infractor» do dever de lançar uma OPA obrigatória responda «pelos danos causados aos titulares de valores mobiliários sobre os quais deveria ter incidido oferta pública de aquisição». Trata-se, como a própria epígrafe do artigo exprime, de um caso de responsabilidade civil.

A responsabilidade civil, segundo o artigo 566.º, n.º 1 do Código Civil, deve traduzir-se, em primeira linha, na reconstituição natural; só quando esta não seja possível, não repare integralmente os danos ou seja excessivamente onerosa, pode a indemnização ser fixada em dinheiro. O modo mais eficiente de reconstituição natural, na responsabilidade civil por incumprimento da obrigação de celebrar um negócio jurídico, é a execução específica. A susceptibilidade de execução específica da obrigação de lançar a OPA encontra aqui um segundo fundamento.

Quando deva haver lugar à indemnização em dinheiro, o n.º 2 do artigo 566.º do Código Civil estabelece o critério do valor na diferença entre a situação patrimonial do lesado, na data mais recente que puder ser atendida pelo tribunal, e a que teria nessa data se não existissem danos. No caso da falta de lançamento da OPA, a liquidação faz-se na diferença entre o preço que o accionista investidor não institucional deveria ter recebido, segundo o critério do artigo 188.º do Código dos Valores Mobiliários, e aquele pelo qual tiver conseguido vender as suas acções.

---

39 Brito Pereira, *A OPA Obrigatória*, Almedina, Coimbra, 1998, p. 373(530), na vigência do anterior CódMVM debruça-se sobre a aplicabilidade da execução específica à obrigação de lançar a OPA e distingue entre as OPAs prévias e subsequentes para concluir negativamente em relação às OPAs prévias, mas positivamente em relação às subsequentes.
40 Parece-nos acertada a sugestão formulada neste sentido por Brito Pereira, ob. cit., pág. 373(530).

Nos casos em que tenha havido dilação no lançamento da OPA, por ocultação provisória da concertação, a indemnização consistirá na diferença (se houver) entre o valor da contrapartida paga e aquela que deveria ter sido pago se a OPA tivesse sido lançada no momento devido.

Esta determinação torna-se mais difícil no caso dos accionistas que ainda não venderam as suas acções e não são parte na acção. Não se vislumbra como será possível, neste caso, atingir os objectivos da responsabilidade civil sem proceder ao lançamento da OPA[41]. Deste facto resulta mais um argumento a favor da execução específica do dever de lançamento da OPA.

4b.3. A acção comum proposta por accionistas

Excepto quando a lei determine o contrário, a todo o direito corresponde uma acção adequada a fazê-lo reconhecer em juízo, a prevenir ou reparar a violação deste e a realizá-lo coactivamente, bem como os procedimentos necessários para acautelar o efeito útil da acção (artigo 2.º, n.º 2 do Código de Processo Civil). Esta regra constitui uma consequência do princípio da proibição da justiça privada, consagrado no artigo 1.º do referido Código, segundo o qual, «a ninguém é lícito o recurso à força com o fim de realizar ou assegurar o próprio direito, salvo nos casos e dentro dos limites declarados por lei».

O direito de recurso aos tribunais é um direito fundamental, garantido no artigo 20.º da Constituição da República Portuguesa.[42] Este preceito tem um sentido e uma eficácia jurídica importantes: nenhum direito pode ficar «tecnicamente» frustrado por não haver uma acção judicial que suporte a respectiva demanda. Nesta perspectiva e nos moldes do artigo 460.º, n.º 2 do Código de Processo Civil, se não couber ao caso uma acção especial, poderá o titular recorrer ao processo comum.

Estando prevista na lei a acção popular poderá ainda o sócio, o accionista, ou o investidor não institucional, propor uma acção comum para a

---

[41] Esta é mais uma razão para nos afastarmos da opinião de Paulo Câmara, *Manual de Direito dos Valores Mobiliários*, cit., pp. 723-724, quando, além da actuação sancionatória da CMVM, restringe a reacção dos accionistas à indemnização. Quem conhecer o que se passa nos tribunais portugueses e o modo como funcionam logo compreenderá quão demorada, dispêndiosa e praticamente pouco útil será uma acção de indemnização por violação do dever de lançar a OPA. Limitar a reacção à actuação sancionatória da CMVM e à responsabilidade civil corresponde, na prática, a escancarar a porta ao incumprimento.
[42] Teixeira de Sousa, *Estudos sobre o Novo Processo Civil*, Lex, Lisboa, 1997, p. 59; Lebre de Freitas, *Código de Processo Civil Anotado*, I, Coimbra Editora, Coimbra, 1999, p. 5.

tutela do seu direito de se exonerar da sociedade aberta, em caso de dissídio acerca da verificação dos pressupostos do lançamento de uma OPA obrigatória? Se o investidor entender que houve tomada de domínio por concertação oculta, mas o accionista alegadamente dominante negar que assim seja e a CMVM nada fizer, estará aquele investidor limitado à proposição da acção popular, ou poderá optar por propor uma acção com processo comum?

Atento o regime do artigo 460.º, n.º 1 do Código de Processo Civil, não poderá ser proposta uma acção comum, se ao caso couber a acção popular. Para que ao accionista investidor não institucional reste ainda a possibilidade de propor uma acção comum é necessário considerar os clássicos três elementos da acção; partes, pedido e causa de pedir.

No que concerne às partes, pode haver, ou não, identidade. O autor é o mesmo: aquele accionista, investidor não institucional, que quer apartar-se da sociedade e exercer o poder de exoneração que inere ao seu direito subjectivo social. Do lado passivo, a posição de réu pode ser ocupada pelo sócio dominante e pela sociedade dominada, consoante o pedido que for formulado. Se for pedido lançamento da OPA, o réu será o accionista dominante a quem a lei impõe o respectivo lançamento. Se for pedida a amortização das acções ou que a sociedade as adquira ou faça adquirir, será então ré a sociedade dominada.

A causa de pedir é idêntica. Em ambas as acções – comum e popular – a pretensão emergiria dos mesmos factos: aqueles em que consiste ou que traduzem a tomada de domínio por concertação oculta e a recusa de lançamento da OPA.

A chave da questão está na pretensão que for formulada. O pedido de condenação do accionista dominante no lançamento da OPA só pode ser dirigido ao tribunal nos quadros da acção popular. O accionista não está limitado à formulação desse pedido. Na acção comum, pode pedir, por exemplo, indemnização em dinheiro de danos que haja sofrido, mas não pode pedir a condenação do accionista dominante no lançamento da OPA, porque para esse pedido constitui meio próprio a acção popular. Somos de opinião que um dos accionistas investidor não institucional não pode pedir a sua exoneração isolada, nem uma OPA só para si, separadamente dos demais accionistas. A admissão de uma tal solução envolveria o risco de proliferação de acções comuns, em relação às quais não haveria formalmente litispendência por ser diferente o autor, com todos os riscos graves substanciais da litispendência. A lei só poderia permitir uma solução como essa se impusesse a apensação das acções, o que de qualquer modo seria uma má solução pela complexidade e perturbação que introduziria no processo. Melhor solução constitui, sem dúvida, a acção popular.

Resumo: Na responsabilidade civil para com credores de sociedade, é preciso distinguir entre responsabilidade dos administradores (sócios ou não) – com pressupostos previstos na lei – e responsabilidade dos sócios, enquanto tais (ainda que sejam também administradores), por desconsideração da personalidade jurídica da sociedade. Nos grupos de casos de responsabilidade por desconsideração da personalidade colectiva encontramos a «descapitalização provocada», a mistura de patrimónios e a subcapitalização material manifesta.

Abstract: In the matter of civil liability vis-à-vis the company's creditors, a distinction must be drawn between *director's* liability (whether they are also shareholders or not) – based on the law – and the liability of the *shareholder* as such (even if he is also a director), through the *piercing of the corporate veil*. Within the veil-piercing groups of cases of liability, we find the «provoked decapitalization», the intermingling of personal and company assets, and the manifest material undercapitalization.

JORGE M. COUTINHO DE ABREU[*]

Diálogos com a jurisprudência, II – Responsabilidade dos administradores para com credores sociais e desconsideração da personalidade jurídica

1. O que dizem os acórdãos

(1) Ac. da RE de 21/5/98[1]. *A* e *B*, casados, constituíram em 1990 a sociedade por quotas *C*, de que ambos ficaram gerentes (*B* renunciou à gerência em Abril de 1995). Era objecto social a «construção civil, compra e venda de propriedades», etc. O capital social, com o valor mínimo legal na data da constituição, foi aumentado ainda em 1990 para 5 mil contos. Em Março de 1995, *A* e *B* constituíram a sociedade por quotas *D*, com sede no mesmo lugar da sociedade *C* e com objecto idêntico. Entre 1995 e 1997, a sociedade *D* adquiriu imóveis por cerca de 28 mil contos.

Em Janeiro de 1996, foi instaurada acção executiva contra a sociedade *C* para pagamento de um pouco mais de 14 mil contos (acrescidos de juros vincendos) – remontando tal dívida a 1992 (ou mesmo antes). Mas a sociedade possuía então apenas bens avaliados em 172 contos. Todos

[*] Professor da Faculdade de Direito da Universidade de Coimbra

---

[1] CJ, 1998, t. III, p. 258 (o texto do acórdão não foi reproduzido integralmente).

os demais bens haviam sido vendidos, alguns em outras execuções; três veículos tinham sido transferidos para a sociedade D^2.

Em quadro de desconsideração da personalidade jurídica, afirma a Relação que «a constituição pelos requeridos da sociedade [D] para prosseguir, como efectivamente veio a prosseguir, determinada actividade e para cujo património transferiram parte do património da [C], a descapitalização e privação de meios desta para prosseguir a actividade para que fora constituída e que coincide praticamente com a daquela, constitui abuso do direito e, como tal, gerador do direito dos credores a indemnização» (p. 261). Mas acrescenta logo no parágrafo imediato: «O indiciado esgotamento do património social daquela sociedade, quiçá com o pagamento a alguns dos credores, impossibilitando o pagamento ainda que parcial da dívida em causa pelas forças do mesmo, constitui os respectivos gerentes na obrigação de indemnizar os requerentes da providência, também estes credores, ao abrigo do disposto no art. 78.º, n.º 1 do CSC». E acaba por afirmar a «responsabilidade civil extra-contratual» dos gerentes A e B «nos termos dos arts. 483.º, n.º 1 do C. Civil e 78.º, n.º 1 do CSC» (p.262).

(2) Ac. da RP de 15/10/01[3]. E, F e G eram os únicos sócios e gerentes da sociedade por quotas H, dedicada ao fabrico de rolhas de cortiça. Em meados de Setembro de 1999, esta sociedade comprou a outra sociedade por quotas fardos de cortiça, mas não pagou grande parte do preço. «Porque a requerida [H] já havia sentido dificuldades em pagar a outros fornecedores, os requeridos [E, F e G], dolosamente (…), trataram de constituir uma outra sociedade comercial por quotas». Esta outra sociedade (I) foi constituída por escritura pública de 22/9/1999; tinha os mesmos sócios, o mesmo objecto, a mesma sede e os mesmos trabalhadores da sociedade H. A sociedade H cessou a sua actividade logo após a constituição de I. «Os requeridos [E, F e G] fizeram desaparecer, alienaram ou dissiparam todo o património» de H; veículos automóveis desta foram «transferidos» para I.

Discutia-se a possibilidade do arresto de bens dos referidos sócios--gerentes. O Acórdão, depois de passar em revista os arts. 78.º, 1 e 79.º, 1, do CSC, diz a certo passo: «Se tivessem actuado de boa-fé, os requeridos enquanto responsáveis pela gestão da sociedade teriam lançado mão de medidas de recuperação da sociedade (…) ou teriam apresentado tal sociedade à falência (…) e não, por um doloso "passe de mágica", criado outra empresa que apenas visa privar os credores» da que foi "extinta" (…)». «Perante esta actuação ético-jurídica censurável, a requerente pode

---

2 «Vendidos» (entre aspas), diz o Acórdão (p. 261).
3 CJ, 2001, t. IV, p. 215.

accionar, pessoalmente, os requeridos e obter deles o ressarcimento dos danos que causaram com o procedimento descrito». E um pouco adiante: «A actuação dos requeridos, enquanto gerentes da requerida, ao criarem uma nova sociedade nos termos em que o fizeram, exprimem um claro *abuso do direito da personalidade colectiva* (...). / Por isso é legítimo derrogar o princípio da separação entre o ente societário e as pessoas que em nome e representação del[e] actuam». Concluindo, justificava-se a desconsideração da personalidade da sociedade *I*.

(3) Ac. da RP de 31/1/07[4]. *J* e *L* eram os únicos sócios da sociedade por quotas *M*. O gerente era *J*, mas *L* intervinha também na gestão. Por escritura pública lavrada em Abril de 2002, os sócios dissolveram a sociedade e deram-na como liquidada, por inexistência de activo e passivo. Porém, a sociedade devia à Autora, desde 1998, cerca de €26500 e tais sócios sabiam disso. Porque a sociedade *M* «estivesse em declínio de actividade» (a partir de 1998, parece), os sócios de outra sociedade (*N*)[5] «acordaram que um dos trabalhadores da» *M* passasse a prestar serviços àquela. E «aquando da desactivação da [*M*], foram por esta cedidos à empresa [*N*] alguns bens, nomeadamente uma máquina de testes e um porta-paletes».

A Autora pediu a condenção de *J* e *L* em indemnização, ao abrigo dos arts. 78.º, 1, e 80.º do CSC e do art. 483.º do CCiv., «pelo facto de os RR. terem declarado, quando dissolveram a sociedade [*M*], que esta não tinha passivo (...)», ou «pela aplicação do instituto da desconsideração da personalidade jurídica das sociedades comerciais».

O Acórdão entendeu não terem sido provados os pressupostos dos citados preceitos do CSC. A A. não provou que os RR., ao dissolverem a sociedade, tivessem contribuído para a insuficiência do património social, nem provou que a sociedade tivesse nessa data qualquer activo.

Relativamente à desconsideração da personalidade jurídica, o Acórdão, seguindo de perto Pedro Cordeiro[6] – incluindo vários exemplos adiantados por este A.[7] –, concluiu não haver no caso lugar para ela.

(4) Ac. da RP de 22/6/09[8]. Uma sociedade anónima, que se dedica «à actividade de exploração comercial de espaços destinados a consultó-

---

[4] CJ, 2007, t. I, p. 173.
[5] Não se percebe se *J* e *L* eram já então também sócios na *N*. Foram-no pelo menos mais tarde (v. p. 176).
[6] *A desconsideração da personalidade jurídica das sociedades comerciais*, AAFDL, Lisboa, 1989.
[7] Criticados em J. M. COUTINHO DE ABREU, *Da empresarialidade (As empresas no direito)*, Almedina, Coimbra, 1996 (reimpr. 1999), p. 209, n. (539).
[8] Em www.dgsi.pt (Processo 1201/09. 1 TBMAI. P1). Um caso semelhante (aliás, a requerente parece ser a mesma) foi julgado por AC. da RL de 2/7/09 (www.dgsi.pt – Processo 3435/08. 7 TBTVD-B.L1-6).

rios, comercialização de produtos dietéticos e cosméticos, equipamento médico, de estética e de fisioterapia e à prestação de serviços no âmbito da nutrição, estética e fisioterapia», celebrou com a sociedade por quotas O, cujos sócios eram P e Q, contratos de franquia e de prestação de serviços. A sociedade O (franquiada) deixou de cumprir as obrigações financeiras decorrentes dos contratos referidos. A sociedade anónima resolveu tais contratos em Setembro de 2008. Desrespeitando cláusula de não concorrência, a sociedade O continuou a exercer actividade semelhante. Depois, «cedeu os seus estabelecimentos» às sociedades R e S, constituídas em Outubro de 2008, que continuaram aquela actividade (a sociedade O deixou de exercê-la). As sócias das sociedades R e S são T e U, casadas com P e Q; este é gerente de ambas as sociedades.

Das quatro questões em apreciação, uma era relativa à desconsideração da personalidade jurídica e outra à responsabilização ao abrigo do art. 78.º, 1, do CSC.

Porque a constituição das sociedades R e S «teve como única finalidade frustrar a possibilidade de a requerente obter o pagamento do seu crédito e exigir o cumprimento das demais obrigações contratuais», foi admitida a desconsideração da personalidade jurídica, fundada no art. 334.º do CCiv.. «Conclui-se, assim, que existe fundamento jurídico para a Requerente exigir das requeridas [R e S] o pagamento do seu crédito».

Por sua vez, os gerentes da sociedade O não foram responsabilizados.

2. Dizendo algo mais

2.1. Precisões iniciais

Para serem ressarcidos, os credores sociais recorrem frequente e indiscriminadamente à responsabilidade dos sócios gerentes pela via do art. 78.º, 1, do CSC e pela via da desconsideração da personalidade jurídica das sociedades.

São caminhos *diferentes* e *alternativos*.

Sujeitos responsáveis, segundo o art. 78.º, 1, são os *gerentes* (de direito ou de facto), sejam sócios ou não-sócios; os sócios-gerentes respondem para com os credores sociais – verificados os pressupostos daquele preceito – enquanto gerentes (no exercício de funções de gestão e/ou representação), não enquanto sócios.

Pela desconsideração da personalidade jurídica, somente *sócios* (enquanto tais) são atingidos, não gerentes; o sócio-gerente é responsabilizado por ser sócio, não por ser gerente.

Estando em causa comportamentos dos gerentes (-sócios) que entrem no campo de aplicação do art. 78.º, 1, há que ir por aqui, não pela desconsideração da personalidade jurídica. Estando em causa certos comportamentos dos sócios (-gerentes) – enquanto sócios –, poderá ir-se pela desconsideração da personalidade colectiva.

2.2. Responsabilidade civil dos gerentes para com credores sociais

Nos termos do n.º 1 do art. 78.º do CSC, «os gerentes ou administradores respondem para com os credores da sociedade quando, pela inobservância culposa das disposições legais ou contratuais destinadas à protecção destes, o património social se torne insuficiente para a satisfação dos respectivos créditos».

Há, nestes casos, *responsabilidade directa dos administradores* (em sentido amplo, incluindo os gerentes) *para com os credores sociais*. Ainda que possa existir, em simultâneo e pelos mesmos factos, responsabilidade para com a sociedade.

A *ilicitude*, enquanto pressuposto da responsabilidade para com credores sociais, compreende a violação, não de todo e qualquer dever impendendo sobre os administradores, mas tão-só dos deveres prescritos em disposições legais (entendidas em sentido amplo) ou (muito raramente) estatutárias de protecção dos credores sociais. Entre as normas legais de protecção, importa assinalar aqui (tendo em vista os acórdãos em análise) as do art. 6.º do CSC (delimitação da capacidade jurídica das sociedades) e do art. 18.º do CIRE (dever de apresentação à insolvência; v. tb. o art. 19.º)[9]

A inobservância de normas de protecção leva à responsabilização dos administradores perante os credores sociais desde que tal inobservância *cause* (nexo de causalidade) *uma diminuição do património social* (dano directo da sociedade) *que o torna insuficiente para a satisfação dos respectivos créditos* (dano indirecto dos credores). Esta insuficiência patrimonial traduz-se em o passivo da sociedade ser superior ao activo dela.

Outro pressuposto da responsabilidade perante credores sociais é a *culpa* (dolo ou mera culpa – sendo bitola desta a «diligência de um gestor criterioso e ordenado»: art. 64.º, 1, a)). Culpa que não é presumida; têm

---

[9] Sobre isto e, mais em geral, a responsabilidade dos administradores para com os credores sociais, v. J. M. COUTINHO DE ABREU, *Responsabilidade civil dos administradores de sociedades*, 2.ª ed., Cadernos n.º 5 do IDET, Almedina, Coimbra, 2010, pp. 71, ss..

os credores o ónus da prova. Assim resulta, quer do facto de o art. 78.º, 5, do CSC não remeter para o n.º 1 do art. 72.º, quer do art. 487.º, 1, do CCiv. (a responsabilidade em questão é em regra extra-obrigacional ou delitual).

O Ac. (1) decidiu-se pela responsabilidade dos gerentes com fundamento no art. 78.º, 1. Mas não citou qualquer norma de protecção de credores sociais que eles houvessem desrespeitado...

Parece-me estranho que, nesse e nos demais processos referidos, nem as autoras tenham provado nem os tribunais hajam apurado a que título bens de umas sociedades foram «transferidos», «alienados» ou «cedidos» para outras sociedades. Se tais transmissões tivessem sido (total ou parcialmente) gratuitas (fundadas em doações simples ou em doações mistas), os gerentes tinham violado norma legal de protecção dos credores sociais: art. 6.º, 1[10] – sendo, pois, aplicável o art. 78.º, 1[11].

Nenhuma das referidas sociedades devedoras (C, H, M, O) havia sido declarada insolvente. No entanto, muito provavelmente, elas tinham em certa altura caído na situação de insolvência (cfr. art. 3.º do CIRE). Se foi assim, então os gerentes violaram a norma de protecção prevista no art. 18.º, 1, do CIRE.

Contudo, para que por esta via pudessem os gerentes ser responsabilizados perante as credoras sociais, não bastaria a prova daquele facto ilícito (e culposo). Era ainda necessário que ficasse provado ter aquele facto causado ou agravado a insuficiência do património social para a satisfação dos respectivos créditos. Prova difícil, nos casos em análise...[12/13]

---

10 Cfr. J. M. COUTINHO DE ABREU, *Curso de direito comercial*, vol. II – *Das sociedades*, 3ª ed., Almedina, Coimbra, 2009, pp. 185, ss..

11 Ainda que as transmissões tivessem sido (totalmente) onerosas, os gerentes teriam violado, provavelmente, deveres de cuidado e de lealdade (v. art. 64.º, 1, e minha *Responsabilidade civil...*, pp. 18, ss.). Neste caso, porém, a eventual responsabilidade dos gerentes seria para com as respectivas sociedades, não para com os credores sociais – art. 72.º, 1 (mas v. o art. 78.º, 2).

12 E em outros casos – v. p. ex. o Ac. da RP de 8/6/00, CJ, 2000, t. III, p. 204.

13 O Ac. (3) andou bem quando decidiu pela não aplicação do art. 78.º, 1, do CSC. Apesar de a declaração de inexistência de passivo social ser falsa, daí não resultou dano (directo) para a sociedade ou (indirecto) para a credora (deu-se como provada a inexistência de activo social, impossibilitadora de partilha pelos sócios – v. tb. os arts. 158.º, 1, e 163.º, 1).

2.3. Responsabilidade civil de sócios para com credores sociais e desconsideração da personalidade colectiva

2.3.1. Preliminares

Temos definido a desconsideração da personalidade jurídica das sociedades como a *derrogação ou não observância da autonomia jurídico-subjectiva e/ou patrimonial das sociedades em face dos respectivos sócios*.

E temos acrescentado que tal desconsideração legitimar-se-á por recurso a operadores jurídicos como, nomeadamente (e consoante os casos), a interpretação teleológica de disposições legais e negociais e o abuso do direito – apoiados por uma concepção substancialista da personalidade colectiva (não absolutizadora do «princípio da separação» entre sociedade e sócios)[14]. É, assim, uma construção metódica constituída por *dois pilares* principais (o *abuso do direito* e a *interpretação teleológica*), mais ou menos tradicionais, e *uma base* (menos tradicional e enraizada) que os apoia e potencia – a *concepção substancialista, não formalista nem absolutizadora da personalidade colectiva* (não há fronteira intransponível entre sociedade e sócios).

Para concretizar de modo sistemático o método da desconsideração da personalidade jurídica, convém distinguir dois «grupos de casos»: o grupo de casos de imputação (*Zurechnungsdurchgriff*) – determinados conhecimentos, qualidades ou comportamentos de sócios são referidos ou imputados à sociedade e vice-versa – e o grupo dos casos de responsabilidade (*Haftungsdurchgriff*) – a regra da responsabilidade limitada (ou da não responsabilidade por dívidas sociais) que beneficia certos sócios (de sociedades por quotas e anónimas, nomeadamente) é quebrada.[15]

O primeiro grupo de casos não interessa para aqui[16].

---

14 Cfr. *Da empresarialidade* cit., pp. 205, 209-210, *Curso*...pp. 176-177.

15 Sobre a evolução das concepções relativas à desconsideração da personalidade colectiva e a compreensão dos grupos de casos (lá fora e por cá), v. por todos Coutinho de Abreu, *Da empresarialidade* cit., pp. 206, ss., *Curso*..., pp. 178, ss. e, mais desenvolvidamente, M. Fátima Ribeiro, *A tutela dos credores da sociedade por quotas e a "desconsideração da personalidade jurídica"*, Almedina, Coimbra, 2009, pp. 76, ss..

16 Note-se, porém, que (também) um desses casos se vislumbra no Ac. (4). A sociedade O estava obrigada a não concorrer com a sociedade anónima. Entretanto, cedeu os estabelecimentos às sociedades R e S, cujas sócias eram cônjuges dos sócios de O. Ora, desconsiderando a personalidade jurídica das sociedades O, R e S, vemos os sócios de O concorrendo com a sociedade anónima por meio das sociedades R e S, onde ambos actuam por «interpostas pessoas» e onde um deles é gerente...

A talhe de foice, transcreva-se A. Mota Pinto, *Do contrato de suprimento – O financiamento da sociedade entre capital próprio e capital alheio*, Almedina, Coimbra, 2002, p. 112, n. (228): «É duvidoso, porém, se nos casos de *imputação* estaremos perante um autêntico problema

Relativamente ao segundo grupo (casos de responsabilidade), venho apresentando três (ou quatro) «casos»: mistura de esferas de actividade e de patrimónios; subcapitalização (material); domínio qualificado de uma sociedade sobre outra(s)[17]. Acrescento agora outro, que designarei «descapitalização provocada», exemplificável com os acórdãos (ou alguns deles) em análise.

Se, além da perspectiva substancialista da personalidade colectiva, o operador interpretação teleológica domina no grupo de casos de imputação, já no grupo de casos de responsabilidade é dominante o abuso do direito: os sócios perdem o benefício da «responsabilidade limitada», respondendo perante os credores sociais, quando utilizem o «instituto» sociedade-pessoa colectiva (em princípio com autonomia patrimonial perfeita) *não (ou não tanto) para satisfazer interesses de que ele é instrumento, mas para desrespeitar interesses dos credores da sociedade*; ou, em formulação mais próxima do art. 334.º do CCiv., quando excedam os limites impostos pelo fim social ou económico do direito de constituir e fazer funcionar (ou não) sociedade.

2.3.2. Descapitalização provocada (por sócios)

Imagine-se uma sociedade de «responsabilidade limitada» que tem *problemas de liquidez* (ou tê-los-á previsivelmente a curto prazo); os sócios (também administradores ou não, ou sendo alguns administradores e outros não) *deslocam a produção* (ou boa parte dela) *para sociedade nova*

---

de penetração da personalidade colectiva, uma vez que se trata, *apenas*, da interpretação teleológica de certas normas legais ou contratuais. Por exemplo, a equiparação da venda da totalidade das participações sociais de uma empresa à venda da própria empresa, para o efeito de responsabilizar o vendedor por certos ónus que desvalorizam a empresa (artigos 905.º e segs. do Código Civil), não se deve a qualquer "penetração" da responsabilidade colectiva, mas, *apenas*, a uma correcta aplicação da compra e venda de bens onerados (...)» – os itálicos de «apenas» são meus. Se se tratasse apenas de interpretação teleológica (sem apoio em «base» anti-«integralista» relativa à personalidade jurídica), seriam surpreendentes (entre nós e no estrangeiro) as discrepâncias acerca da questão (v. numerosas referências em *Da empresarialidade* cit., pp. 344, ss.). Por isso me parece curial dizer: «a interpretação teleológica do contrato de compra e venda de participações sociais, apoiada por um entendimento substancialista da personalidade jurídica, permite atribuir [ou referir, ou imputar] ao sócio ou sócios vendedores a venda de um bem – a empresa social – que somente à sociedade competiria efectuar» (*Da empresarialidade*, p. 352, n. (913), ou *Curso...*, p. 179). Bem menos categoricamente do que A. M. Pinto, e mais avisadamente, FÁTIMA RIBEIRO, *ob. cit.*, pp. 125, ss., n. (109) (apesar de a A. restringir muito o alcance da desconsideração da personalidade jurídica): para resolver vários destes casos, «pode defender-se o recurso a uma solução *Durchgriff*, mas a verdade é que tal não será sempre necessário» (são depois analisados vários «casos de imputação»).
17 *Curso...*, pp. 180, ss..

(com objeto idêntico ou similar) por eles constituída (intentando um «começar de novo» com mais saber e sem grilhetas, a velha sociedade «já não dá nada») *ou para sociedade já existente e de que eles são sócios*; a primeira sociedade *cessa a actividade* ou *diminui-a grandemente* e a breve trecho fica exangue, impossibilitada de cumprir obrigações para com terceiros[18].

Deve neste caso ser afirmada a *desconsideração da personalidade jurídica* da primeira sociedade, ser derrogada ou não observada a regra da autonomia do património social (único a responder perante os credores da pessoa colectiva) em face dos (separados) patrimónios dos sócios, e fazer responder estes (subsidiariamente) perante os credores sociais.

Verificou-se *abuso da personalidade colectiva*. Para limitar a aversão ao risco e promover investimentos, a ordem jurídica atribui o benefício da «responsabilidade limitada» aos sujeitos que queiram exercer actividade económica por intermédio de sociedade. Mas não lhes permite a utilização da sociedade como instrumento de inflicção de danos aos credores. Estando uma sociedade em crise (actual ou iminente), os sócios não têm o dever de a recapitalizar. Podem, por exemplo, dissolvê-la; e podem os administradores ter mesmo o dever de requerer a declaração de insolvência. Mas não é permitido aos sócios agravar ou espoletar a crise descapitalizando a sociedade, liquidando-a «a frio» ou inanindo-a em detrimento dos credores sociais. Menos ainda quando eles *continuam a mesma actividade em outra sociedade*; quando, em vez de (re)investirem na sociedade em crise, investem noutra e descapitalizam (mais) a primeira, desacautelando direitos e interesses dos credores desta.

Havendo abuso do direito (abuso institucional), há *ilícito*. Se houver também (como no exemplo apresentado) *culpa* dos sócios (dolo ou negligência), *dano* para os credores e *nexo de causalidade* entre ele e o comportamento ilícito e culposo, temos os pressupostos para responsabilizar os sócios para com os credores sociais – apesar de ser a sociedade a devedora e pese embora o «princípio da separação» (derrogado).[19]

Ora, já se vê que nos casos dos quatro acórdãos em referência, não tendo ficado provados os pressupostos da responsabilidade dos gerentes

---

[18] Em casos deste tipo são frequentes as transmissões gratuitas de bens das «velhas» sociedades para as «novas»; o que dá, vimo-lo já, responsabilidade dos administradores (também) para com os credores sociais – tenha ou não havido prévia deliberação dos sócios (deliberação nula: arts. 56.º, 1, d), e 6.º, 1). Mas isso não é essencial para a caracterização da «descapitalização provocada».

[19] Sobre a responsabilidade civil por comportamento abusivo (com os demais pressupostos), bastará ver meu *Do abuso de direito – Ensaio de um critério em direito civil e nas deliberações sociais*, Almedina, Coimbra, 1983 (reimpr. 1999, 2006), pp. 76-77 e bibliografia aí indicada.

(-sócios) nos termos do art. 78.º, 1, poderiam os sócios (-gerentes) ser responsabilizados perante os credores das sociedades devedoras pela via da desconsideração da personalidade jurídica – por «descapitalização provocada», mais precisamente. A responsabilização por esta via é, repita-se, dos sócios enquanto tais, não dos gerentes (ao invés do que diz o Ac. (2)), e dos sócios das sociedades devedoras, não propriamente dos sócios das sociedades «novas» (ao invés do que resulta do Ac. (2)) ou destas mesmas sociedades (ao invés do que é dito no Ac. (4))[20].

Os casos aqui designados de descapitalização provocada são afins dos casos chamados na Alemanha (na jurisprudência e na doutrina) de *Existenzvernichtung* [aniquilamento da existência (de sociedade)][21].

A responsabilidade dos sócios por *Existenzvernichtung* tem sido variamente caracterizada na jurisprudência do BGH (Tribunal Federal) – e mais ainda na doutrina. Entre Setembro de 2001 (ac. «Bremer Vulkan», de 17/9/2001) e Julho de 2007 (ac. «Trihotel», de 16/7/2007), foi considerada, com apoio de grande parte da doutrina, *Durchgriffshaftung* (responsabilidade externa dos sócios – perante os credores sociais); depois (a partir do ac. «Trihotel»), passou a ser vista, com apoio também de grande parte da doutrina, como responsabilidade (interna) dos sócios perante a sociedade com base no § 826 do BGB (dano causado dolosamente de modo contrário aos bons costumes)[22].

A doutrina portuguesa costuma importar da Alemanha (muitas vezes acriticamente) soluções jurídicas. Não se recomenda a importação do «produto Trihotel». Que, aliás, também não convence vários autores germânicos[23]. Critica-se, por exemplo, a estreiteza do dolo (ainda que tão-

---

20 Sendo os sócios da sociedade devedora responsabilizados, podem evidentemente os credores fazer responder (também) as quotas daqueles nas sociedades «novas».
21 Mas alguns destes casos (v. exemplos em Lutter, in Lutter/Hommelhoff, *GmbH-Gesetz Kommentar*, 17.Aufl., Otto Schmidt, Köln, 2009, pp. 419-420, ou em Altmeppen, in Holger Altmeppen/Günter H. Roth, *Gesetz betreffend die Gesellschaften mit beschränkter Haftung (GmbHG) Kommentar*, 6.Aufl., Beck, München, 2009, pp.277-278) não cabem na nossa descapitalização provocada (designadamente por serem abrangidos pelo art.6.º do CSC).
22 Sobre estas e outras etapas, bem como acerca das várias correntes doutrinais, v., entre muitos, Christine Osterloh-Konrad, «Abkehr vom Durchgriff: Die Existenzvernichtungshaftung des GmbH-Gesellschafters nach "Trihotel"», *ZHR*, 2008, pp. 277, ss., Mathias Habersack, «Trihotel – Das Ende der Debatte?», *ZGR*, 2008, pp. 533, ss., Karsten Schmidt, «GmbH-Reform an Kosten der Geschäftsführer? Zum (Un-)Gleichgewicht zwischen Gesellschafterrisiko und Geschäftsführerrisiko im Entwurf eines MoMiG und in der BGH-Rechtsprechung», *GmbHR*, 2008, pp. 456, ss., Hans-Georg Koppensteiner, «Neues zur "Existenzvernichtungshaftung"», *JBl*, 2008, pp. 749, ss., Lutter, *ob. cit.*, pp. 417, ss., Altmeppen, *ob. cit*, pp. 275, ss.; entre nós, v. Fátima Ribeiro, *ob. cit*, pp. 289, ss..
23 V. indicações, p. ex., em Koppensteiner, *ob. cit.*, pp. 749, n. (2), 752, ss..

-só eventual) exigido pelo § 826 do BGB; releva-se que os sócios visam às vezes prejudicar principalmente os credores sociais, não a sociedade (e reflexamente os credores), justificando-se por isso uma responsabilidade externa (directa para com os credores); em síntese forte, a responsabilidade interna (perante a sociedade) pelo § 826 é dogmático-juridicamente e politico-juridicamente criticável: respectivamente, porque o § 826 teria de conduzir à responsabilidade externa perante quem fosse (causal-adequadamente) prejudicado, e porque tal § exige, além da contrariedade aos bons costumes, o propósito de prejudicar[24].

Não obstante, haverá entre nós a tentação de invocar o abuso de direito por violação dos bons costumes (art. 334.º do CCiv.). O que, apesar da indeterminação dos «bons costumes», não teria o inconveniente de se exigir dolo. Mas, repito, prefiro (no quadro do art. 334.º) a ideia do abuso institucional (com apoio na parte final daquela norma) associada à derrogação da autonomia patrimonial da sociedade devedora (ao património social junta-se o património dos sócios para satisfação dos credores da sociedade).

Antes do ac. «Trihotel», vários autores fundavam a responsabilidade dos sócios – perante a sociedade (responsabilidade interna) – por «aniquilamento da existência» no desrespeito do dever de lealdade dos sócios para com a sociedade[25]; depois daquele acórdão, continuam alguns invocando (também) tal dever para o efeito[26].

E, na verdade, nos casos de «descapitalização provocada» é *violado o dever de lealdade* – o dever que impõe que cada sócio não actue de modo incompatível com o interesse social ou com interesses de outros sócios relacionados com a sociedade[27]. Consequentemente, os sócios desleais podem ter de responder perante a sociedade (responsabilidade interna).

Contudo, penso ser nestes casos preferível responsabilizar os sócios perante os credores sociais pela via da desconsideração da personalidade colectiva. Utilizando esta de forma abusiva, os sócios (quase sempre dolosamente) causam danos mais relevantemente aos credores sociais. Devem estes, pois, ter a possibilidade de accionar directamente aqueles.

Olhemos de novo para os acórdãos em análise.

---

[24] Para a síntese, v. K. Schmidt, *ob. cit.*, p. 456.
[25] V. indicações em Altmeppen, *ob. cit.*, p. 275.
[26] V., p. ex., Lutter, *ob. cit.*, p. 422.
[27] Sobre o dever de lealdade dos sócios, v. por todos Coutinho de Abreu, *Curso...*, pp. 287, ss., P. Pais de Vasconcelos, *A participação social nas sociedades comerciais*, 2ª ed., Almedina, Coimbra, 2006, pp. 312, ss., e Fátima Ribeiro, *ob. cit.*, pp. 543, ss..

Seria inverosímil qualquer das sociedades (pelos gerentes respectivos) ou qualquer sócio delas intentar acção de responsabilidade contra os sócios desleais a favor da sociedade (uma das sociedades até já estava extinta: Ac. (3)).

Admitamos a possibilidade de os credores sociais, ante a inércia das sociedades e dos sócios, exercerem em acção sub-rogatória contra os sócios o direito de indemnização daquelas (v. art. 606.º do CCiv.)[28]. Os credores fariam entrar bens nas sociedades – que os sócios não querem ou não podem reactivar – para depois aí os agredirem. Mas não será isto escusadamente complexo e custoso?

Nos Acs. (1), (2) e (4) estava (também) em causa o *arresto* de bens pessoais dos sócios. Pois bem, se estes fossem considerados «devedores» tão-somente das sociedades (responsabilidade interna) – e não devedores (também) dos credores sociais requerentes dos arrestos (responsabilidade externa) –, como poderiam ser decretados esses mesmos arrestos (v. art. 619.º, 1, do CCiv.)?...[29]

2.3.3. Outros casos de desconsideração da personalidade jurídica (no campo da responsabilidade)

Deixando de atender aos acórdãos referidos, convém relembrar brevemente outros casos de desconsideração da personalidade colectiva.

a) *Mistura de patrimónios.* A e B, casados, únicos sócios de uma sociedade por quotas, comportam-se habitualmente como se o património social fosse património comum do casal: frequentemente, *circulam bens de um para outro* (sobretudo do primeiro para o segundo), *sem registos* contabilísticos ou com registos *insuficientes*, tornando-se inviável distinguir com

---

28 V., em geral, Fátima Ribeiro, *ob. cit.*, pp. 622, ss..

29 Fátima Ribeiro, que afasta praticamente o método da desconsideração da personalidade jurídica no domínio da responsabilidade (excepto, talvez, nos casos de mistura de patrimónios), defende sistematicamente o modelo da «responsabilidade interna» (v. *ob. cit.*, p. ex. pp. 63-64, 640). Levando «às últimas consequências a separação entre a pessoa colectiva e os seus membros», «sem sacrificar as características definidoras do tipo societário». Mas, além de a própria lei admitir hipóteses de responsabilidade externa dos sócios nas sociedades de responsabilidade limitada (arts. 84.º, 491.º, 501.º do CSC) – reconhecidas, evidentemente, pela A. –, o princípio da «separação» não é infrangível: quebra nos casos excepcionais do abuso da personalidade jurídica, nos casos em que os próprios sócios contrariam finalidades «definidoras do tipo societário». Aliás, mesmo na Alemanha, e ainda que com base no «renascido» § 826 do BGB (em vez do *Durchgriff*), o BGH vem admitindo a responsabilidade externa dos sócios (responsabilidade directa para com credores) em casos como os de subcapitalização (material) – v. p. ex. Altmeppen, *ob. cit.*, p. 276 (citando o ac. «Gamma», de 28/4/2008 – menos de um ano após o ac. «Trihotel», fundado igualmente no § 826).

rigor os patrimónios dos sócios e da sociedade e controlar a observância das regras relativas à conservação do capital social.

Caindo a sociedade em situação de insolvência, não poderão os sócios opor aos credores sociais a responsabilidade limitada (perante a sociedade) e irresponsabilidade pelas dívidas societárias. Porque desrespeitaram o «princípio da separação», não há que observar a autonomia patrimonial da sociedade; responderão perante os credores.[30]

b) *Subcapitalização material manifesta*. Diz-se em estado de subcapitalização *material* a sociedade que não dispõe de capitais próprios (fundamentalmente constituídos pelos bens correspondentes ao capital social e às reservas) suficientes para o exercício da respectiva actividade[31], e esta insuficiência nem sequer é suprida por empréstimos dos sócios. A subcapitalização material é *manifesta ou qualificada* quando evidente, facilmente reconhecível pelos sócios. Pode ser *originária* – a desproporção anormal entre o capital social e as exigências da actividade que os sócios se propõem desenvolver por meio da sociedade é evidente logo quando esta nasce –, ou *superveniente* – a falta de capitais próprios manifesta-se em momento posterior, decorrente, por exemplo, de perdas graves ou de ampliação da actividade social.

Podem os sócios, com certeza, actuar por intermédio de sociedade que lhes proporciona um risco limitado (o risco de perder o valor das entradas, mas não o risco de responder pelas dívidas sociais), transferindo boa parte do risco negocial para terceiros. Porém, a limitação desse risco não deve ir ao ponto de a actividade social poder gerar benefícios só ou sobretudo para os sócios e gerar prejuízos principalmente para os credores sociais; a partilha dos riscos societários tem a sua medida, não podem os sócios alijar desproporcionadamente os seus em detrimento de terceiros.

Assim, deve admitir-se que os sócios *abusam da personalidade colectiva* de sociedade quando a introduzem no comércio jurídico, ou a mantêm nele, apesar de sofrer de manifesta subcapitalização material. Se a sociedade, *porque subcapitalizada*, cai em situação de *insolvência*, pela via da desconsideração da personalidade jurídica serão os sócios chamados a responder (subsidiária mas) ilimitadamente perante os credores sociais. *Todos os sócios, em princípio*, se a subcapitalização for *originária* ou inicial (sendo esta manifesta, a culpa – um dos pressupostos da responsabilidade – atingirá todos os sócios fundadores); ou o sócio ou os sócios *con-*

---

30 V., p. ex. EMMERICH, em *Scholz Kommentar zum GmbH-Gesetz*, I. Band, 9. Aufl., Otto Schmidt, Köln, 2000, pp. 679, 681-682, e LUTTER, *ob. cit.*, p. 413.
31 Tendo em conta a natureza e dimensão da actividade, bem como os riscos associados – obrigações contratuais inevitáveis, obrigações extracontratuais eventuais.

troladores (com poder de voto para poder deliberar aumento do capital ou a dissolução da sociedade), se a subcapitalização for *superveniente*.[32]

Mas nem todos aceitam aquela via. Pois se a lei exige aos sócios, para beneficiarem da responsabilidade limitada, que dotem a sociedade simplesmente com o capital mínimo, sem exigir adequação do capital relativamente ao objecto social, como responsabilizar os sócios perante os credores sociais?...[33] Todavia, a questão *não é de legalidade estrita*. A observância da exigência legal do capital social mínimo (muito baixo para muitíssimos casos) não impede o *abuso* da personalidade colectiva. Em prejuízo dos credores, não da própria sociedade (ou da comunidade dos sócios). Pelo que a possível responsabilidade dos sócios é para com os credores, não para com a sociedade (é responsabilidade *externa*).

Acrescente-se, contudo, que não devem beneficiar da referida responsabilidade os credores voluntários (ou contratuais) «fortes» (designadamente, grandes fornecedores ou financiadores) que conheciam a situação de subcapitalização e/ou assumiram, com escopo especulativo, os riscos (quando podiam não contratar, ou exigir garantias de um ou mais sócios)[34].

---

[32] Admitindo a desconsideração da personalidade jurídica em casos de subcapitalização material qualificada, v., p. ex., Giuseppe B. Portale, «Capitale sociale e società per azioni sottocapitalizzata», *RS*, 1991, pp. 83, ss. (com numerosas referências de direito comparado), Emmerich, *ob.cit*, pp. 677, ss., Lutter, *ob. cit.*, pp. 413-416 (no entanto, a jurisprudência alemã tem aplicado o § 826 do BGB), P. Tarso Domingues, *Variações sobre o capital social*, Almedina, Coimbra, 2009, pp. 389, ss..

[33] Entre nós, neste sentido, v. A. Mota Pinto, *ob. cit*, pp. 127-128 (nas pp. 128, ss., o A. aponta para a responsabilidade de sócios para com a sociedade por violação culposa de dever geral de financiamento ordenado da sociedade; conclui na p. 131: «Eis, pois, a solução que me parece justa e, dogmaticamente, adequada para os casos mais graves de subcapitalização material: a responsabilidade contratual do sócio pelo não financiamento da sociedade. Uma solução que, embora acolha a novidade do *Durchgriff*, o consegue ajustar na procura dos resultados mais adequados ao caso.»), Fátima Ribeiro, *ob. cit.*, pp. 234, ss., 640 [na p. 212, n. (205), a A. considera que a admissão legal de sociedades sem capital mínimo (ou quase) – fenómeno que vai alastrando por vários países – inviabiliza a responsabilidade por subcapitalização. Mas talvez se deva apontar em sentido oposto – v. Habersack, *ob. cit.*, pp. 557-558, 559, Lutter, *ob. cit.*, p. 414, Tarso Domingues, *ob. cit.*, p. 171.]; também R. Pinto Duarte, «A subcapitalização das sociedades no direito comercial», *Fisco* n.º 76/77 (1996), p. 63, considerava não ser fácil nem muito prudente sustentar a desconsideração da personalidade jurídica.

[34] Cfr., p.ex., Portale, *ob. cit.*, p. 107, com indicações bibliográficas, Robert C. Clark, *Corporate Law*, Little, Brown & Company, Boston/Toronto, 1986, pp. 75-76, Robert Hamilton, *The Law of Corporations in a Nutshell*, West Group, St. Paul, Minnesota, 2000, pp. 138, ss.. Não assim, portanto, para os credores involuntários, nem para os «fracos» (com pequeno poder negocial, sem possibilidade de exigirem garantias suplementares).

c) *Domínio qualificado de sociedade sobre outra(s)*. Suponha-se que a sociedade anónima A tem uma quota na sociedade por quotas B correspondente a 70% do capital desta. Considera-se que estas duas sociedades estão «em relação de domínio» (art. 486.º do CSC). A nossa lei não estabeleceu uma disciplina típica de «direito dos grupos» para as sociedades em relação de domínio – nomeadamente, não estabeleceu a responsabilidade da sociedade dominante para com os credores da sociedade dominada (cfr. art. 501.º).

Suponha-se agora que a sociedade A intervém continuamente na administração da sociedade B – fora dos órgãos para isso apropriados –, determinando uma constante subordinação dos interesses desta aos seus próprios interesses[35], com consequentes desequilíbrios financeiros da sociedade B. Estamos então perante uma relação de domínio «qualificado».[36]

A tutela dos legítimos interesses dos credores da sociedade B não parece poder satisfazer-se nestes casos com a aplicação do art. 83.º, 4, do CSC – dada a completa perda de autonomia da administração da sociedade dominada, não é possível precisar os singulares actos praticados em prejuízo da dominada determinados pela dominante. Que fazer, pois, para ressarcir os prejuízos ilicitamente causados aos credores sociais?

Tenho proposto o seguinte: «deve desconsiderar-se a personalidade da sociedade B, ver o sócio A a instrumentalizá-la em seu exclusivo proveito e responsabilizá-lo (subsidiariamente), portanto, perante os credores de B».[37]

---

[35] P. ex., A determina, em seu favor, a eliminação de sector de actividade rentável de B, ou a fixação de preços desvantajosos para compras ou vendas feitas pela segunda à primeira, ou repartição desproporcionada de custos comuns.

[36] Note-se que as situações deste tipo não se confundem, apesar de um ou outro ponto de contacto, com as que atrás designei de «descapitalização provocada». Nestas, além do mais, os problemas de falta de liquidez inicialmente verificados não têm de ser causados pelos sócios.

[37] *Curso...*, p. 183. Concepção semelhante fez carreira na jurisprudência e doutrina alemãs (v., p. ex., HANS-GEORG KOPPENSTEINER, «Os grupos no direito societário alemão», em IDET, Miscelâneas n.º4, Almedina, Coimbra, 2006, pp. 24, ss.; para mudanças entretanto verificadas, v. p. ex. ALTMEPPEN, *ob. cit.*, pp. 331, ss.). Entre nós, igualmente na linha da desconsideração da personalidade colectiva, v. DIOGO P. DUARTE, *Aspectos do levantamento da personalidade colectiva nas sociedades em relação de domínio*, Almedina, Coimbra, 2007, pp. 345, ss. (o A., na p. 352, funda a solução essencialmente no art. 334.º do CCiv.; mas uma sociedade dominante que determina comportamentos ilícitos da administração da sociedade dominada não abusa propriamente de um direito (que não tem), viola (directamente) a lei, que proíbe aquela conduta).

Inclino-me hoje para outra solução: *responsabilidade dos administradores de facto*[38]. A sociedade *A*, porque administradora de facto «na sombra» da sociedade *B*, responderá para com esta nos termos do art. 72.º – ficando aberta a possibilidade de os credores de *B* intentarem acção sub-rogatória (art. 78.º, 2); e responderá directamente para com os credores de *B* se a sua intromissão indevida na administração desta sociedade implicou a violação de normas de protecção daqueles (art. 78.º, 1).

2.3.4. A final

Afinal, e apesar das críticas de que vem sendo alvo (défices «dogmáticos», de nitidez, certeza e segurança, etc.), a figura da desconsideração da personalidade colectiva revela-se capaz de contrariar algumas disfunções das sociedades perpetradas por sócios.

Para os mais curiosos, aqui ficam excertos do art. 20 (com três parágrafos não numerados) da Lei das Sociedades da República Popular da China (de 1993, com alterações de 1999, 2004 e 2005): (1) «(...) Nenhum sócio pode (...) prejudicar os interesses de qualquer credor da sociedade abusando do estatuto independente da pessoa jurídica ou das responsabilidades limitadas dos sócios.» (3) «Qualquer sócio que fuja ao pagamento das suas dívidas abusando do estatuto independente da pessoa jurídica ou das responsabilidades limitadas de sócio, e assim prejudique gravemente os interesses de algum credor, responderá solidariamente pelas dívidas da sociedade.»

---

38 É uma das vias apontadas por Fátima Ribeiro – v. *ob. cit.*, pp. 450, ss., 453, ss., 457, ss.. Em geral, sobre a responsabilidade civil dos administradores de facto v., entre nós, J. M. Coutinho de Abreu/Elisabete Ramos, «Responsabilidade civil de administradores e de sócios controladores», em IDET, Miscelâneas n.º 3, Almedina, Coimbra, 2004, pp. 40, ss. (ou meu *Responsabilidade civil...*, pp. 99, ss.), Ricardo Costa, «Responsabilidade civil societária dos administradores de facto», em IDET, Colóquios n.º 2 – *Temas societários*, Almedina, Coimbra, 2006, pp. 23, ss..

Resumo: O propósito deste texto é analisar o regime de publicidade das quotas e das acções, com especial ênfase no regime do registo das quotas resultante da reforma de 2006 do Código das Sociedades Comerciais. A concluir a análise, apresenta-se uma proposta para a unificação dos regimes do registo das quotas e das acções das sociedades não cotadas, a qual consiste primacialmente na atribuição do encargo de registo às sociedades, pondo fim à inscrição do registo comercial de todos e cada um dos factos relativos às quotas.

Abstract: The aim of this text is to analyse the regime of publicity of "quotas" and shares. The analysis deals especially with the regime of registration of "quotas" that has resulted from the reform of the Portuguese Companies Code occurred in 2006. Concluding such analysis, the text presents a proposal for the unification of the regimes of registration of "quotas" and of registration of non listed shares, consisting of ascribing such task primarily to the companies, *i.e.*, to put an end to the registration of each fact concerning "quotas" with the Commercial Registrar.

RUI PINTO DUARTE[*]

Publicidade das participações nas sociedades comerciais[*]

Introdução

A primeira obra publicada por Carlos Ferreira de Almeida teve por título «Publicidade e Teoria dos Registos»[1]. Apesar de escrita há mais de 40 anos, surpreende ainda, quer pelas perspectivas panorâmicas que oferece, quer pela modernidade de muitas das soluções que sugere.

Não foi, porém, esse o único escrito que Carlos Ferreira de Almeida dedicou à matéria dos registos. Nos anos mais recentes, retomou o tema e, para além de referências esparsas[2], dedicou-lhe dois escritos: *Registo de*

[*] Professor da Faculdade de Direito da Universidade Nova de Lisboa

---

[*] Texto destinado aos Estudos em Homenagem ao Professor Doutor Carlos Ferreira de Almeida.
1 Coimbra, Almedina, 1966.
2 Designadamente, em *Texto e Enunciado na Teoria do Negócio Jurídico*, Coimbra, Almedina, 1992, *v. g.* vol. II, pp. 687, 694 e 695, e em «Desmaterialização dos Títulos de Crédito: Valores Mobiliários Escriturais», *in Revista da Banca*, n.º 26, Abril/Junho 1993, pp. 30 e ss.

Valores Mobiliários[3] e *O Registo Comercial na Reforma do Direito das Sociedades de 2006*[4].

Ao escolher o tema deste estudo, visei, pois, não apenas homenagear o Amigo – um dos principais responsáveis pelo meu regresso à actividade universitária –, mas alimentar as conversas regulares que, desde há cerca de 20 anos, mantenho com o Mestre e Colega, sobre as leis feitas e as leis a fazer.

1. Aspectos essenciais dos regimes das sociedades por quotas e das sociedades anónimas

No que respeita à publicidade[5] da titularidade[6] de participações em «sociedades de responsabilidade limitada»[7], a nossa lei apresentou durante a maior parte do século XX uma bifurcação consistente em:

- A titularidade de quotas estar sujeita a inscrição no registo comercial;
- A titularidade de acções não estar sujeita a qualquer registo (caso das acções ao portador) ou estar sujeita a inscrição num registo privado (caso das acções nominativas)[8].

---

3 Publicado nos *Estudos em Memória do Professor Doutor António Marques dos Santos*, vol. I, Coimbra, Almedina, 2005, pp. 873 e ss., e em *Direito dos Valores Mobiliários* (obra colectiva), vol. VI, Coimbra, Coimbra Editora, 2006, pp. 51 e ss.
4 In *A Reforma do Código das Sociedades Comerciais, Jornadas em Homenagem ao Professor Doutor Raul Ventura* (coord. ANTÓNIO MENEZES CORDEIRO e PAULO CÂMARA), Coimbra, Almedina, 2007, pp. 279 e ss.
5 «No sentido de susceptibilidade de conhecimento pelo público», para usar palavras de J. DIAS MARQUES (*Direitos Reais*, vol. I, Lisboa, 1960, p. 291) – sendo, porém, de dizer que o conceito usado por CARLOS FERREIRA DE ALMEIDA, no seu referido livro *Publicidade e Teoria dos Registos*, é mais restrito (v. pp. 48 e ss.).
6 Referir-me-ei, quase sempre, só à titularidade, mas boa parte do que escreverei aplica-se também a outros direitos sobre as participações em sociedades, nomeadamente ao usufruto e ao penhor.
7 Admita-se a expressão, apesar da sua consabida falta de rigor.
8 Desconsidero, pois, a forma do acto criador ou transmissivo das participações como factor de publicidade – incluindo a escritura pública, que, de acordo com regras que vigoraram muitos anos, foi a forma obrigatória dos negócios constitutivos das sociedades anónimas e por quotas, das alterações dos seus estatutos e da cessão de quotas. Na base disso está não apenas que actualmente esses actos podem ser celebrados por escrito particular (arts. 7, n.º 1, 85, n.ºs 3 e 4, e 228, n.º 1, do CSC), mas também a ideia de que as escrituras públicas, apesar de mantidas em arquivos de acesso público, em si mesmas – desligadas da possibilidade de serem localizadas por meio dos registos públicos –, não são instrumentos funcionalmente adequados a produzir o seu conhecimento pelo público (sobre as características da escritura pública, v. JOSÉ AUGUSTO MOUTEIRA GUERREIRO, «Em Busca da Definição

Actualmente, essa bifurcação resulta do seguinte[9]:
- A aquisição de quotas é facto sujeito a registo comercial (art. 3.º, n.º 1, alínea c) do CRCom[10]);
- A aquisição de acções tituladas ao portador não está sujeita a qualquer registo (art. 101 do CVM);
- A aquisição de acções tituladas nominativas não integradas em sistema centralizado é facto sujeito a registo junto do emitente ou de intermediário financeiro que o represente (art. 102, n.º 1, do CVM);
- A aquisição de acções tituladas nominativas integradas em sistema centralizado é facto sujeito a registo nesse sistema (art. 105 do CVM e Regulamentos da CMVM n.º 14/2000 e n.º 4/2007);
- A aquisição de acções escriturais é facto sujeito a registo numa conta aberta num dos seguintes "lugares": sistema centralizado, intermediário financeiro escolhido pelo emitente ou próprio emitente (arts.

---

de Escritura Pública», in *Revista do Notariado*, edição especial, I Congresso do Notariado – O Notário e o Cidadão, Setembro 2009, pp. 69 e ss.).

9 Sobre o regime vigente da transmissão das quotas e das acções, em geral, v. JORGE MANUEL COUTINHO DE ABREU, *Curso de Direito Comercial*, vol. II, *Das Sociedades*, 3.ª ed., Coimbra, Almedina, 2009, pp. 364 e ss., ANTÓNIO PEREIRA DE ALMEIDA, *Sociedades Comerciais e Valores Mobiliários*, 5.ª ed., Coimbra, Coimbra Editora, 2008, pp. 330 e ss. e 621 e ss., e PAULO OLAVO CUNHA, *Direito das Sociedades Comerciais*, 3.ª ed., Coimbra, Almedina, 2007, pp. 384 e ss. e 398 e ss. Sobre os problemas da transmissão de acções em especial, v. ISABEL VIDAL, «Da (Ir)Relevância da Forma de Representação para Efeitos de Transmissão de Valores Mobiliários», in *CadMVM*, n.º 15, Dezembro de 2002, pp. 287 e ss., ALEXANDRE SOVERAL MARTINS, *Valores Mobiliários [Acções]*, Coimbra, Almedina, 2003, pp. 34 e ss., e *Cláusulas do Contrato de Sociedade que Limitam a Transmissibilidade das Acções*, Coimbra, Almedina, 2006, pp. 195 e ss., ALEXANDRE BRANDÃO DA VEIGA, *Transmissão de Valores Mobiliários*, Coimbra, Almedina, 2004, pp. 27 e ss., e VERA EIRÓ, «A Transmissão de Valores Mobiliários – As Acções em Especial», in *Themis*, ano VI, n.º 11, 2005, pp. 145 e ss. Sobre os problemas da transmissão de acções escriturais em particular, v. CLÁUDIA PEREIRA DE ALMEIDA, *Relevância da Causa na Circulação das Acções das Sociedades Anónimas fora de Mercado Regulamentado*, Coimbra, Coimbra Editora, 2007, pp. 92 e ss. Sobre os problemas da transmissão de acções em mercados organizados em particular, v. PAULO CÂMARA, *Manual de Direito dos Valores Mobiliários*, Coimbra, Almedina, 2009, pp. 341 e ss. Sobre a transmissão de acções antes da emissão dos títulos representativos das mesmas, v. NUNO MARIA PINHEIRO TORRES, *Da Transmissão de Participações Sociais não Tituladas*, Porto, UCP, 1999, em especial, pp. 51 e ss. e 101 e ss.

10 A sujeição a registo da aquisição inicial, inerente à intervenção no negócio institutivo da sociedade, resulta da própria sujeição a registo da constituição da sociedade, nos termos do art. 3.º, n.º 1, alínea a) do CRCom – não sucedendo o mesmo com a aquisição inicial de acções, na interpretação que o Conselho Técnico da Direcção-Geral dos Registo e Notariado fixou, ainda antes do actual CRCom, no parecer n.º 70/89, de 25 de Julho de 1989 (publicado, além do mais, na *Revista do Notariado*, 1989/3, Setembro-Dezembro, ano X, n.º 36, pp. 469 e ss., com anotação discordante de Albino Matos).

61 a 64 e 80, n.º 1, do CVM e Regulamentos da CMVM n.º 14/2000 e n.º 4/2007)[11].

Na consideração do regime de publicidade da titularidade de quotas, é inevitável ter em conta as várias convulsões que o mesmo sofreu nos últimos anos, iniciadas com o Dec.-Lei 76-A/2006, de 29 de Março[12].

Da reforma do direito das sociedades levada a cabo por esse diploma destacam-se, na área que nos interessa:

- A atribuição às sociedades do poder-dever de promoverem o registo dos factos transmissivos, por iniciativa própria, se tiverem intervindo na transmissão ou, não tendo intervindo, a solicitação dos interessados (art. 242-B do CSC[13]);
- A passagem do registo de transmissão ao regime de registo por depósito dos documentos relevantes (art. 53-A, n.º 3 e n.º 4, alínea a), do CRCom), regime esse em princípio consistente no arquivamento dos documentos e na menção disso na ficha de registo, mas passível

---

11 CARLOS FERREIRA DE ALMEIDA chamou a atenção para que a verdadeira fonte da diversidade dos actuais regimes de circulação de valores mobiliários não está no seu modo de representação, nem na cognoscibilidade pelo emitente da identidade dos seus titulares, mas sim na natureza directa ou indirecta da titularidade que os registos respectivos atribuem aos investidores (*Registo de Valores Mobiliários*, cit., p. 64).

12 Sobre o assunto, v., para além das edições recentes dos manuais relevantes, PEDRO MAIA, «Registo e Cessão de Quotas» in *Reformas do Código das Sociedades* (obra colectiva), Coimbra, Almedina/IDET (n.º 3 da colecção Colóquios), 2007, pp. 163 e ss., ALEXANDRE DE SOVERAL MARTINS, *Cessão de Quotas Alguns Problemas*, Coimbra, Almedina, 2007, pp. 11 e ss., JOÃO ANACORETA CORREIA e PEDRO GOMES DA CUNHA, «O Registo de Factos Relativos a Quotas e Respectivos Titulares», in *Actualidad Jurídica Uría Menéndez*, ano 2007, n.º 16, p. 107 e ss., J. A. MOUTEIRA GUERREIRO, «Que Simplificação? O Registo Comercial ainda Existe?» in *Scientia Iuridica*, n.º 314, Abril/Junho 2008, pp. 257 e ss., em especial pp. 274 e ss., J. A. MOUTEIRA GUERREIRO, «O Registo Comercial – Ainda Existe?», in O Direito, ano 140, II, 2008, pp. 367 e ss., em especial pp. 378 e ss., J. A. MOUTEIRA GUERREIRO, «O Registo por Depósito da Cessão de Quotas o Antes, o Depois ... e Agora?», in *Cessão de Quotas «Desformalização» e Registo por Depósito* (obra colectiva), Coimbra, Almedina, 2009, pp. 109 e ss., JOÃO ANACORETA CORREIA, «O Registo por Depósito da Cessão de Quotas – A Perspectiva de um Advogado», in *Cessão de Quotas «Desformalização» e Registo por Depósito* (obra colectiva), Coimbra, Almedina, 2009, pp. 121 e ss., MARGARIDA COSTA ANDRADE, «A Cessão de Quotas no Direito Comparado (Soluções para Novos Problemas?)», in *Cessão de Quotas «Desformalização» e Registo por Depósito* (obra colectiva), Coimbra, Almedina/IDET (n.º 4 da colecção Colóquios), 2009, p. 51 e ss., ANTÓNIO MENEZES CORDEIRO, «Do Registo de Quotas; as Reformas de 2006, de 2007 e de 2008», in *RDS*, ano I (2009), n.º 2, pp. 293 e ss, e ANTÓNIO JOSÉ NUNES CLEMENTE, *Registo de Factos Relativos a Quotas*, dissertação de mestrado apresentada à FDUNL (não publicada), 2009, pp. 47 e ss.

13 É de assinalar que o artigo em causa foi «retocado» pelo Dec.-Lei 8/2007, de 17 de Janeiro, em aspectos não essenciais.

de ser feito noutros moldes em função de portaria do Ministério da Justiça (art. 55, n.ºs 2 e 3);
– A imposição à sociedade do dever de manter em arquivo os documentos que titulam os factos relativos a quotas e aos seus titulares (art. 242-E, n.º 3, do CSC);
– A imposição à sociedade do dever de facultar o acesso aos documentos em causa a qualquer pessoa que tenha um interesse atendível na sua consulta, bem como do dever de emitir cópia de tais documentos a pedido de quem nisso tenha interesse (art. 242-E, n.º 4, do CSC).

O Dec.-Lei 8/2007, de 17 de Janeiro, alterou os n.ºs 3 e 4 (passando o anterior n.º 4 a n.º 5) do art. 53-A do CRCom[14] em termos que levavam a crer que, no caso de registo de transmissão de quotas, não haveria lugar ao arquivamento na conservatória dos documentos relevantes, mas haveria lugar à menção dos factos relevantes na ficha do registo[15].

O Dec.-Lei 247-B/2008, de 30 de Dezembro, revogou o n.º 4 do art. 53-A – revogação essa (não referida no seu preâmbulo) a que atribuímos o sentido de evitar contradições com o disposto nos n.ºs 2 e 3 do art. 55.

O Dec.-Lei 122/2009, de 21 de Maio[16] (também sem que o seu preâmbulo elucide porquê) aditou um n.º 6 ao art. 53-A do CRCom estabelecendo que "os suportes, processo e conteúdo dos registos são regulamentados por membro do Governo responsável pela área da Justiça»[17].

---

14 Que passaram a ter a seguinte redacção (que se recorda para facilitar o trabalho do leitor):
    «3 – Sem prejuízo dos regimes especiais de depósito de factos respeitantes a quotas e partes sociais e respectivos titulares e de prestação de contas, o registo por depósito consiste no mero arquivamento dos documentos que titulam factos sujeitos a registo.
    4 – Salvo no que respeita ao registo de acções e outras providências judiciais, o registo de factos respeitantes a quotas e partes sociais e respectivos titulares consiste apenas na menção do facto na ficha, efectuada com base no pedido.»
15 Sobre esse regime, escreveram JOÃO ANACORETA CORREIA e PEDRO GOMES DA CUNHA: «Não se trata, assim e na realidade, de um verdadeiro depósito dos documentos que titulam e suportam os factos cujos registos se promovem, ao contrário do que a denominação poderá denunciar. Trata-se antes de uma simples menção na ficha da sociedade do facto promovido a registo na conservatória, uma espécie de registo por menção em ficha. Intitular-se desta forma seria mais claro e consentâneo com a realidade» («O Registo de Factos Relativos a Quotas e Respectivos Titulares», cit., p. 108).
16 Cujo sumário no Diário da República foi, na parte relevante: «Simplifica as comunicações dos cidadãos e de empresas ao Estado, procedendo (…) à 31.ª alteração ao Código do Registo Comercial…».
17 Diga-se que o Dec.-Lei 185/2009, de 12 de Agosto, alterou o n.º 5 do (torturado) art. 53-A do CRCom, mas em segmento irrelevante para o objecto deste texto.

2. A natureza pública das entidades registadoras das quotas *versus* a natureza privada das entidades registadoras das acções

As entidades encarregadas do registo da titularidade das quotas – as conservatórias do registo comercial – são públicas (no sentido de estatais). Actualmente, são serviços desconcentrados do Instituto dos Registos e do Notariado, I. P., o qual é um instituto público integrado na administração indirecta do Estado, que prossegue atribuições do Ministério da Justiça, sob superintendência e tutela do respectivo ministro (arts. 1.º e 8.º, n.º 3, alínea c), do Dec.-Lei 129/2007).

As várias entidades que podem ser encarregadas do registo das acções são pessoas colectivas de direito privado. Na verdade:

– Os emitentes das acções são sociedades anónimas por definição;
– As entidades gestoras de sistemas centralizados têm de adoptar a forma de sociedade anónima (art. 2.º do Dec.-Lei 357-C/2007, de 31 de Outubro);
– Os intermediários financeiros são tendencialmente sociedades, sendo de sublinhar que as instituições de crédito, que constituem o seu «núcleo duro», estão obrigadas a assumir a forma de sociedade anónima (art. 293, n.º 1, do CVM, e art. 14, n.º 1, alínea b), do RGICSF).

3. O livre acesso à informação sobre a titularidade das quotas *versus* a reserva sobre a titularidade das acções

O registo comercial é de acesso livre (público *hoc sensu*), como resulta dos fins que o art. 1.º, n.º 1, do CRCom lhe assinala. Qualquer pessoa pode pedir certidão dos actos de registo e dos documentos arquivados, bem como obter informações verbais ou escritas sobre o conteúdo de uns e outros (art. 73, n.º 1, do CRCom).

Os registos das sociedades anónimas não são de acesso livre. Só têm direito a consultar "o documento de registo de acções" os accionistas titulares de acções correspondentes a, pelo menos, 1% do capital social e apenas se tiverem motivo justificado para tanto (art. 288, n.º 1, alínea e) do CSC).

António Menezes Cordeiro sustenta até uma interpretação restritiva desse preceito, "de modo a abranger apenas as participações qualificadas sujeitas a publicidade", porque "fora isso, pode estar em causa uma intromissão na vida privada dos accionistas, sendo legítima a recusa de prestação de informações, nos termos do 291.º/4, por aplicação extensiva»[18].

Note-se, contudo, que, na ordem jurídica portuguesa – como, de resto, sucede em muitas outras – há regras que impõem, genericamente ou sectorialmente, a divulgação de certas participações nas sociedades anónimas.

É o caso de:

- A regra que impõe que, em anexo ao relatório anual do órgão de administração de todas as sociedades anónimas, seja apresentada a lista dos accionistas que, na data de encerramento do exercício, «sejam titulares de, pelo menos, um décimo, um terço ou metade do capital» (art. 448, n.º 4, do CSC);
- As regras que impõem a divulgação das participações correspondentes a 10%, 20%, um terço, metade, dois terços e 90% dos direitos de voto de sociedades abertas e também das participações correspondentes a 2% e 5% dos direitos de voto das sociedades abertas emitentes de acções ou de outros valores mobiliários que confiram direito à sua aquisição admitidos à negociação em mercado regulamentado situado ou a funcionar em Portugal (arts. 16 e 17 do CVM);
- A regra que impõe a divulgação dos titulares de participações que excedam 2% do capital social das instituições de crédito (art. 110 do RGICSF)[19];
- As regras que impõem a divulgação dos (não todos, mas quase) titulares de participações nas sociedades gestoras de mercados regulamentados e de sistemas de negociação multilateral (art. 15 do Dec.--Lei 357-C/20007, de 31 de Outubro)[20].

4. As questões essenciais

As questões essenciais que há a formular e para as quais há que procurar dar resposta parecem ser as seguintes:

- Por que razão(ões) há-de o registo das quotas estar a cargo de uma entidade estatal e o registo das acções a cargo de entidades privadas?

---

18 V. *Código das Sociedades Comerciais Anotado* (coordenação de António Menezes Cordeiro), Coimbra, Almedina, 2009, p. 749.

19 Sobre estas, v. Rui Pinto Duarte, «O Controle da Identidade dos Sócios das Instituições de Crédito e das Sociedades Financeiras», in *Revista da Banca*, n.º 26, Abril/Junho 1993, pp. 73 e ss.

20 Sobre estas, v. Paulo Câmara, «O Governo das Bolsas», in *Direito dos Valores Mobiliários* (obra colectiva), vol. VI, Coimbra, Coimbra Editora, 2006, pp. 187 e ss., em especial pp. 21 e ss., e *Manual de Direito dos Valores Mobiliários*, cit., pp. 460 e ss., em especial pp. 480 e ss.

– Por que razão(ões) há-de a titularidade de quotas ser cognoscível por qualquer pessoa e a de acções não?[21]

5. Razões para o registo das quotas estar a cargo de uma entidade estatal e o registo das acções a cargo de entidades privadas

São vários os autores que apresentam razões para esta diferença de regime. Comecemos por citar os argumentos de Carlos Ferreira de Almeida, desenvolvidos no contexto da apreciação que fez da reforma do registo comercial feita pelo Dec.-Lei 76-A/2006:

> «Pelo contrário, parecem-me negativas as alterações aplicáveis ao registo de actos relativos a direitos sobre quotas. Julgo que esta (substancial) privatização do registo redunda em retrocesso.
>
> Admito como possível a aproximação do sistema de registo de quotas ao sistema de registo de acções nominativas escriturais, regulado pelo Código dos Valores Mobiliários, uma vez que as quotas são também (e sempre foram) valores escriturais.
>
> Mas a solução adoptada na reforma é imperfeita e inconveniente, na medida em que, em vez de uma faculdade concedida às sociedades, está concebida como sistema único e imperativo.
>
> Seria admissível que o registo privado fosse acolhido, facultativamente, por algumas sociedades por quotas, designadamente sociedades integradas em grupos económicos, habilitadas a praticar os actos de "promoção" do registo, directamente ou por delegação em intermediário financeiro.
>
> Mas para a maioria das sociedades por quotas com sede em Portugal e para os respectivos sócios será fonte de complexidade, de insegurança, de conflitos e de despesa.
>
> Quem concebe que as sociedades por quotas titulares de pequenas empresas estejam em condições de assegurar o registo das suas quotas? Das duas uma: ou esse registo será muito imperfeito ou será muito caro, pela necessidade de recorrer a uma entidade privada estranha, advogado ou intermediário financeiro, que preste o serviço de "promoção do registo" que, como se viu, vem afinal a valer como registo. Em qualquer caso, acrescem para as sociedades por quotas conscientes da sua nova função as despesas inerentes ao seguro de responsabilidade civil decorrentes do citado artigo 242.º-F, n.º 1, CSC.

---

21 Ou, para usar as palavras de MENEZES CORDEIRO antes citadas, por que razão há-de o conhecimento de quem é accionista ser uma intromissão na vida privada e o conhecimento de quem é quotista não?

O Estado não se pode demitir desta função registral. Receio que, sob este aspecto, a reforma não tenha sido pensada pelas melhores razões, que tenha sido ditada pelo objectivo de aliviar as conservatórias de uma parte substancial do seu trabalho actual.»[22].

Afim é o pensamento de Pedro Maia, expressado ao apreciar as alterações introduzidas pelo Dec.-Lei 76-A/2006 em matéria de cessão de quotas:

«Duvidamos da bondade do sistema, que com certeza fará impender sobre as sociedades por quotas – muitas delas de parcos recursos e de escassos meios jurídicos – o encargo, pesadíssimo, de conferir a legalidade de transmissões de quotas, o trato sucessivo e inclusivamente o cumprimento de encargos de natureza fiscal pelas partes no negócio (art. 242.º-E, n.º 2, CSC). É possível que, nesta parte, a Reforma venha afinal a redundar em *mais custos* para as sociedades ou, então, em *muito menos segurança para o tráfico* – o que não deixa de implicar, pelo menos a médio prazo, elevados custos também. Não nos parece que um sistema, que aparentemente se inspirou no regime a que as sociedades anónimas se encontram sujeitas quando emitam acções escriturais (arts. 63.º ss. CVM), tenha levado na devida conta as enormes diferenças que intercedem entre esses dois universos, o das sociedades anónimas com acções escriturais e o das sociedades por quotas: as sociedades anónimas só emitem acções escriturais *se quiserem*, o que significa que só se submetem aos encargos próprios de tais acções *se quiserem*; ao invés, aparentemente, todas as sociedades por quotas encontram-se sujeitas a este registo, independentemente da sua vontade; por outro lado, das sociedades anónimas pode, naturalmente, *esperar-se* e *exigir-se* uma maior sofisticação de serviços jurídicos e administrativos do que aquela que as sociedades por quotas efectivamente têm ou é exigível que tenham.»[23]

Também convergentes são as seguintes palavras de Jorge Manuel Coutinho de Abreu:

«Não me parece oportuna a novel secção do CSC "Registo das quotas". Designadamente, não vejo a esmagadora maioria das sociedades por quotas preparada para – em vez das conservatórias – proceder ao controlo da legalidade (v. o art. 242.º-E, 1, CSC em confronto com o art. 47.º do CRCom.); verificar o cumprimento de obrigações fiscais (v. o art. 242.º-E,2, do CSC perante

---

22 «O Registo Comercial na Reforma do Direito das Sociedades», cit., pp. 287 e 288.
23 «Registo e Cessão de Quotas», in *Reformas do Código das Sociedades* (obra colectiva), cit., p. 171.

o art. 51.º do CRCom. – apesar do n.º 4 introduzido neste art. pelo DL 8/2007, de 17 de Janeiro); proporcionar a publicidade nos termos referidos no art. 242.º,-E, 4.»[24]

Ainda no mesmo sentido vão as afirmações de Margarida Costa Andrade pelas quais expressou a sua concordância com Pedro Maia e Coutinho de Abreu:

> «E, como já foi por várias vezes referido, as sociedades por quotas não parecem estar preparadas para resolver as complexas situações jurídicas com que, por vezes, os conservadores são – ou melhor, eram – confrontados ...»[25]

Não concordo com os argumentos em causa. Por outras palavras: julgo que não há razões que justifiquem que o registo das quotas tenha de estar a cargo de uma entidade estatal.

Em primeiro lugar, porque o tipo de sociedade anónima não está reservado para empresas sofisticadas. Nada impede – e tal sucede, em Portugal, muito frequentemente – que empresas dotadas de poucos meios revistam a forma de sociedade anónima.

Em segundo lugar, porque a lei impõe indistintamente às sociedades anónimas e às sociedades por quotas muitos deveres mais exigentes do que o de manter o registo dos seus sócios. Valham como exemplos os deveres contabilísticos e os deveres fiscais acessórios.

Em terceiro lugar, porque – tal como, de resto, acontece para o cumprimento de deveres contabilísticos e fiscais – as sociedades podem e devem recorrer a terceiros (v. g., técnicos oficiais de contas) para o cumprimento de deveres burocráticos para os quais não têm meios próprios.

Em quarto lugar, porque esse recurso a meios alheios para o cumprimento de deveres burocráticos não representa um encargo economicamente pesado, pois os preços médios dos serviços em causa tendem a ser baixos, em virtude da sua padronização.

Em quinto lugar, porque (e aqui dirijo-me a um argumento de Pedro Maia) não é verdade que as sociedades anónimas só tenham este tipo de encargos se o quiserem. É verdade que só dotam as suas acções de forma escritural se o quiserem fazer, mas quando as representam por títulos os seus deveres burocráticos não são menores do que quando optam pela

---

[24] *Curso de Direito Comercial*, vol. II, *Das Sociedades*, 3.ª ed., Coimbra, Almedina, 2009, p. 367, nota 346.
[25] «A Cessão de Quotas do Direito Comparado (Soluções para Novos Problemas?)», cit., p. 88.

representação escritural: a diferença está em que num caso são cumpríveis com recurso à informática e noutros cumpríveis com recurso ao papel[26].

Em sexto lugar, porque a atribuição às sociedades por quotas do registo das quotas em moldes afins do vigente para as sociedades anónimas emitentes de acções nominativas não integradas em sistema centralizado (sendo, pois, possível optar por meios informáticos ou por papel e fazê-lo directamente ou por meio de intermediário financeiro) não precluderia, obviamente, o poder-dever de fiscalização pelo Estado do bom cumprimento desse encargo.

Margarida Costa Andrade chama (bem) a atenção para que a política relativa aos registos da titularidade de quotas depende da concepção de tal tipo societário (mais «personalista» ou mais «capitalística») e da concepção do registo comercial (como mero registo de comerciantes ou abrangendo a transmissão de bens)[27]. No entanto, uma vez que o registo comercial não abrange (sem que tal seja posto em causa por quem quer que seja) a titularidade das participações das sociedades anónimas, desde que se entenda que não há razões que imponham que a publicidade da titularidade das participações nas sociedades por quotas seja feita por meio diverso do adoptado para as sociedades anónimas, terá de se concordar em que não há razões para que a titularidade das quotas conste do registo comercial.

6. Razões para o registo das quotas ser de acesso livre e o registo das acções não o ser

A doutrina não apresenta razões para esta diferença de regime. Adianto que não descortino nenhuma que mereça apoio, mas vou levantar e discutir hipóteses.

Uma primeira razão residiria na quantidade de sócios: embora a nossa lei não fixe máximos para nenhum dos dois tipos societários, a verdade é que há sociedades anónimas com muitos milhares de sócios e as sociedades por quotas poucas vezes superam a dezena deles. No entanto, este argumento falha, precisamente, porque a ligação entre os dois tipos socie-

---

26 O regime fixado na Portaria 290/2000, de 25 de Maio (mormente nos seus anexos), para os registos em papel é, de resto, um autêntico quebra-cabeças, que só não gerou muitos registos informáticos porque muitas sociedades emitentes de acções, pura e simplesmente, não mantêm nenhum registo...
27 «A Cessão de Quotas do Direito Comparado (Soluções para Novos Problemas?)», cit., p. 85.

tários e a quantidade de sócios é uma mera tendência estatística – e não uma característica normativa.

Uma segunda razão mergulharia num pretenso direito ao sigilo de identidade dos sócios das sociedades anónimas. Não se alcança, porém, qualquer fundamento para conceder esse direito aos sócios de umas e negá-lo ao de outras. Concedo que no respeitante às sociedades com acções admitidas à negociação em mercado regulamentado há razões – sobretudo técnicas – que podem levar a que a possibilidade de conhecimento da titularidade das acções seja limitada às de certa dimensão, mas no tocante às «sociedades anónimas fechadas» não há razões que levem a que sejam tratadas de modo diverso das sociedades por quotas.

Uma terceira razão poderia ligar a cognoscibilidade da titularidade das participações ao regime de responsabilidade dos sócios. No entanto, se essa razão justifica a publicidade da titularidade dos sócios de responsabilidade não limitada à realização do capital social[28], não permite diferenciar entre sócios de responsabilidade limitada.

A razão verdadeira parece ser meramente de ordem histórica: as sociedades anónimas nasceram à margem das demais sociedades comerciais e, por isso, o registo que foi desenhado para estas (e, antes de mais, para os comerciantes em nome individual) não as abrangeu.

7. Exemplos estrangeiros

Nos direitos que desconhecem a forma societária que em Portugal é chamada «sociedade por quotas», todas as sociedades de responsabilidade limitada tendem a ser «por acções», não abrangendo o registo público a que essas sociedades estão submetidas o registo sistemático dos actos transmissivos das participações.

No entanto, em muitos desses direitos, as próprias sociedades são obrigadas a manter um registo dos seus sócios, que é público.

Valha como exemplo o direito inglês, no qual:

- Todas as *companies* têm o dever de manter um registo dos seus sócios ("members");
- Nas *companies* com *share capital*, o registo deve especificar as acções de que cada sócio é titular;

---

28 Que, no caso dos tipos sobre que nos debruçamos, se restringem à hipótese do art. 198 do CSC (aliás, letra morta).

- O registo tem de estar disponível para consulta não só pelos sócios, mas por terceiros;
- Qualquer pessoa pode solicitar cópia do registo ou de parte dele;
- A sociedade só pode negar a consulta ou a cópia solicitada mediante demonstração perante o tribunal de que a consulta ou a cópia não é "for a proper purpose"
- No *annual return* entregue à *Companies House* deve constar a lista dos sócios[29].

É claro que isto significa que as sociedades inglesas não podem emitir acções ao portador (pelo menos, directamente[30]). A verdade, porém, é que a tendência internacional para postergar ou limitar as acções ao portador (pelo menos, no que respeita às sociedades «fechadas») é tão generalizada que até já abrange direitos de territórios *off-shore*[31].

Podemos, pois, concluir que nas sociedades inglesas que, de um ponto de vista económico, são tendencialmente semelhantes às sociedades por quotas portuguesas não há registo público (no sentido de estatal) da titularidade das participações sociais, mas sim um registo privado, de acesso livre.

Curioso é que o sistema que vigora em Espanha desde 1989 para o tipo equivalente às nossas sociedades por quotas não é muito diferente desse. A Ley 19/1989, de 25 de Julho, pôs fim à inscrição no registo comercial

---

[29] No *Companies Act* de 2006, v. *Part 8, Chapter 2, sections* 113, 114, 116 e 117, e *Part 24, sections* 855 e 856 – que, de resto, mantêm o regime anterior (v., por exemplo, *Gower and Davies' Principles of Modern Company Law*, 17.ª ed., Londres, Sweet & Maxwell, 2003, pp. 536 a 538, 592 e 593, *Charlesworth Company Law*, 17.ª ed., Londres, Sweet & Maxwell, 2005, pp. 191 e 192, e *Mayson, French & Ryan on Company Law*, 21.ª ed., Oxford, Oxford University Press, 2004, pp. 131 e ss. e 395 e ss.).

[30] Podem alcançar um efeito similar por meio dos *share warrants*, que são ao portador (v., por exemplo, *Gower and Davies' Principles of Modern Company Law*, cit., p. 640, *Mayson, French & Ryan on Company Law*, cit., p. 249, e o guia *Share Capital*, versão 13, Maio 2009, editado pela *Companies House, Department for Business Enterprises § Regulatory Reform*, p. 20. Para uma exposição por uma autora portuguesa do regime inglês, v. Margarida Costa Andrade, «A Cessão de Quotas no Direito Comparado (Soluções para Novos Problemas?)», cit., pp. 76 e ss.

[31] Como é caso das Ilhas Virgens Britânicas, após o *Companies Act* de 2004, entrado em pleno vigor em 1.1.2007 (v. www.lawandtax-news.com/html/bvi/jbvlatcos.html («bearer shares are now prohibited unless authorised by the memorandum or articles of association, and bearer share certificates must be deposited with a custodian who has been approved by the BVI Financial Services Commission» e www.offshorebvi.com/bvi-offshore-companies.php, em especial www.offshorebvi.com/offshore.bvi.faq/bvi.company.structure.registration/bearer-shares-not-recommended.php (consultados, pela última vez, em 30.8.09).

da transmissão de quotas e, mediante modificação da então vigente lei de 17 de Julho de 1953 sobre as *sociedades de responsabilidad limitada*, atribuiu às sociedades de tal tipo a obrigação de manterem um livro de registo das participações.

Actualmente a matéria é regulada pelo art. 27, da Ley 2/1995, de 23 de Março, cujos n.ºs 1 e 3 estabelecem:

> «1. La sociedad llevará um Libro registo de socios, en el que se hará constar la titularidad originaria y las sucesivas transmisiones, voluntarias o forzosas de las participaciones sociales, así como la constitución de derechos reales y otros gravámenes sobre las mismas. En cada anotación se indicará la identidad y domicilio del titular de la participación o del derecho o gravamen constituido sobre aquélla.
> 2. (…)
> 3. Cualquier socio podrá examinar el Libro registro de sócios, cuya llevanza y custodia corresponde al órgano de administración.
> 4. (…)
> 5. (…).»[32]

O sistema espanhol não é o comum nos países em que existe a forma societária que em Portugal é chamada «sociedade por quotas»: os direitos alemão, francês e italiano obrigam à inscrição das transmissões de quotas em registos estatais[33]. No entanto, o simples facto de a Inglaterra e a Espanha dispensarem tal tipo de publicidade dá que pensar...

---

[32] Sobre o exacto sentido dos preceitos em causa, incluindo os efeitos e a natureza das inscrições no livro de registo dos sócios, v., por exemplo, ANTONIO PÉREZ DE LA CRUZ BLANCO, *La Sociedad de Responsabilidad Limitada: Disposiciones Generales. Fundación. Aportaciones de Capital y Prestaciones Accesorias. Las Participacones Sociales. Sociedad Unipersonal* (obra integrada no *Tratado de Derecho Mercantil* de que são *directores* MANUEL OLIVENCIA, CARLOS FERNÁNDEZ-NÓVOA e RAFAEL JIMÉNEZ DE PARGA), Madrid e Barcelona, Marcial Pons, 2004, pp. 203 e 204, MANUEL BROSETA PONT e FERNANDO MARTÍNEZ SANZ, *Manual de Derecho Mercantil*, vol. I, 15ª. ed, Madrid, Editorial Tecnos, 2008, p. 535, FRANCISCO VICENT CHULIÁ, *Introducción al Derecho Mercantil*, 19.ª ed., Valencia, Tirant lo Blanch, 2006, p. 570, e JUAN LUIS IGLESIAS, RODRIGO URÍA e AURELIO MENÉNDEZ, *in* RODRIGO URÍA e AURELIO MENÉNDEZ, *Curso de Derecho Mercantil*, Madrid, Civitas, 1999, vol. I, pp. 1084 e 1085. Para uma exposição por autores portugueses do regime espanhol, v. MARGARIDA COSTA ANDRADE, «A Cessão de Quotas do Direito Comparado (Soluções para Novos Problemas?)», cit., pp. 56 e ss., e ANTÓNIO JOSÉ NUNES CLEMENTE, *Registo de Factos Relativos a Quotas*, cit., pp. 22, 23 e 25 e ss.

[33] V. MARGARIDA COSTA ANDRADE, «*A Cessão de Quotas do Direito Comparado (Soluções para Novos Problemas?)*», cit., pp. 61 e ss. e 80 e ss., e ANTÓNIO JOSÉ NUNES CLEMENTE, *Registo de Factos Relativos a Quotas*, cit., pp. 30 e ss. (neste caso, só sobre os regime italiano e francês).

8. Tendências do direito comunitário

Neste momento, apesar da relevância e da urgência da matéria[34], não é possível saber os termos finais em que a proposta da Comissão Europeia relativa à *Societas Privata Europaea* («SPE») dará origem a um regulamento[35]. A proposta de alteração aprovada pelo Parlamento Europeu consistente em a SPE ter de ser dotada de dimensão transfronteiriça[36] altera uma característica essencial da figura, diminuindo drasticamente o seu impacto potencial (por outras palavras, retirando-lhe o seu carácter revolucionário)[37].

Em qualquer caso, parece claro que o novo tipo societário vai ser criado e que o seu valor de exemplo será grande.

Ora, a proposta (nessa parte, quase intocada pelo Parlamento Europeu) prevê que:

---

[34] Sublinhada, por exemplo, no Parecer do Comité Económico e Social Europeu sobre a Comunicação da Comissão ao Conselho, ao Parlamento Europeu, ao Comité Económico e Social Europeu e ao Comité das Regiões: «Think Small First» um «Small Business Act» para a Europa (2009/C 182/06), publicado no JOUE C 182, de 4.8.2009.

[35] Sobre tal proposta, v. o meu texto «A Societas Privata Europaea: Uma Revolução Viável», *in DSR*, ano 1, vol. 1, Março 2009, pp. 49 e ss.

[36] V. o *Report on the proposal for a Council regulation on the Statute for a European private company* datado de 4.2.2009 (A6-0044/2009), objecto de aprovação pelo Parlamento Europeu em 10.3.09. Para uma apreciação das posições do Parlamento Europeu, v. ADRIAAN F. M. DORRESTEIJN e ODEAYA UZIAHU–SANTCROOS, «The Societas Privata Europaea under the Magnifying Glass (Part 2)», in *European Company Law*, vol. 6, fasc. 4, Agosto 2009, pp. 152 e ss.

[37] A justificação constante do *explanatory statement* incluído no *Report on the proposal for a Council regulation on the Statute for a European private company* é a seguinte: «The Commission's concern to make it possible to establish companies with as little bureaucracy as possible finds particularly clear expression in the absence of any cross-border component. The rapporteur supports this liberal approach. Nevertheless, he is aware of the technical and legal provisions of the EC Treaty, according to which the EU legislator may generally act only where there is a cross-border component. On the other hand, the requirement for a cross-border component must not be used as a pretext for hindering the creation of companies. The rapporteur is therefore proposing that the conditions relating to the cross-border component should be defined as widely as possible. A corresponding reference in the business object, the fact that founding members are resident in at least two Member States or the fact that the registered office and central administration are in different Member States should suffice». Embora não seja este o local para aprofundar o tema, sempre direi que discordo totalmente da alteração (e da sua justificação), pois creio que a construção do mercado único legitima plenamente – se é que não exige – um tipo societário europeu que não tenha de ter uma componente transfronteiriça.

- O órgão de administração da sociedade mantenha uma lista de sócios (arts. 14 e 15)[38];
- A transmissão de acções seja registada na lista de sócios (art. 16, n.º 3);
- A transmissão de acções produza efeitos em relação à SPE no dia em que o sócio a notifique da transmissão (art. 16, n.º 4, alínea a));
- A transmissão de acções produza efeitos em relação a terceiros no dia em que a transmissão seja registada na lista relevante (art. 16, n.º 4, alínea b));
- A lista seja consultável por accionistas e terceiros (art. 15, n.º 3);
- Caiba a cada Estado-membro determinar os dados que devem constar do registo comercial, os quais, porém, não podem exceder os que constam do art. 10, n.º 2, o qual não refere a identidade dos sócios.

Por outras palavras: a proposta não prevê o registo da titularidade das participações no registo comercial e não permite que os Estados-membros o determinem.

Como procurámos demonstrar anteriormente[39], as participações na SPE terão uma natureza híbrida, apresentando algumas características das acções, mas não todas. Uma coisa é certa: a SPE pretende desempenhar uma função semelhante àquela que é desempenhada pelas sociedades por quotas.

9. Um pouco da nossa História[40]

O Código de Ferreira Borges estabeleceu as primeiras regras gerais sobre o registo de sociedades (sendo de lembrar que, à época, não existiam sociedades por quotas).

---

[38] A versão portuguesa da proposta de regulamento usa «accionistas», mas outras versões adoptam o equivalente a «sócios» – v. Rui Pinto Duarte, «A Societas Privata Europaea: Uma Revolução Viável», cit., p. 54.

[39] V. RUI PINTO DUARTE, «A Societas Privata Europaea: Uma Revolução Viável», cit., pp. 73 e ss.

[40] Sobre as linhas gerais da evolução do direito das sociedades português, v. ANTÓNIO MENEZES CORDEIRO, *Manual de Direito das Sociedades I*, 2.ª ed., Coimbra, Almedina, 2007, pp.105 e ss., e RUI PINTO DUARTE, *Escritos sobre Direito das Sociedades*, Coimbra, Coimbra Editora, 2008, pp. 81 e ss. Sobre a evolução do registo comercial, em especial, v. ANTÓNIO MENEZES CORDEIRO, «Do Registo de Quotas; as Reformas de 2006, de 2007 e de 2008», cit., pp. 294 e ss.

O § 211 determinava que pertencia ao registo público de comércio[41] a inscrição, entre outros documentos, dos escritos e escrituras de companhias, sociedades e parcerias comerciais.

O § 598 estabelecia que a inscrição do contrato de sociedade (noção que, lembre-se, não abrangia as companhias – que eram o equivalente das actuais sociedades anónimas) no registo público do comércio devia conter os nomes dos sócios e o § 602 determinava que todas as alterações do contrato deviam ser inscritas no mesmo registo.

No que respeita às companhias, o § 540 determinava o seu registo, mas do § 545 resultava claro que o registo da titularidade das acções era feito num livro da companhia – e não no registo público.

A Lei de 22 de Junho de 1867, que pôs fim à dependência da constituição das companhias de autorização especial do Governo e as redenominou sociedades anónimas, no respeitante a registos, manteve o essencial do regime do código de Ferreira Borges: registo público da entidade e registo da titularidade das acções – quando não ao portador – num livro da mesma (arts. 1.º e 11).

O Código de Veiga Beirão aperfeiçoou os regimes anteriores, estabelecendo a sujeição ao registo comercial dos instrumentos de constituição de sociedade e, além do mais de «cedência da parte de um outro sócio em nome colectivo noutrem» (art. 49, item 5.º). No que diz respeito às sociedades anónimas, o diploma de 1888 manteve o que constava da lei de 1867, apenas com melhoramentos de redacção (art. 168) – regime esse que se manteve até 25 de Abril de 1974[42].

---

41 Que o § 209 punha a cargo das secretarias dos tribunais de comércio.
42 Embora uma ou outra lei avulsa tenha determinado a inscrição no registo comercial da titularidade das participações em certos tipos de sociedades anónimas, como foi o caso das seguintes (referidas no art. 3.º, alínea g), do Dec.-Lei 42.644, de 14 de Novembro de 1959, e, portanto, vigentes até ao actual CRCom): Lei de 9 de Novembro de 1910, relativa aos navios de pesca a vapor que empregassem redes a reboque (cujo art. 5.º, § 1.º, determinava que os títulos representativos do capital dessas sociedades – reservados a cidadãos nacionais nos termos do corpo do mesmo preceito – fossem «devidamente registados na secretaria do Tribunal do Commercio, onde se achar registada a respectiva sociedade, a fim de se saber em todo o tempo quaes os donos ou proprietarios dos mesmos titulos»; Decreto 14.495, de 28 de Outubro de 1927, relativo à produção e comércio de resina (cujo art. 10 determinava que as acções representativas do capital das sociedades que se dedicassem a tais actividades – necessariamente nominativas, por força do art. 7.º do mesmo diploma – fossem registadas no Tribunal do Comércio onde se achassem registadas as sociedades); Decreto 19.354, de 3 de Janeiro de 1931 (publicado em 14 de Fevereiro do mesmo ano), que subordinava a instalação de novos estabelecimentos industriais nos segmentos de actividade que viessem a ser definidos por regulamento, bem como a alienação dos mesmos a estrangeiros, a autorização ministerial (cujo art. 1.º, § 2.º, determinava a

A LSQ implicitava que o novo tipo de sociedade por ela regulado estava sujeito a registo comercial, limitando-se, no corpo do art. 45, a explicitar que esse registo compreendia alguns tipos de actos – entre os quais não se encontravam os factos transmissivos da titularidade de quotas. No entanto, o parágrafo único do mesmo artigo determinava que:

«Sempre que haja transferência de quotas ou parte de quotas, e dentro de dez dias a contar do conhecimento pela sociedade, depositarão os gerentes na secretaria do tribunal do comércio uma lista dos sócios, com indicação das entradas efectuadas e das que há direito a exigir.»

À face disso, parecia que cada facto transmissivo não estava sujeito a registo – embora houvesse divergências sobre a questão[43]. Pondo fim às dúvidas, o art. 7.º do Decreto 13.189, de 17 de Fevereiro de 1927, veio estabelecer que:

«Ficam sujeitas ao registo comercial a cessão ou transmissão por outro qualquer título, no todo ou em parte, das cotas das sociedades por cotas de responsabilidade limitada.»

O preâmbulo do diploma justificou assim o preceito:

«Considerando que convém sujeitar expressamente ao registo comercial as transmissões das cotas das sociedades por cotas de responsabilidade limitada, visto que, sendo um acto que muito pode interessar a terceiros conhecer, justo é que ele conste do registo por forma mais explícita que a do simples depósito prescrito no § único do artigo 45.º da lei de 11 de Abril de 1901;»

O Dec.-Lei 42.644, de 14 de Novembro de 1959, que reformou o registo comercial, manteve o regime estabelecido em 1927, prevendo, clara e expressamente, a sujeição a registo da «transmissão da propriedade ou do usufruto de quotas das sociedades por quotas» (art. 3.º, alínea h)).

Após 25 de Abril de 1974 e antes do CSC, o legislador interveio várias vezes no regime das acções (Dec.-Lei 211/75, de 19 de Abril, Dec.-Lei 150/77, de 13 de Abril, e Dec.-Lei 408/82, de 29 de Setembro, que sobreviveu até à aprovação do Código dos Valores Mobiliários, pelo Dec.-Lei 486/99, de 13 de Novembro), mas nunca submeteu a sua titularidade

---

sujeição dos títulos representativos do capital das sociedades que estivessem em causa, incluindo as suas transmissões, a registo no Tribunal do Comércio).
43 V. SANTOS LOURENÇO, *Das Sociedades por Cotas*, Lisboa, s/d (mas 1926), vol. II, p. 196.

a registo público, mantendo sempre o sistema de registo em livro da sociedade[44].

Na sua versão primitiva, o CSC não tocou no sistema, tendo a novidade legislativa consistido apenas em incorporar no código parte do que antes só constava de lei avulsa. De resto, como resulta do que escrevemos no parágrafo anterior, o Dec.-Lei 408/82, de 29 de Setembro – que regulava o registo e o depósito de acções – foi mantido em vigor (v. os arts. 305 e 331 e ss. do CSC, e ainda o art. 5.º do respectivo diploma preambular).

Entre o CSC e o CódMVM três diplomas merecem referência.

O primeiro é o Dec.-Lei 210-A/87, de 27 de Maio, que, com o objectivo de simplificar a liquidação das operações de bolsa, determinou que os valores mobiliários abrangidos por esse sistema de liquidação pudessem ser depositados «imobilizadamente» em instituições financeiras.

O segundo é o Dec.-Lei 59/88, de 27 de Fevereiro, que aperfeiçoou o regime estabelecido pelo Dec.-Lei 210-A/87, tornando obrigatório o depósito relativamente aos valores mobiliários declarados fungíveis e articulando esse regime com o resultante de alguns preceitos do CSC e do Dec.-Lei 408/82.

O terceiro é o Dec.-Lei 229-D/88, de 4 de Julho, que criou a possibilidade de as acções revestirem «forma meramente escritural», atribuindo o serviço de registo das cotadas em bolsa a instituições financeiras, bolsa de valores ou entidade constituída para o efeito e o registo das demais às próprias sociedades emitentes. Na sua essência, o sistema de livro aplicava-se às acções escriturais, dispondo até o diploma que, «pelo menos uma vez por ano, a sociedade emitente deve encadernar uma lista dos accionistas titulares de acções escriturais, com menção das acções que a cada um pertencem» e que «qualquer accionista pode, a todo o momento, tomar conhecimento do livro que contém a lista dos accionistas» (art. 14, n.ºs 1 e 3).

O CódMVM regulou pormenorizadamente as formas de representação dos valores mobiliários, modificando profundamente o regime das acções escriturais estabelecido no Dec.-Lei 229-D/88, de 4 de Julho (que revogou)[45], mas não tocou no essencial do regime de registo das acções. De notar é que o legislador tornou claro que os registos a cargo de inter-

---

44 V. art. 2.º do Dec.-Lei 211/75, de 19 de Abril (diploma que nunca chegou a entrar em vigor, por prever que isso só aconteceria com a publicação de portaria que o regulamentasse – o que nunca aconteceu), art. 9.º do Dec.-Lei 150/77, de 13 de Abril, Portaria 396/77, de 29 de Junho, art. 9.º do Dec.-Lei 408/82, de 29 de Setembro, e Portaria 422/83, de 12 de Abril.

45 V. AMADEU JOSÉ FERREIRA, *Valores Mobiliários Escriturais. Um Novo Modo de Representação e Circulação do Direito*, Coimbra, Almedina, 1997, *maxime* p. 96.

mediários financeiros e da entidade gestora do sistema de valores admitidos à negociação em mercado organizado não desempenham uma função de publicidade, impondo a essas entidades um dever de sigilo (art. 74)[46].

O CVM substituiu os preceitos que o CSC, o Dec.-Lei 408/82 e o CódMVM dedicavam à matéria, criando o regime que actualmente vigora.

10. Reflexões finais e uma proposta

A reforma do regime de registo das quotas levada a efeito pelo Dec.-Lei 76-A/2006, de 29 de Março, conseguiu o que não muitas vezes sucede: a unanimidade das opiniões doutrinárias, no caso em oposição ao legislador[47]. Os «retoques» dessa reforma têm tido sorte parecida, nalguns casos até pior.

Também o autor destas linhas julga que a reforma em causa foi infeliz, porque, em vez de ter introduzido simplicidade, complicou (ao retirar a possibilidade de os interessados no registo requererem directamente a sua realização e ao estabelecer um regime com mais passos) e trouxe insegurança (ao afrouxar o controle da legalidade dos actos sujeitos a registo).

Irei terminar este texto com uma proposta de reforma do regime de registo das quotas e das acções, mas, para a preparar, vou juntar mais algumas considerações às que fiz nas páginas anteriores (nomeadamente, nos n°s. 5 e 6).

Os tipos legais «sociedade por quotas» e «sociedade anónima» diferenciam-se um do outro e as sociedades por quotas e anónimas concretas tendem para apresentar as características desses tipos. No entanto, os mesmos tipos são muito plásticos[48] e, por isso, é fácil que uma sociedade por quotas se afaste do perfil médio do tipo a que pertence e se aproxime do

---

46 V. Amadeu José Ferreira, *Valores Mobiliários Escriturais. Um Novo Modo de Representação e Circulação do Direito*, cit., maxime p. 199 e ss., José de Oliveira Ascensão, «Valor Mobiliário e Título de Crédito», in *Direito dos Valores Mobiliários* (obra colectiva), Lisboa, Lex, 1997, p. 40, e «As Acções», in *Direito dos Valores Mobiliários* (obra colectiva), vol. II, Coimbra, Coimbra Editora, 2000, p. 89, Paula Costa e Silva, «Efeitos do Registo e Valores Mobiliários. A Protecção Conferida ao Terceiro Adquirente», in *ROA*, ano 58, tomo II, Julho 1998, p. 863, 864 e 873.
47 V. os textos indicados na nota 12.
48 Sobre essa plasticidade ou elasticidade, v. Pedro Pais de Vasconcelos, *A Participação Social nas Sociedades Comerciais*, 2.ª ed., Coimbra, Almedina, 2006, pp. 45 e ss.

tipo sociedade anónima[49], bem como que uma sociedade anónima faça o percurso inverso[50].

Nesses caminhos para o hibridismo, um só passo relevante parece impossível: dotar as quotas das características das acções em matéria de circulabilidade (embora o inverso – restringir a circulabilidade das acções – seja possível).

Tal plasticidade das sociedades por quotas e das sociedades anónimas acaba por gerar uma certa indiferenciação dos tipos, excepto, precisamente, no que respeita à circulabilidade das acções – a qual, porém, verdadeiramente, só atinge a sua plenitude nas sociedades cujas acções estão admitidas à negociação em mercado regulamentado.

Daqui resulta que não há razões para os regimes de publicidade da titularidade das participações nas «sociedades de responsabilidade limitada» fechadas divergirem em função de as mesmas serem por quotas ou anónimas.

A minha proposta é, assim, a de que o registo das quotas e o das acções das sociedades anónimas cujas acções não estão integradas em sistema centralizado passe a obedecer às seguintes orientações comuns:

– Constar de registo organizado pelas próprias sociedades;
– Ser de acesso público[51];
– Obedecer aos princípios do trato sucessivo e da prioridade[52];
– Condicionar a eficácia da titularidade, quer perante a sociedade, quer perante terceiros;

---

49 Nomeadamente, por meio de cláusulas que permitam a livre transmissão das quotas e que outorguem largos poderes à gerência.

50 Nomeadamente, por meio de cláusulas que restrinjam a transmissão de acções, que fixem como processo de convocação a carta registada e que reforcem os poderes dos sócios (para mais exemplos, v. ALEXANDRE DE SOVERAL MARTINS, Cláusulas do Contrato de Sociedade que Limitam a Transmissibilidade das Acções, cit., p. 18).

51 Embora o acesso por não sócios possa ser condicionado ao pagamento de um emolumento razoável.

52 Sobre esses princípios, v., por exemplo, CARLOS FERREIRA DE ALMEIDA, Publicidade e Teoria dos Registos, cit., pp. 233 e ss., JOSÉ DE OLIVEIRA ASCENSÃO, Direito Civil Reais, 5.ª ed., Coimbra, Coimbra Editora, 1993, pp. 344 e ss. J. A. MOUTEIRA GUERREIRO, Noções de Direito Registral (Predial e Comercial), 2.ª ed., Coimbra, Coimbra Editora, 1994, pp. 389 e 390, LUÍS A. CARVALHO FERNANDES Lições de Direitos Reais, 6.ª ed., Lisboa, Quid Juris, 2009, pp. 122, 123 e 127, ROCHETA GOMES, verbete «Registo», in Dicionário Jurídico da Administração Pública, vol. VII, Lisboa, 1996, pp. 182 e ss., JOSÉ ALBERTO GONZÁLEZ, Direitos Reais e Direito Registal Imobiliário, 3.ª ed., Lisboa, Quid Juris?, 2005, pp. 366 e ss., A. SANTOS JUSTO, Direitos Reais, Coimbra, Coimbra Editora, 2007, pp. 60 e ss., JOSÉ ALBERTO C. VIEIRA, Direitos Reais, Coimbra, Coimbra Editora, 2008, pp. 278 e ss., e RUI PINTO DUARTE, Curso de Direitos Reais, 2.ª ed., Cascais, Princípia, 2007, pp. 136 e ss.

- Abranger, para além da titularidade, outros direitos sobre as participações, nomeadamente o usufruto e o penhor;
- Ser completado pelo depósito anual no registo comercial da lista dos sócios e das suas participações;
- Ser objecto de fiscalização por organismo público.

Quanto à proposta que fica feita, não se diga:

- Que exige às pequenas empresas meios que não têm, pois, como sublinhei antes (no n.º 5), há outros deveres legais que recaem sobre todas as empresas que são tecnicamente mais difíceis e economicamente mais pesados;
- Que aumentaria os deveres que actualmente as sociedades por quotas têm que cumprir na matéria, pois o que o art. 242-E do CSC lhes impõe é pouco menos;
- Que poria fim às acções ao portador nas sociedades anónimas abrangidas, pois isso é apenas seguir a tendência dominante a nível mundial[53], justificada por razões de vária índole, seja fiscais, seja de protecção do mercado.

Uma tal reforma, essa sim, simplificaria, reduziria custos e poria fim a discrepâncias que a História explica, mas a razão não fundamenta[54].

Setembro de 2009

---

53 Um passeio na Internet mostra claramente que são cada vez mais as ordens jurídicas que proíbem ou restringem as acções ao portador. Na literatura jurídica portuguesa, v. o que escreve ALEXANDRE DE SOVERAL MARTINS sobre os casos francês e italiano (*Cláusulas do Contrato de Sociedade que Limitam a Transmissibilidade das Acções*, cit., pp. 216 e 217). Sobre o caso inglês, v. *supra*, n.º 7.

54 Também eu partilho largamente da ideia de que «corporate law is a rational enterprise, which it is the goal of the scholar to further», para tomar de empréstimo as palavras que JOHN ARMOUR e JENNIFER PAYNE usam para descrever a orientação do pensamento de DAN PRENTICE (*Rationality in Company Law Essays in Honour of DD Prentice*, edited by JOHN ARMOUR & JENNIFER PAYNE, Oxford and Portland, Oregon, Hart Publishing, 2009, p. 1).

RESUMO: O princípio da igualdade de tratamento dos accionistas ("Gleichbehandlung der Aktionäre", "parità di trattamento degli azionisti", "égalité des actionnaires", "paridad de trato de los accionistas") constitui um traço fundamental do regime jurídico das ofertas públicas de aquisição (OPA). O presente estudo visa esclarecer a noção, o sentido geral, a natureza jurídica e o conteúdo do mandamento igualitário no quadro do direito do mercado de capitais nacional e estrangeiro, concentrando-se especialmente em três dimensões fundamentais: igualdade na OPA, igualdade dentro e fora da OPA, e igualdade em caso de transferência de controlo.

ABSTRACT: The principle of equal treatment of shareholders ("Gleichbehandlung der Aktionäre", "parità di trattamento degli azionisti", "égalité des actionnaires", "paridad de trato de los accionistas") is a major rule of the legal regulation of takeovers bids. This paper analyses the notion, the purpose and the legal nature of the equality principle in capital market law, both Portuguese and foreign, dealing especially with three basic dimensions: equality in the bid, equality within and outside the bid, and equality in case of transfer of control.

JOSÉ ENGRÁCIA ANTUNES

A igualdade de tratamento dos accionistas na OPA

O princípio da igualdade de tratamento dos accionistas, consagrado nos arts. 15.º, 112.º e 197.º do CVM e também conhecido na generalidade das ordens jurídicas estrangeiras ("Gleichbehandlung der Aktionäre", "parità di trattamento degli azionisti", "égalité des actionnaires", "paridad de trato de los accionistas"), constitui um princípio fundamental do regime jurídico das ofertas públicas de aquisição (OPA): em termos muito genéricos, centrando-nos aqui no mais relevante dos valores mobiliários, semelhante princípio *impõe ao oferente uma obrigação de tratamento idêntico dos accionistas da sociedade visada que sejam titulares da mesma categoria de acções objecto da oferta*, proibindo que qualquer destinatário de uma OPA possa ser injustificadamente privilegiado ou prejudicado relativamente aos demais.[1]

---

[1] Sobre este princípio no contexto das ofertas públicas de aquisição, podem ver-se, em várias latitudes jurídicas, os estudos de DAVIES, Paul, *The Notion of Equality in European Take-Over Regulation*, in: Payne, Jeniffer (ed.), "Take-Over in English and German Laws", 9-32, Hart, Oxford, 2002; KRAUSE, Hartmut, *Zur Gleichbehandlung der Aktionäre bei Über-*

Afim de melhor compreender este princípio informador do regime legal das ofertas públicas de aquisição, convém começar por contextualizar a "sedes materiae" da problemática subjacente, aclarando a noção, o sentido e os limites do mandamento geral da igualdade de tratamento dos accionistas de sociedades anónimas *(I)*. Só então, munidos desse quadro de referência, avançaremos para o estudo do princípio da igualdade no contexto específico das OPA – que apresenta, mercê do seu particular enfoque jurídico-financeiro ("market egalitarianism"), importantes especialidades[2] –, procurando então determinar a sua natureza jurídica, o seu âmbito e conteúdo, bem como os seus limites *(II)*.

I. Generalidades

1. O Princípio da Igualdade na Ordem Jurídica

O princípio da igualdade, plasmado no art. 13.º da CRP, representa um princípio cardinal do ordenamento jurídico português[3]. Enquanto comando vinculativo para todas as funções político-estaduais (legislação,

---

nahmeangeboten und Beteiligungserwerb,, in: 50 "Wertpapier-Mitteilung" (1996), 845-851, 893-900; MONTANARI, Marco, *Il Principio di Parità di Trattamento fra Disciplina del Mercato Mobiliario e Diritto delle Società*, in: XXIII "Giurisprudenza Commerciale" (1996), 899-918; MUCCIARELLI, Federico Maria, *Sulla Parità di Trattamento nelle Società Quotate*, in: 49 "Rivista delle Società" (2004), 180-205; SAUVAIN, Anne Petit-Pierre, *L'Égalité des Actionnaires dans l'Offre Publique d'Achat (OPA)*, in: 5 "Revue du Droit des Affaires Internationales" (1991), 645-658.

2 Mormente, em virtude de possuir um âmbito subjectivo e funcional de aplicação mais alargado, o qual, projectando-se para lá do estrito círculo associativo dos accionistas, tem por objecto a tutela dos titulares de valores mobiliários de qualquer espécie, ou seja, dos investidores no mercado de capitais. Cf. MARCHETTI, Piergaetano/ BIANCHI, Luigi Arturo (eds.), *La Disciplina delle Società Quotate nel Testo Unico della Finanza*, tomo I, 21, Giuffrè, Milano, 1999; MONTANARI, Marco, *Il Principio di Parità di Trattamento fra Disciplina del Mercato Mobiliare e Diritto delle Società*, 901, in: XXIII "Giurisprudenza Commerciale" (1996), 899-918.

3 Sobre este princípio na ordem jurídica portuguesa, vide ALBUQUERQUE, Martim, *Da Igualdade – Introdução à Jurisprudência*, Almedina, Coimbra, 1993; AMARAL, Maria Lúcia, *O Princípio da Igualdade na Constituição Portuguesa*, in: "Estudos em Homenagem ao Prof. Doutor Armando Marques Guedes", 37-74, Almedina, Coimbra, 2004; CLARO, João Martins, *Introdução ao Estudo do Princípio da Igualdade em Direito Constitucional*, Lisboa, 1983; PINTO, M. Glória Ferreira, *Princípio da Igualdade – Fórmula Vazia ou "Carregada" de Sentido?*, BMJ (Separata), Lisboa, 1987.

administração, jurisdição)[4], ele desdobra-se numa dupla vertente: positivamente, ele impõe uma *obrigação de diferenciação* consistente no tratamento igual das situações semelhantes e no tratamento desigual das situações dissemelhantes ("o igual deve ser tratado igualmente e o desigual desigualmente"[5]); negativamente, ele impõe uma *proibição de arbítrio* que veda o estabelecimento de privilégios ou de discriminações arbitrárias ou injustificadas[6]. Por outras palavras, o princípio jurídico-constitucional da igualdade permite, ou pode mesmo impor, a previsão de regimes legais diferenciados entre sujeitos da ordem jurídica desde que assentes em factores de diferenciação legítimos: o que está vedado é a consagração de regimes *injustificadamente* discriminatórios ou *arbitrariamente* diferenciados, ou seja, de regimes em que tais diferenciações de tratamento não possam ser justificadas à luz de motivos substanciais relevantes ou pertinentes.[7]

2. A Igualdade de Tratamento dos Accionistas

Pilar fundamental da ordem constitucional, o princípio da igualdade cedo irradiou posteriormente como "tête de chapitre" de vários ramos do direito positivo ordinário[8]. Um dos sectores onde obteve expressa consa-

---

4 Trata-se de "communis opinio" doutrinal: vide, entre tantos, CANOTILHO, Joaquim Gomes/ MOREIRA, Vital, *Constituição da República Portuguesa Anotada*, 129 e segs., Coimbra Editora, 1993; CORREIA, Fernandes Alves, *O Plano Urbanístico e o Princípio da Igualdade*, 401, Almedina, Coimbra, 1994.
5 CANOTILHO, Joaquim Gomes, *Direito Constitucional e Teoria da Constituição*, 390, Almedina, Coimbra, 1998.
6 Recorrendo aos próprios termos do texto constitucional, "ninguém pode ser privilegiado, beneficiado, prejudicado, privado de qualquer direito ou isento de qualquer dever (...)" em consequência dos factores de desigualdade previstos no elenco do art. 13.º, n.º 2 da CRP ou de outros factores de discriminação arbitrária (MIRANDA, Jorge, *Manual de Direito Constitucional*, vol. IV, 202, Coimbra Editora, 1998).
7 "O princípio da igualdade" – reza o Acórdão n.º 39/88 do Tribunal Constitucional (Processo n.º 136/85, in: "Diário da República", Iª Série, de 3 de Março de 1988, 740 e segs.) – "não proíbe que a lei estabeleça distinções. Proíbe, isso sim, o *arbítrio*: ou seja, proíbe as diferenciações de tratamento sem fundamento material bastante, que o mesmo é dizer sem qualquer justificação razoável, segundo critérios de valor objectivo, constitucionalmente relevantes" (753).
8 Assim acontece em vários sectores da ordem jurídica, quer pertencentes ao Direito Privado – pense-se, por exemplo, no princípio da igualdade no Direito Internacional Privado (cf. CORREIA, António Ferrer, *O Direito Internacional Privado e o Princípio da Igualdade*, in: "Temas de Direito Comercial e Internacional Privado", 413-449, Almedina, Coimbra, 1989), no Direito do Trabalho (cf. MARTINEZ, Pedro Romano, *Igualdade de Tratamento no Direito Laboral*, in: XI "Direito e Justiça" (1997), 84-94, ou no Direito Processual (cf. MELO,

gração foi justamente o *Direito das Sociedades Comerciais*: falamos do art. 321.º do CSC, que dispõe que "as aquisições e as alienações de acções próprias devem respeitar *o princípio do igual tratamento dos accionistas*, salvo se a tanto obstar a própria natureza do caso".[9-10]

2.1. Breve Noção

Enquanto ramo do ordenamento privado, o Direito das Sociedades é compreensivelmente um sector da ordem jurídica tributário da autonomia privada – havendo mesmo quem repute esta como o seu "primeiro e mais significativo" traço.[11]

Ora, como já tivemos oportunidade de explanar noutro estudo, o princípio da igualdade de tratamento dos sócios representa essencialmente um

---

Afonso, *O Princípio da Igualdade em Processo Civil*, in: "Tribuna da Justiça" (1986), 10-37) –, quer pertencentes ao Direito Público – veja-se o Direito Penal (cf. BELEZA, José Pizarro, *O Princípio da Igualdade e a Lei Penal*, Coimbra, 1982) ou o Direito Administrativo (cf. SÁ, Almeno, *Administração do Estado, Administração Local e Princípio da Igualdade no Âmbito do Estatuto dos Funcionários Públicos*, Coimbra, 1985).

9 Como bem refere Raúl VENTURA, o preceito societário tem uma redacção deficiente, já que o legislador, ao invés de mandar respeitar o princípio da igualdade de tratamento dos accionistas, deveria sim mandar tratar igualmente os accionistas – posto que é esse comando legislativo que instituiria o próprio princípio (*Estudos Vários Sobre Sociedades Anónimas*, 369, Almedina, Coimbra, 1992).

10 Sobre este princípio jussocietário, é ainda escassa a doutrina nacional: entre ela, vejam-se ABREU, Jorge Coutinho, *Do Abuso de Direito – Ensaio de um Critério no Direito Civil e nas Deliberações Sociais*, 153 e segs., Almedina, Coimbra, 1999; ANTUNES, José Engrácia, *O Artigo 490.º do CSC – "Propriedade Corporativa", Propriedade Privada, Igualdade de Tratamento*, 254 e segs., in: AAVV, "Estudos em Comemoração dos Cinco Anos da Faculdade de Direito da Universidade do Porto", 147-276, Coimbra Editora, 2001). Escassa é também a jurisprudência nacional: entre os raros arrestos relevantes, vejam-se os Acórdãos do Supremo Tribunal da Justiça de 23 de Março de 1993 (in: XVIII "Colectânea de Jurisprudência" (1993), II, 21 e segs.) e de 2 de Outubro de 1997 (in: 470 "Boletim da Ministério da Justiça" (1997), 619 e segs.). A situação é bem diferente no quadro do direito comparado. Assim, apenas para citar alguns exemplos, vide, no direito alemão, HENN, Günter, *Die Gleichbehandlung der Aktionäre in Theorie und Praxis*, in: 30 "Die Aktiengesellschaft" (1985), 240-248; VOGES, Hans-Joachim, *Zum Grundsatz der Gleichbehandlung im Aktienrecht*, in: 20 "Die Aktiengesellschaft" (1975), 197-201; no direito francês, MESTRE, Jacques, *L'Égalité en Droit des Sociétés (Aspects de Droit Privé)*, in: 107 "Revue des Sociétés" (1989), 399-410; DE CORDT, Yves/ HORSMAN, Guy, *L'Égalité entre Actionnaires*, Bruylant, Bruxelles, 2004; no direito italiano, D'ALESSANDRO, Francesco, *La Seconda Direttiva e la Parità di Trattamento Degli Azionisti*, in: 32 "Rivista delle Società" (1987), 1-13; ROBIGLIO, Noberto, *La Parità di Trattamento Tra I Soci Nella Società per Azioni*, USM, Milano, 1985.

11 CORDEIRO, António Menezes, *Manual de Direito das Sociedades*, vol. I, 184, Almedina, Coimbra, 2004. Sobre o carácter cíclico deste traço, e sua retracção no âmbito do direito societário contemporâneo, vide ANTUNES, José Engrácia, *Direito das Sociedades Comerciais – Perspectivas do seu Ensino*, 87, Almedina, Coimbra, 2000.

limite imanente e imperativo à autonomia privada no exercício do poder no seio das sociedades comerciais[12]. Comando fundamentalmente endereçado ao portador do poder económico-jurídico do controlo societário ("Träger der wirtschaftlicher Macht")[13], o mandamento da igualdade de tratamento proíbe que o exercício de semelhante poder por parte dos titulares dos órgãos sociais (deliberativos e administrativos) tenha por finalidade ou por resultado a introdução de discriminações ou diferenciações *arbitrárias* ("Willkürverbot") no tratamento reservado aos respectivos sócios, ou seja, de diferenciações que não possam encontrar qualquer fundamento material no quadro legal e estatutário da sociedade comercial em apreço.[14]

2.2. Sentido e Limites

Da sua particular teleologia subjacente, retira-se assim que o princípio da igualdade é um *princípio relativo*, e nao absoluto, que apenas comprime a autonomia privada na estrita medida do necessário ou do exigível com vista à proibição de arbítrio que lhe fornece a principal razão de ser.

Por um lado, tal princípio é relativo no sentido em que *de modo algum consubstancia qualquer espécie de garantia formal de tratamento horizontal e igualitário para os accionistas*: bem pelo contrário, considerando que as sociedades anónimas são um tipo social cujo governo se encontra organizado na base da "propriedade corporativa" detida pelos respectivos membros, pode mesmo afirmar-se que os accionistas estão expostos a uma

---

12 ANTUNES, José Engrácia, *O Artigo 490.º do CSC – "Propriedade Corporativa", Propriedade Privada, Igualdade de Tratamento*, 254 e segs., in: AAVV, "Estudos em Comemoração dos Cinco Anos da Faculdade de Direito da Universidade do Porto", 147-276, Coimbra Editora, 2001. Idêntica a posição da doutrina dominante em vários países europeus. Assim, Karsten SCHMIDT: "Der Gleichbehandlungsgrundsatz markiert eine *immanente Grenze legitimer Mehrheitsherrschaft*" (*Gesellschaftsrecht*, 461, 4. Aufl., Carl Heymanns, Köln, 2002).
13 WIEDEMANN, Herbert, *Gesellschaftsrecht*, Band I, 428, Beck, München, 1980.
14 Nesse sentido, bastante difundida entre os principais comentaristas é a ideia segundo a qual "o mandamento jurídico-societário da igualdade de tratamento vive paredes-meias com a proibição jurídico-constitucional de arbítrio" (KROPFF, Bruno/ SEMLER, Johannes, *Münchener Kommentar zum Aktiengesetz*, Band 2, 21, 2. Aufl., Beck/ Vahlen, München, 2003). A fundamentação material da igualdade de tratamento dos sócios, bem assim como a determinação do seu conteúdo e dos seus limites, constitui ainda hoje, em larga medida, um problema em aberto, sendo explicada alternativamente, ora como uma emanação da vontade dos próprios membros da corporação social (COHN, Ernst, *Der Grundsatz der gleichmässigen Behandlung aller Mitglieder im Verbandsrecht*, 154 e segs., in: 132 "Archiv für die civilistische Praxis" (1930), 129-173), ora como um corolário das relações de cooperação no seio de entidades colectivas (HUECK, Götz, *Der Grundsatz der gleichmässigen Behandlung im Privatrecht*, 222 e segs., Beck, München, 1958), ora ainda como limite implícito ao poder de governo nestas entidades (MÜLLER-ERZBACH, Rudolf, *Das private Recht der Mitgliedschaft als Prüfstein eines kausalen Rechtsdenken*, 68 e segs., H. Böhlaus, Weimar, 1948).

incontornável situação de desigualdade que resulta da circunstância de os respectivos direitos políticos e económicos serem determinados em função e na proporção do montante do investimento realizado por cada um no capital social.[15]

Por outro lado, tal princípio é ainda relativo no sentido em que *de modo algum veda a existência de "discriminações" negativas ou positivas que sejam conformes às regras legais e estatutárias vigentes*: tudo o que ele garante é a vinculação dos órgãos sociais à exigência de um tratamento neutral que assegure uma igualdade de oportunidades a todos os accionistas titulares da mesma categoria de acções ("Chancengleichheit"), já não impedindo, ao invés, que possam ser previstos regimes diferenciados para accionistas cuja "propriedade corporativa" seja dissemelhante qualitativamente ("maxime", diferentes classes de acções ou de valores mobiliários) ou até quantitativamente (veja-se, assim, o caso paradigmático das aquisições potestativas dos art. 490.º do CSC e art. 194.º do CVM).[16]

Finalmente, tal princípio é ainda relativo no sentido em que *de modo algum impede a existência de excepções e até a sua derrogação por vontade do próprio accionista afectado*: uma boa ilustração disto mesmo pode ser encontrado no primodial aflorамento jussocietário do princípio da igualdade, o já citado art. 321.º do CSC, a propósito do qual a doutrina é unânime em admitir a possibilidade de existência de situações excepcionais em que o sacrifício de tal princípio se possa considerar justificado[17] e do seu afas-

---

15 A lógica patrimonial-censitária que orienta a organização e o funcionamento destas corporações de direito privado – gravitando em torno de um princípio do sufrágio censitário (art. 384.º, n.º 1 do CSC) e maioritário (art. 386.º, n.º 1 do CSC) – transmuta assim qualquer situação de pressuposta igualdade "pessoal" e "absoluta" entre os membros do grémio corporativo numa inexorável desigualdade de natureza "patrimonial" e "relativa" aferida por critérios capitalísticos que têm por referência, em última análise, a "propriedade corporativa". Desenvolvidamente, vide ANTUNES, José Engrácia, *O Artigo 490.º e a Lei Fundamental – "Propriedade Corporativa", Propriedade Privada, Igualdade de Tratamento*, in: AAVV, "Estudos em Comemoração dos Cinco Anos da Faculdade de Direito da Universidade do Porto", 147-276, Coimbra Editora, 2001.

16 Daí também que a doutrina sublinhe insistentemente que o pólo significante do mandamento da "igualdade de tratamento", no contexto do Direito das Sociedades Comerciais, reside mais na ideia de *tratamento* ("Gleichbehandlung", "parità di trattamento") do que propriamente na de *igualdade* ("Gleichberechtigung", "eguaglianza di diritti"): neste sentido, com formulações variadas, vide ANGELICI, Carlo, *Parità di Trattamento degli Azionisti*, 3, in: 85 "Rivista del Diritto Commerciale e del Diritto Generale delle Obbligazioni" (1987), I, 1-22; para as sociedades abertas, MUCCIARELLI, Federico Maria, *Sulla Parità di Trattamento nelle Società Quotate*, 183, in: 49 "Rivista delle Società" (2004), 180-205.

17 Para além de ser o próprio preceito que adverte expressamente que o mandamento da igualdade de tratamento dos accionistas só vale "salvo se a tanto obstar a própria natureza do caso" (cf. parte final do art. 321.º do CSC), a doutrina nacional admite uma série de

tamento por vontade dos próprios sócios atingidos, seja através de disposição estatutária, seja por força da renúncia ao direito de impugnação da deliberação social em causa (art. 58.º, n.º 1, a) do CSC).[18]

II. A Igualdade de Tratamento dos Accionistas em OPA

1. Noção e Consagração Legal

O princípio da igualdade de tratamento dos accionistas em OPA encontra-se consagrado no art. 112.º do CVM, justamente sob a epígrafe geral "igualdade de tratamento": nos termos do n.º 1 deste preceito, "as ofertas públicas de aquisição devem ser realizadas em condições que *assegurem tratamento igual aos destinatários*, sem prejuízo da possibilidade prevista no n.º 2 do artigo 124.º".[19]

Princípios idênticos ou congéneres são também hoje expressamente consagrados nas leis do mercado de capitais de várias ordens jurídicas estrangeiras, cujas doutrina e jurisprudência têm vindo progressivamente, sobretudo durante a última década, a proceder a uma densificação do res-

---

eventos onde tal mandamento pode ser afastado (v.g., aquisições por força da lei ou processo executivo, aquisições a sócio remisso, aquisições em execução de cláusulas estatutárias de consentimento de transmissão, aquisições a título universal, etc.): cf. ROCHA, Maria Vitória, *Aquisição de Acções Próprias no CSC*, 217, Almedina, Coimbra, 1994. O mesmo se passa, "mutatis mutandis", noutras latitudes: como notam Cándido PAZ-ARES e António HUETOS, "es pacifico que en caso de que concurran causas justificadas se puede sacrificar la paridad de trato de los socios" (*Los Negócios sobre las Propias Acciones*, 138, in: Uría, R./ Menendez, A./ Olivencia, M. (eds.), "Comentario al Regimen Legal de las Sociedades Mercantiles", Tomo IV, Vol. 2, Thomson/ Civitas, Madrid, 2003).
18 Neste sentido, vide ROCHA, Maria Vitória, *Aquisição de Acções Próprias no CSC*, 214 e seg., Almedina, Coimbra, 1994; VENTURA, Raúl, *Estudos Vários Sobre Sociedades Anónimas*, 373, Almedina, Coimbra, 1994. Trata-se também, de resto, da doutrina maioritária noutros países a respeito de idêntico problema: vide, por exemplo, para o direito alemão, HENN, Günter, *Die Gleichbehandlung der Aktionäre in Theorie und Praxis*, 243, in: 30 "Die Aktiengesellschaft" (1985), 240-248; para o direito italiano, NOBILI, Raffaele/ SPOLIDORO, Marco, *La Riduzione di Capitale*, 238, in: Colombo, G./ Portale, G. (ed.), "Trattato delle Società per Azioni", vol. 6, 195 e segs., Utet, Torino, 1993.
19 Itálico nosso. Acrescente-se que o mesmo princípio conhece ainda um outro afloramento jusfinanceiro, para o caso específico das aquisições tendentes ao domínio total subsequentes a OPA geral (arts. 194.º a 197.º do CVM): nos termos do art. 197.º do CVM, "nos processos de aquisição tendente ao domínio total, deve ser assegurado, nomeadamente quanto à fixação da contrapartida, tratamento igual aos titulares da mesma categoria". Sobre o ponto, vide já ANTUNES, José Engrácia, *Os Grupos de Sociedades – Estrutura e Organização Jurídica da Empresa Plurissocietária*, 883 e segs., 2ª edição, Almedina, Coimbra, 2002.

pectivo sentido e conteúdo. Assim, na *Alemanha*, a "Lei dos Valores Mobiliários e das Ofertas Públicas de Aquisição" de 2001 estabelece no seu §3, Abs. I, sob a epígrafe "princípios gerais", o seguinte comando: "Inhaber von Beteiligungspapieren der Zielgesellschaft, die dierselben Gattung angehören, sind gleich zu behandeln"[20]. Na Áustria, a "Lei Federal sobre Ofertas Públicas de Aquisição" de 1991 prevê disposição bastante similar no seu §3, Abs. I: "Alle Inhaber von Beteiligungspapieren der Zielgesellschaft, die sich in gleichen Verhältnissen befinden, müssen gleich behandelt werden, soweit in diesem Bundesgesetz nichts anderes bestimmt ist"[21]. Na *Espanha*, o "Real Decreto sobre o Regime das Ofertas Públicas de Aquisição" de 2007 estabelece igualmente no seu art. 14.º: "Las ofertas públicas de adquisición podrán formularse como compraventa, como permuta o canje de valores o como ambas cosas a la vez, y deberán asegurar la igualdad de trato de los titulares de valores que se encuentren en iguales circunstancias"[22]. Na *França*, o "Regulamento Geral da Autoridade dos Mercados Financeiros" de 2004 prevê no seu art. 231-3: "En vue d'un déroulement ordonné des opérations au mieux des intérêts des investisseurs et du marché, toutes les personnes concernées par une offre publique doivent respecter le libre jeu des offres et de leurs surenchères, d'égalité de traitement et d'information des détenteurs des titres des personnes concernées, de transparence et d'intégrité du marché et de loyauté dans les transactions et la compétition"[23]. Na *Inglaterra*, o "Código das Aquisições e Fusões" de 1985, justamente inaugurando o elenco dos "princípios gerais" relativos às ofertas públicas de aquisições, estatui no seu "Principle 1" que "all holders of the securities of an offeree company of the same

---

[20] *Gesetz zur Regelung von öffentlichen Angeboten zum Erwerb von Wertpapieren und von Unternehmenübernahmen 2001* (doravante abreviadamente "WpÜG"). Sobre esta lei, vide, entre muitos, Hirte, Heribert/ Bülow, Christoph (Hrsg.), *Kölner Kommentar zum WpÜG*, Carl Heymanns, Köln, 2003; Haarmann, Wilhelm/ Schüppen, Matthias (Hrsg.), *Frankfurter Kommentar zum WpÜG*, 63 e segs., 2. Aufl., RuW, Frankfurt am Main, 2005.

[21] *Bundesgesetz betreffend Übernahmeangebote (Übernahmegesetz – ÜbG) sowie über Änderungen des Börsegesetzes und des Einführungsgesetzes zu den Verwaltungsverfahrensgesetzen 1991* (doravante abreviadamente "ÖÜbG"). Sobre esta lei, vide Kalss, Susanne, *Das neue Übernahmerecht als Teil des Kapitalmarktrechts in Österreich*, in: "Neue Zeitschrift für Gesellschaftsrecht" (1999), 421-430.

[22] *Real Decreto 1066/2007, de 27 de julio, sobre Régimen de las Ofertas Públicas de Adquisición de Valores* (doravante abreviadamente "Real Decreto 1066/2007"). Sobre o ponto, vide Calero, Fernando Sánchez (ed.), *Ofertas Públicas de Adquisición de Acciones (OPAs)*, Civitas, Madrid, 1993.

[23] *Règlement Général de l'Autorité des Marchés Financiers du 2004* (doravante abreviadamente "Règlement AMF"). Sobre o ponto, vide Viandier, Alain, *OPA – OPE et autres Offres Publiques*, Éd. F. Lefebvre, Paris, 2006.

class must be afforded equivalent treatment"[24]. Na *Itália*, o "Regulamento Relativo aos Emitentes" de 1999 determina no seu art. 42: "L'offerente e gli altri soggetti interessati si attengono a principi di correttezza e di parità di trattamento dei destinatari dell'offerta, compiono tempestivamente le attività e gli adempimenti connessi allo svolgimento dell'offerta, non eseguono operazioni sul mercato volte a influenzare le adesioni all'offerta e si astengono da comportamenti e da accordi diretti ad alterare situazioni rilevanti per i presupposti dell'offerta pubblica di acquisto obbligatoria"[25]. Na *Suíça*, a "Lei Federal da Bolsa e dos Valores Mobiliários" de 1995 determina, no seu §24, Abs. II, que "(der Anbieter) muss die Besitzer von Beteiligungspapieren derselben Art gleich behandeln"[26]. E, finalmente, do outro lado do Atlântico, nos *Estados Unidos da América*, a regra 14d-10 (a) das "Regras e Regulamentos Gerais da SEC", justamente sob a epígrafe "igualdade de tratamento dos titulares de valores mobiliários", estabelece a seguinte imposição: "No bidder shall make a tender offer unless: (1) the tender offer is open to all security holders of the class of securities subject to the tender offer".[27]

2. Natureza Jurídica

A igualdade de tratamento dos accionistas, tanto no contexto do direito societário como do direito do mercado de capitais, é comummente pers-

---

24 *The City Code on Takeovers and Mergers* (9ª edição, de 30 de Março de 2009, doravante abreviadamente "City Code"). Sobre o ponto, vide Button, Maurice/ Bolton, Sarah, *A Practitioner's Guide to the City Code on Takeover and Mergers*, London, City Financial Publishing, 2006.
25 *Regolamento dalla Consob n.º 11971, del 14 maggio 1999 (Regolamento di Attuazione del Decreto Legislativo 24 Febbraio 1998, N. 58, concernente la Disciplina degli Emittenti)* (doravante abreviadamente "Regolamento Consob"). Sobre o ponto – cf. também arts. 92 e 103, comma 1, do "Testo Unico della Finanza" –, vide Montanari, Marco, *Il Principio di Parità di Trattamento fra Disciplina del Mercato Mobiliare e Diritto delle Società*, in: XXIII "Giurisprudenza Commerciale" (1996), 899-918.
26 *Bundesgesetz über die Börsen und den Effektenhandel vom 1995* (doravante abreviadamente "BBE"). Sobre o ponto, vide Daenicker, Daniel, *Swiss Securities Regulation: A Introduction of the Regulation of the Swiss Financial Market*, Kluwer, Zürich, 1998.
27 *General Rules and Regulations, Securities Exchange Act of 1934*, modificada pelo "Williams Act" de 1968 (também 17 C.F.R., section 240, 14d-10) (doravante abreviadamente "SEC Rules"). Sobre o ponto, vide Kenyon-Slade, Stephen, *Mergers and Takeovers in the US and UK: Law and Practice*, Oxford University Press, New York, 2004.

pectivada pela doutrina como um *princípio geral* que não é fonte de direitos subjectivos para os accionistas individuais.[28]

Decerto que tal princípio geral possui aflorações concretas em várias normas legais, que são susceptíveis de gerar direitos e deveres jurídicos para os respectivos destinatários activos e passivos. Para nos ficarmos apenas por aqueles que dizem respeito às ofertas públicas de aquisição, bastará aqui citar, por exemplo, os preceitos que determinam que a OPA é dirigida a todos os titulares dos valores mobiliários que dela são objecto (art. 173.º, n.º 1 do CVM), que a revisão pelo oferente do valor ou natureza da contrapartida aproveita a todos os accionistas da visada que já tivessem aceitado a oferta inicial (arts. 184.º e 129.º, n.º 2 do CVM), que os accionistas da visada que tenham aceite a oferta podem revogar as suas aceitações em caso de oferta concorrente, por forma a poderem assim beneficiar de nova contrapartida superior (art. 185.º, n.os 3 e 5 do CVM), ou que as pessoas que controlem uma sociedade aberta têm o dever de lançar oferta sobre a totalidade das respectivas acções, assegurando assim a repartição proporcional do "prémio de controlo" (art. 187.º, n.º 1 do CVM): como é óbvio, nestes ou noutros casos semelhantes, o mandamento igualitário traduz-se em posições jurídicas subjectivas directamente exercitáveis pelos accionistas delas titulares. Todavia, fora destes casos concretos, o princípio da igualdade não consubstancia, "de per si", um novo direito subjectivo e individual atribuído ao accionista, a acrescentar à galeria dos direitos patrimoniais e organizativos consagrados nas leis gerais societária (CSC) e financeira (CVM). "Cláusula geral" (Kropff/ Semler)[29], "regra programática" (Hirte/ Bullow)[30] ou "valor legislativo fundamental" (Haarmann/ Schüppen)[31], a função primacial do mandamento igualitário reside em fornecer, para além de um critério auxiliar de interpretação e aplicação das normas jurídico-societárias e financeiras, um parâmetro geral do funcionamento das sociedades comerciais e do mercado de capitais: tal sig-

---

28 Neste sentido, para o direito societário, Buonocore, Vincenzo, *Le Situazioni Soggettive dell'Azionista*, 32, Morano, Napoli, 1960; Hueck, Götz, *Der Grundsatz der gleichmässigen Behandlung im Privatrecht*, 276, Beck, München, 1958; para o direito do mercado de capitais, vide Montanari, Marco, *Il Principio di Parità di Trattamento fra Disciplina del Mercato Mobiliare e Diritto delle Società*, 907, in: XXIII "Giurisprudenza Commerciale" (1996), 899-918.
29 Kropff, Bruno/ Semler, Johannes (Hrsg.), *Münchener Kommentar zum Aktiengesetz*, Band 2, 19, 2. Aufl., Beck/ Vahlen, München, 2003.
30 Hirte, Heribert/ Bülow, Christoph (Hrsg.), *Kölner Kommentar zum WpÜG*, 180, Carl Heymanns, Köln, 2003.
31 Haarmann, Wilhelm/ Schüppen, Matthias (Hrsg.), *Frankfurter Kommentar zum WpÜG*, 62, 2. Aufl., RuW, Frankfurt am Main, 2005.

nifica dizer, "brevitatis causa", que os órgãos societários estão vinculados a tratar os accionistas e os investidores em igualdade de circunstâncias, sendo a estes lícito reagir, em caso de infracção desse mandamento, através do recurso aos mecanismos jurídicos gerais predispostos para tal efeito, "maxime", a impugnação judicial das deliberações dos órgãos sociais deliberativos e executivos (arts. 56.º, n.º 1, d) e 411.º, n.º 1, c) do CSC), a responsabilização dos administradores (arts. 72.º e segs. do CSC) e dos accionistas controladores (art. 83.º, n.º 4 do CSC), ou ainda a intervenção da autoridade de supervisão do mercado (v.g., arts. 119.º, n.º 1, b) e 180.º, n.º 3, a) do CVM).[32]

3. Âmbito Subjectivo

3.1. *Sujeito Activo: o Accionista da Sociedade Visada*

De um ponto de vista subjectivo, o mandamento igualitário no contexto da OPA tem como sujeito activo os accionistas destinatários da sociedade visada, "rectius", *todos os accionistas titulares das acções que são objecto da oferta*.[33]

---

[32] Em sentido semelhante, em ordenamentos jurídicos diversos, vide Maria Ortuño BAEZA: "Fuera de los supuestos expressamente contemplados en la ley, *no puede hablarse de la existencia de un derecho de los accionistas* a recibir un trato igual, sino más bien de un *deber de los órganos sociales* de no dispensar un trato diferente a los accionistas que se encuentren en idéntica posición jurídica" (*Reducción de Capital en la Sociedad Anónima – Un Análisis a la Luz del Principio de Paridad de Trato*, 130, Thomson/ Arazandi, Navarra, 2004); Giorgio MARASÀ: "Nell'ambito dei rapporti interni, la parità di trattamento *non può configurarsi comme diritto soggettivo* ma come regola di condotta imposta alla maggioranza, che le vieta, nell'esecuzione in concreto del rapporto sociale, comportamenti discriminatori nei confronti della minoranza" (*Modifiche del Contratto Sociale e Modifiche dell'Atto Costitutivo*, 107, in: Colombo, G./ Portale, G. (dir.), "Trattato delle Società per Azioni", vol. 6, 1 e segs. Utet, Torino, 1993); LUTTER, Marcus/ ZÖLLNER, Wolfgang: "Das Gleichbehandlungsgebote *ist nicht subjektives Recht des einzeln Aktionäre*, sondern Teil der Mitgliedschaft. Es sichert insbesondere deren Bestand und Inhalt gegenüber ungleicher Beeinträchtigung durch die innerverbandlichen Entscheidungsträger" (*Kölner Kommentar zum Aktiengesetz*, Band I, 2. Aufl., 578, C. Heymanns, Köln, 1988).

[33] Por mera comodidade de exposição, referir-nos-emos doravante primacialmente ao caso mais comum de a oferta ter por objecto acções, e não outras categorias de valores mobiliários. Sobre o ponto, vide GARCIA, Augusto Teixeira, *OPA – Da Oferta Pública de Aquisição e seu Regime Jurídico*, 238, Coimbra Editora, 1995; noutros quadrantes, HAARMANN, Wilhelm/ SCHÜPPEN, Matthias (Hrsg.), *Frankfurter Kommentar zum WpÜG*, 64, 2. Aufl., RuW, Frankfurt am Main, 2005; HIRTE, Heribert/ BÜLOW, Christoph (Hrsg.), *Kölner Kommentar zum WpÜG*, 182, Carl Heymanns, Köln, 2003; MONTANARI, Marco, *Il Principio di Parità di*

A OPA é uma operação jurídico-económica que tem por finalidade a aquisição de uma ou mais categorias de valores mobiliários emitidos pela sociedade visada. Ora, a generalidade das legislações, incluindo a portuguesa, tornou claro que o mandamento da igualdade de tratamento tem um âmbito subjectivo de incidência circunscrito aos titulares de uma mesma ou mesmas categorias de valores mobiliários visadas pela oferta (acções, obrigações, "warrants" autónomos ou outras espécies de valores mobiliários: cf. arts. 1.º, 45.º e 173.º, n.º 3 do CVM)[34] ou, tratando-se de fracções do capital social de sociedades anónimas abertas, de uma mesma categoria de acções (arts. 24.º, n.º 4 e 302.º do CSC)[35]: isso mesmo resulta, logo em via geral, do art. 15.º do CVM, que delimita a obrigação genérica das sociedades abertas assegurarem a igualdade de tratamento "aos titulares dos valores mobiliários por ela emitidos que pertençam à mesma categoria"; é isso também, depois ainda, que resulta do comando específico do art. 112.º do CVM, o qual, após cominar a igualdade de tratamento dos destinatários de ofertas públicas de aquisição, justamente prevê na sua parte final a possibilidade de o oferente consagrar condições desiguais da oferta, mormente do preço da contrapartida, quando estejam em causa diferentes categorias de valores mobiliários (art. 124.º, n.º 2 do CVM)[36]; e disposições nesse mesmo sentido podemos também encontrar por esse mundo fora, entre as quais, apenas para citar alguns exemplos, o

---

Trattamento fra Disciplina del Mercato Mobiliario e Diritto delle Società, 903, in: XXIII "Giurisprudenza Commerciale" (1996), 899-918.
34 Sobre a noção e as espécies de valores mobiliários, vide ANTUNES, José Engrácia, *Os Valores Mobiliários: Conceito, Espécies e Regime Jurídico*, in: V "Revista da Faculdade de Direito da Universidade do Porto" (2008), 87-142.
35 A figura da *categoria de acções* (também conhecida lá fora: cf. as "Aktiengattungen" do § 11 da "Aktiengesetz" alemã, as "categorie di azioni" do art. 2348 do "Codice Civile" italiano, ou as "catégorie d'actions" do art. L.225-99 do "Code Commerce" francês) visa designar muito genericamente o conjunto de acções que conferem ao seu titular, nos termos previstos nos estatutos sociais, determinados direitos e/ou obrigações especiais diversos dos ordinários. Cf. CASTRO, C. Osório, *Valores Mobiliários: Conceito e Espécies*, 87 e segs., 2ª edição, UCP Editora, Porto, 1998; LABAREDA, João, *Das Acções das Sociedades Anónimas*, 49 e segs., AAFDL, Lisboa, 1988; reconhecendo a estreita ligação entre a igualdade de tratamento dos accionistas e a sua integração no âmbito de uma categoria de acções, vide também LAGUILLO, Ana Campuzano, *Las Clases de Acciones en la Sociedad Anónima*, 177, Civitas, Madrid, 2000.
36 No mesmo sentido, veja-se ainda o art. 197.º do CVM que circunscreve "expressis verbis" o âmbito do princípio da igualdade de tratamento dos accionistas "aos titulares de acções da mesma categoria".

§3, Abs. I da "WpÜG" alemã, o princípio 1 do "City Code" britânico ou a regra 14d-10 (a) das "SEC Rules" norte-americanas.[37]

Em suma, parafraseando Paulo CÂMARA, "igualdade não equivale a uniformidade, havendo que ter em conta a categoria dos valores mobiliários em causa, sendo nomeadamente justificada a existência de diferentes contrapartidas oferecidas aos sócios e aos titulares de outros valores mobiliários com direito de aquisição ou de subscrição de acções da sociedade aberta"[38]. Trata-se, além do mais, de uma confirmação inequívoca do enraizamento deste princípio jurídico-societário e financeiro na matriz do mandamento geral da igualdade ("proibição de arbítrio", "Willkürverbot"), que visa apenas garantir um tratamento igual a accionistas que se encontrem em igualdade de circunstâncias, de modo algum impedindo que o oferente preveja já condições desiguais de oferta para accionistas em situação diferenciada.[39]

3.2. *Sujeito Passivo: O Oferente*

Sujeito passivo do comando da igualdade é o *oferente*, ou seja, a pessoa singular ou colectiva que lançou a oferta pública de aquisição.

Esta proposição, em si mesmo incontroversa, suscita alguns esclarecimentos suplementares. Desde logo, consistentemente com o modo como o legislador configurou a titularidade jurídica de valores mobiliários (art. 20.º do CVM) e as diferentes obrigações àquela associadas – v.g., de comunicação de participações qualificadas (art. 16.º do CVM), de lançamento

---

[37] Trata-se da também chamada "all holders rule": cf. KENYON-SLADE, Stephen, *Mergers and Takeovers in the US and UK: Law and Practice*, 129, Oxford University Press, New York, 2004. Sublinhe-se, todavia, que esta regra pode possuir diferentes alcances: assim, por exemplo, em Inglaterra, a regra 14.1 do "City Code" obriga o oferente a efectuar ofertas "comparáveis" ("comparable offers") para os titulares de cada categoria de acções existente.

[38] *O Dever de Lançamento de Oferta Pública de Aquisição no Novo Código de Valores Mobiliários*, 222, in: AAVV, "Direito dos Valores Mobiliários", vol. II, 203-284, Coimbra Editora, 2000.

[39] O âmbito subjectivo do mandamento igualitário em OPA suscita ainda, naturalmente, toda uma série de outros problemas que aqui não podem ser abordados: designadamente, o de saber se tal mandamento aproveita também à própria sociedade oferente (no caso de a sociedade visada ser alvo de uma pluralidade de ofertas concorrentes: cf. GEIBEL, Stephan/ SÜSSMANN, Rainer, *Wertpapiererwerbs- und Übernahmegesetz (WpÜG) – Kommentar*, § 3, 14, Beck, München, 2002; KENYON-SLADE, Stephen, *Mergers and Takeovers in the US and UK: Law and Practice*, 288 e seg., Oxford University Press, New York, 2004), ou o de saber se tal mandamento impõe alguma espécie de limite à magnitude da desigualdade de tratamento entre accionistas titulares de diferentes categorias de acções (em sentidos divergentes, HIRTE, Heribert/ BÜLOW (Hrsg.), Christoph, *Kölner Kommentar zum WpÜG*, 182, Carl Heymanns, Köln, 2003; DAVIES, Paul, *The Notion of Equality in European Take-Over Regulation*, 14, Payne, Jeniffer (ed.), "Take-Over in English and German Laws", 9-32, Hart, Oxford, 2002).

de oferta de aquisição (art. 187.º do CVM) –, o âmbito subjectivo passivo deste comando poderá também estender-se, para determinados efeitos legais, àquelas *pessoas singulares ou colectivas que pertençam ao "círculo de controlo" do oferente*, ou seja, àqueles indivíduos ou entidades que com o oferente se encontrem relacionados por alguma das formas legalmente relevantes (cf. também a parte final do proémio do art. 180.º, n.º 1 do CVM). Depois ainda, o mandamento igualitário, se cria para o oferente e entidades com ele conexas uma obrigação jurídica de respeitar a igualdade de tratamento dos accionistas da sociedade visada (nos termos atrás vistos), não deixa também de constituir um comando vinculativo para todas as entidades públicas envolvidas na interpretação e na aplicação do regime jurídico das ofertas públicas de aquisição, com particular destaque para a *autoridade de supervisão* (cf. arts. 114.º e segs., 358.º, e), 360.º, n.º 1, b) do CVM, art. 4.º, n.º 1, a) do Estatuto da CMVM)[40]. Finalmente, discutida é ainda a questão de saber se o mandamento da igualdade se imporá, para além do oferente e entidades conexas, à própria *sociedade visada*: mesmo considerando que serão infrequentes os casos em que a sociedade que foi alvo da OPA esteja em condições de praticar actos ou omissões susceptiveis de provocar uma ruptura entre os seus próprios accionistas, destinatários da mesma (tanto mais atentas as limitações a que se encontra subordinada, nos termos gerais do art. 182.º do CVM), não vemos razões de princípio para excluir a sua aplicação, sem prejuízo dos demais remédios endosocietários a que possa haver lugar (arts. 56.º, n.º 1, d), 72.º, n.º 1, 79.º, 83.º, 504.º, n.º 1 do CSC).[41]

4. Âmbito Objectivo

Enunciada a noção, descritas as consagrações legais no direito português e comparado, apontada a natureza jurídica, e delimitado o perímetro subjectivo (activo e passivo) do princípio da igualdade, cumpre agora,

---

40 Neste sentido, vide Geibel, Stephan/ Süssmann, Rainer, *Wertpapiererwerbs- und Übernahmegesetz (WpÜG) – Kommentar*, § 3, 11, Beck, München, 2002; Haarmann, Wilhelm/ Schüppen, Matthias (Hrsg.), *Frankfurter Kommentar zum WpÜG*, 64, 2. Aufl., RuW, Frankfurt am Main, 2005; em sentido contrário, todavia, Hirte, Heribert/ Bülow, Christoph (Hrsg.), *Kölner Kommentar zum WpÜG*, 181, Carl Heymanns, Köln, 2003.

41 Consagrando tal dever expressamente para a sociedade visada, a lei suíça: "Die Zielgesellschaft wahrt den Grundsatz der Gleichbehandlung gegenüber allen Anbietern" (§48, Abs. I da "Verordnung der Übernahmekommission über öffentliche Kaufangebote" de 1997). Sobre o ponto, vide Haarmann, Wilhelm/ Schüppen, Matthias (Hrsg.), *Frankfurter Kommentar zum WpÜG*, 64, 2. Aufl., RuW, Frankfurt am Main, 2005.

por último, circunscrever e analisar o perímetro objectivo deste mesmo princípio.

O conteúdo do mandamento da igualdade é complexo, não cabendo nesta oportunidade a sua análise exaustiva. Num esforço de síntese, e olhando para o regime jurídico das ofertas públicas de aquisição no seu conjunto (arts. 108.º a 155.º e 173.º a 197.º do CVM, arts. 15.º a 23.º e Anexo II do Regulamento CMVM n.º 3/2006, de 11 de Maio), é possível identificar *três dimensões* fundamentais desse princípio: igualdade *na OPA*, igualdade *dentro e fora da OPA*, e igualdade *em caso de transferência de controlo*.[42]

4.1. Igualdade na Oferta

Uma primeira dimensão do cânone igualitário diz respeito à igualdade dos accionistas da sociedade visada no quadro do próprio processo da oferta pública de aquisição – aquilo que poderíamos designar por "igualdade na oferta".

Ao contrário do que acontece com uma boa parte das decisões dos accionistas no exercício do respectivo "status socii" (que são tomadas colectivamente em Assembleia Geral), a decisão de adquirir ou não em OPA é uma decisão eminentemente individual e solitária, susceptível de originar o conhecido "dilema do prisioneiro"[43], o que obviamente exponencia o risco de o oferente optar por estratégias do tipo "dividir para reinar", as quais, outrossim que explorar assimetrias de informação e condicionar a liberdade de decisão dos destinatários da oferta, violariam a paridade de trato entre estes[44]. Ora, a fim justamente de esconjurar estes

---

[42] Seguimos aqui, com adaptações, a divisão proposta por DAVIES, Paul, *The Notion of Equality in European Take-Over Regulation*, 15 e segs., in: Payne, Jeniffer (ed.), "Take-Over in English and German Laws", 9-32, Hart, Oxford, 2002.
[43] Este dilema ("prisionner dilemma"), bem conhecido e estudado na teoria dos jogos, significa basicamente que o actor individual, no quadro de uma colectividade cujos agentes devem tomar uma decisão sem poderem comunicar com os demais, tenderá a optar por uma estratégia que lhe assegura o melhor dentro dos piores resultados possíveis («maximin», ou seja, "maximize the minimum return"). Sobre este fenómeno, vide BEBCHUK, Lucian, *Towards Undistorted Choice and Equal Treatment in Corporate Takeovers*, 1736, in: 98 "Harvard Law Review" (1984), 1693-1755.
[44] DAVIES, Paul, *The Notion of Equality in European Take-Over Regulation*, 17, in: Payne, Jeniffer (ed.), "Take-Over in English and German Laws", 9-32, Hart, Oxford, 2002. Este autor recorda ainda que, da perspectiva do accionista individual da sociedade visada, existem sempre três, e não apenas dois, resultados possíveis de uma OPA: o insucesso da oferta, o sucesso da oferta que o accionista também aceitou, e o sucesso da oferta que o accionista rejeitou. Ora, um accionista que considere a oferta insuficiente, se decerto preferirá a primeira das alternativas, poderá considerar a última de tal forma indesejável

riscos, o princípio da igualdade de tratamento dos accionistas impõe que o oferente determine *condições de oferta iguais* para os accionistas destinatários desta, seja no plano do anúncio preliminar da oferta (art. 175.º do CVM), seja no do prospecto da mesma (art. 138.º do CVM, arts. 18.º e segs. do Regulamento CMVM n.º 3/2006, de 11 de Maio).

Assim, e apenas a título de ilustração, o *prazo* da oferta é idêntico para todo e qualquer accionista da sociedade visada, nunca podendo, além disso e em qualquer caso, ser inferior a duas semanas (art. 183.º, n.º 1 do CVM)[45]: sendo a OPA uma proposta contratual dirigida a uma massa indeterminada de destinatários, um prazo alargado de oferta permite assim a estes tomarem uma decisão livre e informada sobre a aceitação ou recusa dessa proposta, evitando o risco de rupturas da paridade de tratamento entre accionistas decorrente das assimetrias de proximidade ao mercado ("maxime", entre pequenos investidores individuais e investidores institucionais), doutro modo inevitáveis[46]. Do mesmo modo, absolutamente nodal – a ponto de alguns a apontarem como "a regra central em sede de igualdade de condições de ambos os lados do Atlântico"[47] – é a *contrapartida* oferecida, a qual deve ser de natureza e montante igual para accionistas em igualdade de circunstâncias, mormente para os titulares de uma mesma categoria de acções (art. 176.º, n.º 1, d) do CVM)[48]. Assim, quanto à natureza da contrapartida (art. 177.º do CVM), a oferta pública pode ser de compra (quando a contrapartida consiste em dinheiro), de

---

(pelo risco de se ver reduzido à situação de titular de acções minoritárias ou destituídas de valor de controlo em sociedade em cuja nova administração não se revê) que acabe, para evitar tal risco, por optar afinal pela alternativa intermédia.

45 Regras idênticas ou equivalentes podemos encontrar no §16 da "WpÜG" (*Alemanha*), no §7, Abs. IX da "ÖÜbG" (*Áustria*), no art. 23.º do "Real Decreto 1066/2007" (*Espanha*), no art. 232-2 do "Règlement AMF" (*França*), na regra 31 do "City Code" (*Inglaterra*), no art. 40, "comma" 2 do "Regolamento Consob" (*Itália*), ou ainda na "SEC Rule" 14d-6 (*Estados Unidos da América*).

46 Como sublinha Paul DAVIES, um prazo de oferta muito curto (de apenas alguns dias ou até algumas horas), se bem que formalmente igualitário por estabelecer um condicionalismo temporal de aplicação horizontal a todos os destinatários, favorece os investidores institucionais, originando uma pressão indevida sobre os pequenos investidores individuais (*The Notion of Equality in European Take-Over Regulation*, 14, in: Payne, Jeniffer (ed.), "Take-Over in English and German Laws", 9-32, Hart, Oxford, 2002).

47 KRAUSE, Hartmut, *Zur Gleichbehandlung der Aktionäre bei Übernahmeangeboten und Beteiligungserwerb*, 847, in: 50 "Wertpapier-Mitteilung" (1996), 845-851, 893-900.

48 Regras idênticas ou equivalentes podemos encontrar no §31 da "WpÜG" (*Alemanha*), no §7, Abs. IV, VII, e IX, 15, e 26 da "ÖÜbG" (*Áustria*), no art. 14.º do "Real Decreto 1066/2007" (*Espanha*), nos arts. 231-8, 231-13, 3.º e 232-2 do "Règlement AMF" (*França*), nas regras 6.2, 11 e 32.3 do "City Code" (*Inglaterra*), no art. 37, 1-*ter*, b) do "Regolamento Consob" (*Itália*), ou ainda na "SEC Rule" 14d-10(a)(2) e (c) (*Estados Unidos da América*).

troca (quando consista em acções) ou mista (quando proponha simultaneamente uma parcela pecuniária e uma parcela accionista), devendo tal contrapartida ser dirigida a todos os titulares de acções ou categorias de acções que dela são objecto (arts. 173.º, n.º 1 e 124.º, n.º 2 do CVM)[49]. Do mesmo modo, quanto ao montante da contrapartida, ele deve ser estabelecido unitariamente para os seus destinatários no momento da oferta, chegando mesmo a lei a assegurar semelhante paridade de trato, quer relativamente ao valor das contrapartidas propostas pelo oferente antes da própria oferta (assim sucede no caso específico das ofertas obrigatórias: cf. art. 188.º, n.º 1 do CVM), quer relativamente ao valor de contrapartidas em caso de revisão durante a própria oferta (por iniciativa solitária do oferente ou em resposta a oferta concorrente: cf. arts. 184.º e 185.º-B do CVM). Enfim, em caso de ofertas parciais, dirigidas à aquisição de apenas uma determinada percentagem ou quantidade de acções da sociedade visada, o legislador assegurou também a paridade de tratamento ao determinar o *rateio* das aceitações ("pro rata rule"), utilizando para esse efeito o método proporcional (que é o critério geral supletivamente previsto na lei) ou outro método imposto por disposição legal específica ou proposto pelo oferente com autorização da CMVM (art. 112.º, n.º 2 do CVM).[50]

4.2. Igualdade Fora da Oferta

Uma segunda dimensão ou faceta do princípio jurídico em apreço diz respeito à igualdade entre os accionistas adquirentes ou aceitantes, mais

---

[49] Em certos casos especiais, poderá ainda haver lugar à chamada oferta pública alternativa, na qual o oferente apresenta em alternativa uma contrapartida em dinheiro e em títulos: assim pode suceder no caso da OPA obrigatória, quando o oferente pretenda que a contrapartida seja em valores mobiliários (art. 188.º, n.º 5 do CVM). Sobre os tipos de ofertas de acordo com a contrapartida oferecida, vide em geral GARCIA, Augusto Teixeira, *OPA – Da Oferta Pública de Aquisição e seu Regime Jurídico*, 77 e segs., Coimbra Editora, 1995.

[50] Com efeito, as OPA parciais coenvolvem uma "corrida à venda" ("Wettlauf der Aktionäre", "first-come, first-serve") que traz consigo um implícito risco de ruptura da igualdade de trato entre accionistas próximos e distantes do mercado de capitais – os primeiros com capacidade de tomar decisões rápidas de venda em detrimentos dos últimos, que, sem a protecção legal, chegariam invariavelmente tarde à oferta. Essa protecção legal oscila, no direito comparado, entre aqueles ordenamentos jurídicos que previram um sistema "pro rata" ou outro equivalente – vide assim, por exemplo, o §20 da "ÖÜbG" (*Áustria*), o art. 38.º do "Real Decreto 1066/2007" (*Espanha*), ou a "SEC Rule" 14d-8 (*Estados Unidos da América*) – e aqueles que proíbem pura e simplesmente as OPA parciais (ou as submetem a aval prévio da autoridade de supervisão) – assim, por exemplo, o §32 da "WpÜG" (cf. ainda, todavia, §19 da mesma lei) (*Alemanha*) ou as regras 36.1 e 36.7 do "City Code" (*Inglaterra*).

concretamente, entre aqueles que alienaram as suas acções no contexto da oferta pública de aquisição (mediante declarações de aceitação constantes de ordens de venda dirigidas a intermediários financeiros autorizados) e aqueles outros que o fizeram fora desse contexto, mediante aquisição em mercado regulamentado ou fora dele ("maxime", negociação particular) – ou seja, "igualdade *entre os adquirentes dentro e fora da oferta*".

Com efeito, não obstante a OPA constitua uma proposta contratual pública precipuamente dirigida à aquisição durante um determinado prazo dos valores mobiliários detidos pelos accionistas da sociedade visada, a verdade é que se verifica frequentemente que o oferente adquire títulos da sociedade visada fora do quadro operativo e temporal deste processo. São duas as modalidades principais que esta *aquisição fora da OPA* pode revestir, para efeitos da problemática da igualdade de tratamento dos accionistas: as aquisições realizadas pelo oferente, em mercado regulamentado ("negociação em Bolsa") ou fora de mercado (negociação particular), aos accionistas da sociedade visada *antes* mesmo de ter anunciado o seu propósito de lançar uma oferta pública sobre o capital desta; e as aquisições realizadas pelo oferente, em mercado ou fora dele, *durante* ou na pendência da oferta ("rectius", após o anúncio preliminar e até ao termo do prazo da oferta).

O primeiro tipo de situação – aquisições *"fora de OPA" prévias*[51] ("Vorerwerbe", "pre-bid acquisitions") – tem a sua razão de ser fundamental na circunstância de, sobretudo no âmbito de operações de assalto hostil ao controlo de sociedades de grande magnitude, a estratégia do oferente passar frequentemente pelo lançamento de uma OPA sobre a sociedade visada em associação com aquisições prévias de lotes significativos de acções desta, no mercado de capitais ou através de ajuste particular com os respectivos titulares, com vista a beneficiar, por assim dizer, de uma boa "plataforma de lançamento" ("launch-pad") no referido assalto[52]. Em Portugal, como na generalidade das restantes ordens jurídicas, semelhantes aquisições prévias são consideradas *lícitas*: semelhante licitude resulta implícita mas inequivocamente do art. 138.º, n.º 1, f) do CVM, o qual, de entre os elementos informativos obrigatórios que devem constar do pros-

---

51 Passe o pleonasmo.
52 DAVIES, Paul, *The Notion of Equality in European Take-Over Regulation*, 13, in: Payne, Jeniffer (ed.), "Take-Over in English and German Laws", 9-32, Hart, Oxford, 2002. Fala-se também, por vezes, de "aquisições sorrateiras" ("creeping acquisitions"), através de compras no mercado ou a particulares, que visam atribuir ao futuro oferente hostil uma posição estratégica de assalto ("beachhead stake") que lhe aumente as hipóteses de sucesso da oferta, além de lhe diminuir os custos da oferta: cf. KENYON-SLADE, Stephen, *Mergers and Takeovers in the US and UK: Law and Practice*, 58, Oxford University Press, New York, 2004.

pecto da OPA, justamente inclui "os valores mobiliários da mesma categoria dos que são objecto da oferta *que tenham sido adquiridos nos seis meses anteriores* pelo oferente ou por alguma das pessoas que com este estejam em alguma das relações previstas no n.º 1 do artigo 20.º, com indicação das datas de aquisição, da quantidade e das contrapartidas"[53]. Tal licitude de princípio, todavia, não exclui naturalmente que a mesma se deva conformar com os *parâmetros jusfinanceiros gerais*, designadamente em matéria de participações qualificadas e de domínio sobre sociedades abertas: com efeito, não se perca de vista que o oferente está obrigado, como qualquer outra pessoa singular ou colectiva, a dar publicidade ao mercado das participações em sociedades abertas que directamente ou nos termos do art. 20.º do CVM lhe confira determinadas percentagens mínimas de direitos de votos (art. 16.º do CVM) – o que poderá denunciar ou prenunciar a intenção do oferente em lançar uma futura oferta –, ou mesmo a realizar uma oferta pública obrigatória quando, graças a tais aquisições, haja passado a deter ou lhe sejam imputáveis mais de um terço ou metade desses votos (art. 187.º, n.º 1 do CVM) – o que significa coagir o oferente, após as referidas aquisições prévias já terem atingido o objectivo final almejado e tornarem afinal desnecessária a oferta pública, a estender tal aquisição aos demais accionistas da visada. Do ponto de vista do mandamento igualitário, todavia, o problema central que tais aquisições pré-OPA realizadas pelo oferente coloca é o de saber se e em que medida a natureza e o valor da contrapartida dessas aquisições ("maxime", preço) deverão ser tidos em conta para efeitos da fixação da *contrapartida* oferecida aos accionistas destinatários da mesma. A generalidade das legislações atribui relevância a tais aquisições ("best price rule"), embora em termos algo diferenciados, sendo possível descortinar dois tipos básicos de solução no direito comparado. Em determinados países, as aquisições prévias são sempre consideradas relevantes para efeitos das OPA em geral: apenas para citar um exemplo, em Inglaterra, os termos da contrapartida das aquisições em OPA não podem ser mais desfavoráveis do que os das aquisições efectuadas pelo oferente ou entidade relacionada nos três meses anteriores ao lançamento daquela (regra 6.1 do "City Code"), sendo ainda o oferente, nas ofertas públicas em títulos, obrigado a oferecer uma contrapartida pecuniária caso tenha efectuado aquisições em dinheiro nos doze meses precedentes que lhe tenham atribuído uma percentagem de votos na visada superior a

---

[53] Itálicos nossos. Disposições similares podem ser encontradas nas demais ordens jurídicas europeias: vejam-se, por exemplo, o §2, Abs. VII da "WpÜG-Angebotsverordnung" de 27 de Dezembro de 2001 (*Alemanha*), o art. 231-13, al. 2.º do "Règlement AMF" (*França*), ou a a regra 6.1 do "City Code" (*Inglaterra*).

10% (regra 11.1 do "City Code")[54]. Noutros países, as aquisições prévias foram apenas tidas em conta pela lei para determinados tipos de OPA: assim sucede em Portugal, onde as aquisições efectuadas pelo oferente nos seis meses anteriores ao anúncio preliminar da oferta são tidas automaticamente em conta apenas para efeito da contrapartida das OPA obrigatórias (art. 188.º, n.º 1 do CVM).[55]

O segundo tipo de situações atrás referidas – *aquisições "fora de OPA" contemporâneas* – diz respeito a aquisições realizadas pelo oferente na pendência da oferta (ou já depois de esta ter sido anunciada preliminarmente) a accionistas da sociedade visada, através de negociação em mercado regulamentado ("on-market transactions") ou de negociação particular ("off-market transactions"). O objectivo subjacente a estas aquisições consiste usualmente em assegurar o sucesso da própria OPA, funcionando como mecanismo ancilar desta última, embora nada impeça, no rigor dos princípios, que o oferente persiga outras finalidades especiais: assim, em particular, a negociação através do ajuste directo pode servir melhor, seja os interesses do oferente (v.g., garantindo uma negociação firme com accionistas da visada titulares de participações importantes), seja os interesses dos próprios accionistas da visada (v.g., garantindo o seu anonimato, bem como assegurando que a transacção se realiza no momento e pelo montante de acções pretendido). Dado que tais aquisições podem colocar em cheque a igualdade de tratamento dos accionistas – mormente, quando o oferente tenha acordado com os accionistas fora de OPA condições de venda mais favoráveis do que aquelas que está a oferecer aos accionistas destinatários da OPA ("maxime", em matéria de preço) –, o direito comparado conhece disposições reguladoras específicas na matéria, sendo aqui também possível divisar, em abstracto, três tipos fundamentais de sistemas. Um primeiro sistema consiste na *proibição absoluta* de tais aquisições durante o decurso de qualquer tipo de OPA: tanto quanto saibamos, os Estados Unidos da América constituem actualmente o único país que perfilhou semelhante solução radical, ao estatuir que o oferente e entidades com ele relacionadas ("covered persons") estão impedidos de adquirir qualquer acção da sociedade visada, durante o período da oferta, seja em Bolsa ou através de negociação particular (cf. "SEC Rule" 14e-5)[56]. Um

---

54 Cf. Kenyon-Slade, Stephen, *Mergers and Takeovers in the US and UK: Law and Practice*, 622, Oxford University Press, New York, 2004. Sistemas similares, embora com limiares temporais e quantitativos diversificados, podem ainda ser encontrados noutras legislações: veja-se assim, por exemplo, o §31, Abs. III da "WpÜG" (*Alemanha*).
55 Para uma solução semelhante, vide o §26, Abs. I da "ÖÜbG" (*Áustria*).
56 Merece ser sublinhado que a actual regra (que veio substituir a regra 10b-13, por força da "SEC Mergers & Acquisitions Release" de 2000) excepciona, todavia, as aquisições rea-

segundo sistema, bastante menos intrusivo, consiste na *proibição relativa* a apenas determinados tipos de OPA: assim, por exemplo, em França, o oferente não pode intervir no mercado, mormente realizando aquisições pecuniárias, no caso de ofertas públicas cuja contrapartida seja em valores mobiliários (cf. art. 232-41 do "Règlement AMF")[57]. Finalmente, cumpre referir, todavia, que a esmagadora maioria das ordens jurídico--financeiras hodiernas optou por um terceiro tipo de sistema, que apelaríamos de *permissão condicionada*, consistente em permitir ao oferente a realização de aquisições fora de OPA uma vez observadas determinadas condições, entre as quais merecem destaque a obrigação de publicidade dos negócios aquisitivos e a relevância das respectivas contrapartidas (mormente, o preço) para efeitos da revisão da contrapartida oferecida em OPA ("best price rule"): tal foi a solução seguida, entre vários outros países, na Alemanha (§31, Abs. IV da "WpÜG")[58], na Áustria (§16, Abs. II da "ÖÜbG")[59], em Espanha (art. 32.º, n.º 5 do "Real Decreto 1066/2007")[60],

---

lizadas ao abrigo ou em execução de negócios celebrados pelo oferente anteriormente ao anúncio público preliminar de lançamento da oferta: como sublinha Stephen KENYON--SLADE, esta excepção é relevante, dado que permite afinal ao oferente garantir firme a venda das participações de determinados accionistas "("lock-up agreements") e assim assegurar antecipadamente uma posição estratégica confortável no capital da visada ("beachhead stake"), desde que os acordos negociais subjacentes hajam sido concluídos antes do anúncio preliminar e divulgados após este (*Mergers and Takeovers in the US and UK: Law and Practice*, 130, Oxford University Press, New York, 2004).
57 "Lorsque l'offre comporte en tout ou partie la remise de titres, les personnes concernées ne peuvent intervenir sur le marché des titres de capital ou donnant accès au capital de la société visée pendant la période d'offre. Du dépôt du projet d'offre jusqu'à la clôture de l'offre, elles ne peuvent pas intervenir sur le marché des titres de capital ou donnant accès au capital émis par la société dont les titres sont proposés en échange".
58 "Erwerben der Bieter, mit ihm gemeinsam handelnde Personen oder deren Tochterunternehmen innerhalb eines Jahres nach der Veröffentlichung gemäß § 23 Abs. 1 Satz 1 Nr. 2 außerhalb der Börse Aktien der Zielgesellschaft und wird hierfür wertmäßig eine höhere als die im Angebot genannte Gegenleistung gewährt oder vereinbart, ist der Bieter gegenüber den Inhabern der Aktien, die das Angebot angenommen haben, *zur Zahlung einer Geldleistung in Euro in Höhe des Unterschiedsbetrages verpflichtet*" (itálicos nossos).
59 "Gibt der Bieter oder ein mit ihm gemeinsam vorgehender Rechtsträger entgegen Abs. 1 eine Erklärung auf Erwerb zu besseren Bedingungen ab, so gilt dies als *Verbesserung* des öffentlichen Angebots zugunsten aller Empfänger" (itálicos nossos).
60 "Cuando la contraprestación de la oferta consista exclusivamente en efectivo, la adquisición por el oferente o por personas que actúen en concierto con el mismo, de valores objeto de la oferta por precio superior al fijado en el folleto o en sus modificaciones, determinará automáticamente la elevación del precio ofrecido hasta el más alto de los satisfechos. En tales casos deberán ampliarse, en cuanto proceda, las garantías que en su caso, hubiesen sido aportadas. La ampliación deberá hacerse efectiva en el plazo de tres días hábiles desde que se produjo la adquisición" (itálicos nossos).

em Inglaterra (regra 6.2 do "City Code")[61], em Itália (art. 42, "comma" 2 do "Regolamento Consob")[62], ou na Suíça (§10, Abs. 7 da "Verordnung der Übernahmekommission über öffentliche Kaufangebote" de 1997)[63]. Sublinhe-se que as formas e os graus desta permissão condicionada dos negócios aquisitivos à margem do processo da oferta variam bastante de país para país – v.g., consoante apenas se admitam negócios em mercado ("on-market transactions") ou também negócios particulares ("off-market transactions")[64], consoante se preveja uma revisão automática do preço da contrapartida ou apenas se abra caminho a essa revisão (mormente, por iniciativa da autoridade de supervisão), etc. –, sendo ainda de destacar a obrigatoriedade praticamente unânime de divulgação e publicidade dos referidos negócios aquisitivos.[65]

E qual a situação em *Portugal*? Claramente, o legislador português orientou-se pelo último dos sistemas referidos. O art. 180.º do CVM, sob a epígrafe "transacções na pendência da oferta", consagrou e regulou justamente os negócios aquisitivos das acções da sociedade visada durante a pendência da OPA fora do quadro do processo da própria oferta, através de negociação em mercado regulamentado ou de negociação particular. Quanto ao seu âmbito subjectivo, o preceito tem por sujeito activo o oferente (ou pessoas que com este estejam relacionados nos termos do art. 20.º, n.º 1 do CVM) (proémio do n.º 1 art. 180.º do CVM) e por sujeito

---

61 "If, after an announcement made in accordance with rule 2.5 and before the offer closes for acceptance, an offeror or any person acting in concert with it purchases shares at above the offer price (being then the current value of the offer), *it shall increase its offer to not less than the highest price paid for the shares acquired*" (itálicos nossos).
62 "Se gli offerenti, nel periodo compreso tra la comunicazione prevista dall'articolo 102, comma 1, del Testo Unico e la data del pagamento del corrispettivo, acquistano, direttamente, indirettamente o per interposta persona, gli strumenti finanziari oggetto di offerta, ovvero il diritto ad acquistarli anche a data successiva, a prezzi superiori al corrispettivo dell'offerta, *adeguano quest'ultimo al prezzo più alto pagato*" (itálicos nossos).
63 "Erwirbt der Anbieter von der Veröffentlichung des Angebotes bis sechs Monate nach Ablauf der Nachfrist Beteiligungspapiere der Zielgesellschaft zu einem über dem Angebotspreis liegenden Preis, so muss er diesen Preis *allen Empfängerinnen und Empfängern des Angebotes anbieten*" (itálicos nossos).
64 Assim, por exemplo, em Itália, a lei admite apenas intervenções aquisitivas do oferente à margem do processo da OPA desde que realizadas no mercado de bolsa, e não fora deste através de venda particular (art. 42, "comma" 1 do "Regolamento Consob"). A "ratio" desta limitação reside provavelmente no risco acrescido de as transacções fora de mercado serem formalizadas por um preço artificialmente baixo, resultante do conluio entre o oferente e o accionista alienante, sendo o diferencial satisfeito por outra via.
65 V.g., §23, Abs. I da "WpÜG" (*Alemanha*), no §16, Abs. V da "ÖÜbG" (*Áustria*), no art. 231-38 do "Règlement AMF" (*França*), ou no art. 41, "comma" 2, b) do "Regolamento Consob" (*Itália*).

passivo os *titulares das acções* da sociedade visada que são objecto da oferta (ou que integram a contrapartida) (art. 180.º, n.º 1, a) e b), e n.º 2 do CVM). Quanto ao seu âmbito objectivo, o preceito abrange fundamentalmente duas modalidades de aquisição: as aquisições em mercado regulamentado ("on-market transactions"), que o oferente é inteiramente livre de realizar por sua exclusiva e soberana iniciativa, ficando apenas sujeito a um dever de informação diário da autoridade de supervisão sobre tais aquisições (art. 180.º, n.º 1, b) do CVM); e as aquisições fora de mercado regulamentado ("off-market transactions"), que o oferente apenas poderá realizar com permissão prévia da autoridade de supervisão, coadjuvado de parecer da sociedade visada (art. 180.º, n.º 1, a) do CVM). Enfim – e para além das consequências específicas ou próprias de cada uma das modalidades aquisitivas, acabadas de referir (informação e autorização da CMVM) –, as aquisições fora da OPA estão ainda sujeitas a um regime jurídico comum e fundamental: as acções adquiridas fora de OPA são automaticamente tidas em conta para efeito do cômputo das quantidades mínimas obtidas em OPA (art. 180.º, n.º 2 do CVM) e as contrapartidas pagas fora de OPA (em mercado regulamentado ou através de negócio particular) poderão ser tidas em conta para efeitos de uma *revisão da contrapartida*, que será eventual nas ofertas voluntárias (por decisão da CMVM, quando aquela se mostre inequitativa: cf. art. 180.º, n.º 3, a) do CVM) e automática no caso das ofertas obrigatórias ("best price rule": cf. art. 180.º, n.º 3, b) do CVM).[66]

4.3. Igualdade em Caso de Transferência de Controlo

A encerrar este voo rasante sobre as paisagens do mandamento da paridade de tratamento dos accionistas nas ofertas públicas de aquisição, importa ainda fazer referência a uma derradeira e relevante dimensão do seu conteúdo jurídico-financeiro: a da *igualdade em caso de transferência de controlo* da sociedade visada.

Com efeito, é bem sabido que nos casos em que uma pessoa singular ou colectiva tenha adquirido o controlo jurídico ou fáctico de uma sociedade anónima aberta, aferido pela titularidade directa ou indirecta de participações significativas no capital votante desta, aquela fica obri-

---

66 Retenha-se ainda que a doutrina nacional e estrangeira tem considerado que às contrapartidas já pagas são equiparáveis, para estes efeitos, as contrapartidas meramente acordadas em contratos preliminares de aquisição, tais como pactos de opção, promessas de venda ou outros acordos de eficácia translativa diferida (entre nós, CÂMARA, Paulo, *Manual de Direito dos Valores Mobiliários*, 622, Almedina, Coimbra, 2009; noutros quadrantes, HAARMANN, Wilhelm/ SCHÜPPEN, Matthias (Hrsg.), *Frankfurter Kommentar zum WpÜG*, 720, 2. Aufl., RuW, Frankfurt am Main, 2005).

gada a lançar uma oferta pública de aquisição sobre a totalidade das acções dessa mesma sociedade (art. 187.º do CVM). Ora, ao impor ao titular do controlo societário um semelhante dever, o legislador pretendeu fundamentalmente assegurar uma igualdade de tratamento aos accionistas remanescentes ou "minoritários" da sociedade visada, que, de outro modo, quedariam cativos dos respectivos títulos ("exit right"), ficariam impedidos de desinvestir na empresa social em condições de preço idênticas às anteriormente praticadas ("best price rule") ou não partilhariam em termos equitativos o valor gerado pela transferência do domínio ("prémio de controlo"): a universalidade da OPA é, assim, no contexto das mudanças de controlo societário, um pressuposto da igualdade de tratamento dos accionistas da sociedade visada.[67]

O regime das ofertas públicas de aquisição obrigatória – que, segundo alguns, constitui mesmo um dos domínios onde o mandamento igualitário recebeu "uma concretização mais vigorosa" (Paulo CÂMARA)[68] – é complexo, não cabendo aqui senão uma breve alusão a dois aspectos onde tal mandamento mais claramente aflora. Por um lado, na delimitação do *perímetro subjectivo e objectivo* da oferta, ressalta a extensão legal do dever de lançamento de uma OPA obrigatória a todas as sociedades anónimas abertas (arts. 13.º e 187.º, n.º 1 do CVM) – e não apenas às chamadas "sociedades cotadas", ou seja, àquelas cujas acções se encontrem admitidas à negociação em mercado regulamentado (art. 13.º, n.º 1, c) do CVM) – e ainda a todos os outros valores mobiliários, que não acções, que confiram

---

[67] Fundamentando também a "ratio" do instituto da OPA obrigatória na igualdade de tratamento dos accionistas, vide, entre nós, CÂMARA, Paulo, *O Dever de Lançamento de Oferta Pública de Aquisição no Novo Código de Valores Mobiliários*, 245 e segs., in: AAVV, "Direito dos Valores Mobiliários", vol. II, 203-284, Coimbra Editora, 2000. Este entendimento, todavia, não é unânime, não faltando quem sustente que o mandamento igualitário deveria conduzir, muito justamente, ao resultado oposto. Como vimos inicialmente, aquele mandamento impõe uma "obrigação de diferenciação" consistente no tratamento igual das situações semelhantes e no tratamento desigual das situações dissemelhantes (cf. *supra* I., 1.): ora, um pouco na linha do adágio popular segundo o qual "quem mais arrisca mais petisca", alguns autores sustentam que o prémio de controlo não deveria ser repartido em termos idênticos entre todos os sócios, devendo antes os sócios controladores receber a parte de leão, já que são estes que mais investiram na sociedade, maiores riscos assumiram, e em maiores custos de "supervisão" (especialmente, da administração social) incorreram: cf. McCAHERY, Joseph/ RENNEBOOG, Luc/ RITTER, Peer / HALLER, Sascha, *The Economics of the Proposed European Takeover Directive*, espec. 620 e segs., in: AAVV, "Reforming Company and Takeover Law in Europe", 575-646, Oxford University Press, New York, 2004; convergindo na conclusão, embora com premissas parcialmente diversas, vide também GATTI, Matteo, *OPA e Struttura del Mercato del Controllo Societario*, 144 e segs., Giuffrè, Milano, 2004.

[68] *Manual do Direito dos Valores Mobiliários*, 586, Almedina, Coimbra, 2009.

o direito à respectiva aquisição ou subscrição – tais como, v.g., obrigações convertíveis em acções ou "warrants" autónomos atributivos de direitos de aquisição de acções: como parece evidente, semelhante extensão do perímetro legal subjectivo e objectivo tem como consequência uma ampliação do alcance do próprio mandamento geral da igualdade de tratamento. Por outro lado, na delimitação da *contrapartida* da oferta, o acolhimento da "best price rule", através da fixação legal de um limiar mínimo e imperativo: nos termos do art. 188.º, n 1, do CVM, a contrapartida de uma OPA obrigatória nunca poderá ser inferior ao preço mais alto pago pelo oferente ou entidades com ele concertadas durante os últimos seis meses anteriores ao anúncio (ou, caso superior, ao preço médio ponderado apurado em mercado regulamentado em igual período): ora, como também se afigura manifesto, a fixação de tal limiar mínimo assegura que, em matéria do preço das acções, os accionistas minoritários que pretendam sair da sociedade serão tratados em igualdade de circunstâncias com os accionistas maioritários ou controladores que negociaram anteriormente com o oferente a transmissão de lotes significativos ou de controlo de acções.[69]

---

[69] Com uma limitação embora, correctamente apontada por Paulo CÂMARA: é que o regime legal, se assegura a paridade de trato relativamente aos accionistas minoritários que decidam vender em OPA, já não o faz em relação àqueles que tenham alienado as suas acções antes desta (*O Dever de Lançamento de Oferta Pública de Aquisição no Novo Código de Valores Mobiliários*, 252, in: AAVV, "Direito dos Valores Mobiliários", vol. II, 203--284, Coimbra Editora, 2000). Sobre este regime jurídico, veja-se desenvolvidamente, por último, CÂMARA, Paulo, *Manual do Direito dos Valores Mobiliários*, 646 e segs., Almedina, Coimbra, 2009.

Resumo: Neste artigo, o autor estuda um tema de grande relevo prático: o da penhora de quotas e acções. É dada particular importância à articulação entre os regimes dispersos por vários diplomas legais, tendo sobretudo em conta a situação em que se encontra o sócio relativamente aos direitos sociais e os interesses dos credores, bem como os poderes do agente de execução.

Abstract: The author studies a subject of major practical importance: the judicial lien of shares. It is given special attention to the several Portuguese laws that have to be applied, considering not only the shareholder's *status* in what concerns his rights but also his creditors interests and the powers of the «agente de execução» (*enforcement agent*).

ALEXANDRE SOVERAL MARTINS[*]

Penhora de quotas e acções[1]

1. Introdução. A penhora de quotas e acções também é um problema de direito das sociedades

Como resulta do art. 821.º/1 do CPC, «estão sujeitos à execução todos os bens do devedor susceptíveis de penhora que, nos termos da lei substantiva, respondem pela dívida exequenda». Lendo os arts. 822.º e ss. do CPC, também se verifica que dificilmente as quotas ou acções serão bens não susceptíveis de penhora.

O credor do sócio de uma sociedade por quotas pode, assim, obter a penhora da quota do devedor e a sua venda ou adjudicação (cfr. o n.º 2 do art. 220.º, o n.º 1 do art. 228.º e o art. 239.º, todos do CSC, e ainda o n.º 6 do art. 862.º do CPC)[2].

[*] Professor da Faculdade de Direito da Universidade de Coimbra

---

[1] O presente texto exprime opiniões pessoais do autor e constitui um estudo com mera natureza científica e académica, pelo que não pode implicar a sua responsabilidade. O autor não está a dar neste texto conselhos ou recomendações. Os problemas analisados não dispensam os interessados nem do recurso a apoio especializado, nem da leitura das normas eventualmente aplicáveis ou da doutrina e jurisprudência relevantes. O texto que agora surge publicado foi concluído em 15 de Fevereiro de 2010. Queremos deixar já aqui uma palavra de profundo reconhecimento ao Doutor Miguel Mesquita, que, pacientemente, aceitou ouvir as nossas dúvidas e apreensões em matérias de Direito Processual Civil. É também devido um agradecimento ao Doutor Rui Pinto Duarte, desde logo pelas muito úteis sugestões bibliográficas.
[2] Além disso, deve admitir-se a possibilidade de o credor do sócio executar o direito aos lucros e à quota de liquidação a que o sócio teria direito. Nesse sentido, Ferrer Correia, *Lições de direito comercial*, II, João Abrantes, Coimbra, 1968, p. 76; V. G. Lobo Xavier, *Sumários de direito comercial*, 1990/91, ponto 137, a). Parece justificar-se aqui a aplicação por

Por sua vez, o credor de sócio de sociedade anónima pode também, em processo executivo, obter a penhora das acções de que aquele sócio seja titular (cfr. a al. e) do n.º 3 do art. 317.º, o n.º 5 do art. 328.º do CSC, e ainda a al. b) do n.º 2 do art. 102.º do CVM).

Não deixa de ser interessante sublinhar que a penhora de quotas (art. 862.º do CPC), a penhora de «valores mobiliários, escriturais ou titulados, integrados em sistema centralizado, registados ou depositados em intermediário financeiro ou registados junto do respectivo emitente» (art. 861.º-A, n.º 14, do CPC) e a penhora dos restantes valores mobiliários titulados (art. 857.º do CPC) surgem tratadas no CPC numa subsecção (V) dedicada à penhora *de direitos*.

Contudo, a quota e a acção não são apenas direitos ou sequer um conjunto de direitos, mas sim *participações sociais*: «conjunto unitário de direitos e obrigações actuais e potenciais do sócio (enquanto tal)»[3]. Esta noção vale, aliás, para qualquer tipo de sociedade comercial.

---

analogia do disposto no n.º 1 do art. 183.º do CSC. Veja-se, também, o teor do n.º 1 do art. 999.º do CCiv.

[3] Coutinho de Abreu, *Curso de direito comercial*, II, Almedina, Coimbra, 3.ª ed., 2009, p. 206, e, sobre a correspondência, «*grosso modo*», entre direitos potenciais/direitos abstractos e direitos actuais/direitos concretos, p. 206, nota 1. Cfr. tb. V.G. Lobo Xavier, *Anulação de deliberação social e deliberações conexas*, Atlântida, Coimbra, 1976, p. 177, nota 76 a, que parece aceitar a distinção. Referindo-se às «situações potenciais de qualquer relação duradoura», Pellizzi, «Sui poteri indisponibili della maggioranza assembleare», *RDCiv.*, 1967, I, p. 127; para a doutrina alemã, cfr. Gierke, *Deutsches Privatrecht*, I, Duncker & Humblot, München-Leipzig, 1936, p. 542, nota 41; Lehmann, *Das Recht der Aktiengesellschaften*, Bd. I, Scientia Verlag, Aalen, 1964, reed. da ed. de 1898, p. 246. Criticando a distinção entre direitos abstractos e concretos, cfr. Bertini, *Contributo allo studio delle situazioni giuridiche degli azionisti*, Giuffrè, Milano, 1951, p. 76 e ss.; Corapi, *Gli statuti delle società per azioni*, Giuffré, Milano, 1971, p. 249 e ss.; Raúl Ventura, «Reflexões sobre direitos dos sócios», *CJ*, 1984, II, p. 8. Como refere Nuno Pinheiro Torres, *Da transmissão de participações sociais não tituladas*, Universidade Católica Portuguesa, Porto, 1999, p. 25, «a participação social não funciona como pressuposto dos direitos, antes é ela própria a designação do conjunto desses direitos e, também, das obrigações». Em sentido próximo, considerando a *Mitgliedschaft* um complexo de direitos e deveres («Komplex von Rechten und Pflichten»), Lutter, *Kölner Kommentar zum Aktiengesetz*, Carl Heymanns, Köln-Berlin-Bonn-München, 1988, 2. Auf., § 68, Rn. 2, p. 851 (complexo que é visto como uma soma e também designado por *Aktie*: *op.* e *loc. cit.*, p. 855); de complexo (*Komplex*) de direitos e deveres falava também Wieland, *Das Aktienbuch und der Rechtsübergang nach dem revidierten Obligationenrecht*, Helbing & Lichtnhahn, Basel, 1945, p. 16; para uma leitura da *Mitgliedschaft* como conjunto de direitos e deveres «actuais e potenciais», Lutter, «Theorie der Mitgliedschaft», *AcP*, 1980, p. 99. Sobre a distinção entre direitos actuais e potenciais, cfr., por exemplo, Manuel de Andrade/Ferrer Correia, «Suspensão e anulação de deliberações sociais. Anotação», *RDES*, 1947-48, p. 351; Ferrer Correia, «A representação dos menores sujeitos ao pátrio poder na assembleia geral das sociedades comerciais», *Estudos jurídicos*, II, Almedina, Coimbra, 2.ª

A participação social integra direitos de carácter «patrimonial», direitos de carácter «administrativo» [4] ou «não patrimoniais» e obrigações. O facto de este complexo não ter natureza homogénea não é, só por si, obstáculo a que o Direito o trate unitariamente [5]: por exemplo, quanto à sua transmissão ou quanto à constituição de penhor ou usufruto sobre a participação. Porém, como o sócio se pode relacionar com a sociedade como um terceiro, a participação social apenas compreende os direitos e obrigações do sócio *enquanto tal*.

Se aceitamos que a participação social é o «conjunto unitário de direitos e obrigações actuais e potenciais do sócio (enquanto tal)», isso não exclui que essa participação social tenha como fundamento uma «participação» no capital social e que se entenda que os direitos e obrigações derivam ou resultam dessa «participação». O termo «participação» serve para exprimir a ideia de participação nos lucros e nas obrigações de carácter patrimonial, bem como a possibilidade de participação na vida da sociedade pelo exercício de direitos e cumprimento de deveres de carácter não patrimonial. Mas também invoca a contribuição do sócio para a formação do capital social.

A penhora é um acto de «*apreensão judicial de bens do executado*» [6]. Actualmente cabe, em regra, ao agente de execução proceder à penhora de bens:

---

ed., 1985, p. 74, que considera os direitos potenciais como expectativas. Raúl Ventura, «Reflexões sobre direitos dos sócios», cit., p. 8, preferia falar em fases da vida dos direitos dos sócios

4 Para uma crítica a esta terminologia, cfr. Coutinho de Abreu, *Curso de direito comercial*, II, cit., p. 208, em texto e em nota, fazendo antes a distinção entre direitos de «participação», «patrimoniais» e «de controlo». Nos direitos «administrativos» referidos no texto estarão incluídos os direitos «de controlo». Preferindo falar de «*poderes patrimoniais e poderes administrativos*», Pedro Pais de Vasconcelos, *A participação social nas sociedades comerciais*, Almedina, Coimbra, 2006, 2.ª ed., p. 367.

5 Afirmam o carácter unitário da participação social, entre muitos outros, em Portugal, Maria João Romão Carreiro Vaz Tomé, «Algumas notas sobre as restrições contratuais à livre transmissão de acções», *Direito e Justiça*, 1989-90, p. 211; Oliveira Ascensão, *Direito comercial*, IV, Lisboa, 2000, p. 253; Coutinho de Abreu, *Curso de direito comercial*, II, cit., p. 206; Pedro Pais de Vasconcelos, *A participação social nas sociedades comerciais*, cit., p. 438; na Itália, Ferrara, «La personalità giuridica», *RDC*, 1910, I, p. 117; Cottino, «Prestazioni accessorie e poteri dell'assemblea», *Riv. Soc*, 1962, p. 18; na Alemanha, Lutter, «Theorie der Mitgliedschaft», cit., p. 85; Schmidt, *Gesellschaftsrecht*, Carl Heymanns, Köln-Berlin-Bonn-München, 2002, 4. Auf., p. 550.

6 Lebre de Freitas, *A acção executiva. Depois da reforma da reforma*, Coimbra Editora, Coimbra, 5.ª ed., 2009, p. 205. Já Alberto dos Reis, *Processo de execução*, vol. 2.º, Coimbra Editora, Coimbra, 1954, p. 89, considerava ser a penhora um acto de apreensão judicial de bens. Miguel Mesquita, *Apreensão de bens em processo executivo e oposição de terceiro*, Almedina, Coimbra, 2.ª ed., 2001, p. 60, na linha de Anselmo de Castro, torna claro que em sentido

é, aliás, a ele que cabe, «salvo quando a lei determine o contrário, efectuar todas as diligências de execução [...]» (n.º 1 do art. 808.º do CPC).

A manutenção da penhora de quotas e acções coloca ao intérprete interessantes questões relativamente ao exercício dos direitos de sócio e ao cumprimento dos deveres inerentes à participação social. É certo que, como se lê no art. 819.º do CC, «sem prejuízo das regras do registo, são inoponíveis à execução os actos de disposição, oneração ou arrendamento dos bens penhorados» [7]. Mas, para além disso, enquanto se mantiver a penhora das participações sociais, qual o papel do sócio, do depositário, do agente de execução, do Tribunal? Que dizer também quanto à posição em que fica colocada a sociedade? O tratamento destes problemas obriga a percorrer o CPC, o CSC e, no que diz respeito às acções, o CVM.

A análise que se segue pressupõe que apenas se aplica a lei portuguesa.

2 A Penhora de Quotas

2.1. A penhora de quotas no CPC

Sobre a penhora de quotas, são poucas as informações específicas que podemos colher no CPC. Com efeito, o n.º 6 do art. 862.º do CPC dispõe apenas o seguinte: «Na penhora de quota em sociedade, além da comunicação à conservatória de registo competente, nos termos do n.º 1 do artigo 838.º, é feita a notificação da sociedade, aplicando-se o disposto no Código das Sociedades Comerciais quanto à execução da quota».

Assim, a penhora da quota implica a *comunicação à Conservatória do Registo Comercial*. Como a comunicação deve ser feita nos termos do n.º 1 do art. 838.º, isso significa que a mesma terá lugar por *comunicação electrónica do agente de execução* ao serviço de registo competente, ou através de apresentação no mesmo serviço de *declaração subscrita pelo agente de execução* [8]. É por aquela comunicação electrónica ou por esta declaração que a

---

amplo a penhora é «um *procedimento* enxertado no processo e que se extingue no momento em que atinge o seu objectivo último: a *vinculação* dos bens ao processo, assegurando a viabilidade dos futuros actos executivos». Nesse procedimento, distingue o autor uma fase inicial e preparatória «que compreende a escolha (nomeação) dos bens e o despacho que ordena a penhora» e uma «fase da *apreensão* do bem ou dos bens previamente escolhidos (*fase constitutiva da penhora*)».

7 Sobre a substituição da «ineficácia» pela «inoponibilidade», cfr. MANUEL JANUÁRIO DA COSTA GOMES, «Penhora de direitos de crédito. Breves notas», *A reforma da acção executiva*, Themis, 7, 2003, p.116.
8 Cfr. tb. o art. 29.º-B do CRC.

penhora é *realizada*. A penhora deve ser então *registada* e deve ser lavrado *auto da penhora realizada*: cfr. art. 836.º e o n.º 3 do art. 838.º, ambos do CPC. O registo da penhora da quota não será assim efectuado pela sociedade nem a esta tem de ser solicitada a promoção do mesmo.

Para além disso, a penhora é *notificada à sociedade*. Com essa notificação, a penhora produz efeitos em relação à sociedade mesmo que ainda não tenha sido realizada a inscrição no registo. E essa notificação coloca a sociedade na posição de poder eventualmente amortizar a quota penhorada, se assim o permitir o contrato de sociedade [9]. Pensamos também que a notificação da penhora à sociedade deve ser feita com a «expressa advertência» de que a quota fica à ordem do agente de execução (n.º 1 do art. 862.º do CPC, com as devidas adaptações) e que abrange os direitos patrimoniais a ela inerentes (n.º 1 do art. 239.º do CSC).

2.2. A penhora de quotas no CSC

2.2.1. *Penhora de quotas, direitos patrimoniais e constituição de depositário*

O n.º 1 do art. 239.º do CSC trata dos direitos abrangidos (ou não) pela penhora da quota. A grande distinção que importa relembrar é, para este efeito, a que é realizada entre direitos *patrimoniais* e direitos *não patrimoniais*[10].

Retira-se daquele preceito que os direitos *patrimoniais* inerentes à quota são, em princípio, abrangidos pela penhora da quota. No entanto, não são apenas esses direitos que são abrangidos. Decorre claramente da lei que *a quota é o objecto da penhora*, e os direitos *patrimoniais* que lhe são inerentes *são abrangidos* pela penhora da quota.

Veja-se que, caso houvesse intenção de considerar penhorados apenas os direitos patrimoniais, teria sido adoptada uma redacção semelhante à que encontramos no n.º 1 do art. 999.º do CC: «[...] o credor particular

---

[9] Cfr. o n.º 2 do art. 239.º do CSC. Não concordamos assim com Tiago Soares da Fonseca, *Código das Sociedades Comerciais Anotado*, coord. António Menezes Cordeiro, Almedina, Coimbra, 2009, p. 626, na parte em que o autor afirma que só com a notificação à sociedade da decisão que determine a venda da quota é que os sócios e/ou a sociedade podem optar, entre outras coisas, pela amortização da quota.

[10] Abrangemos nos direitos não patrimoniais os «*direitos de participação* (nas deliberações sociais e em órgãos de administração e de fiscalização)» e os «direitos de controlo (direito de informação, direitos de acção judicial)» de que nos fala Coutinho de Abreu, *Curso de direito comercial*, II, cit., p. 208.

do sócio apenas pode executar o direito deste aos lucros e à quota de liquidação» [11].

Mas não será abrangido pela penhora da quota o *direito a lucros já atribuídos* por deliberação dos sócios à data da penhora. Contudo, mesmo esse *direito a lucros já atribuídos pode ser penhorado* enquanto direito de crédito, agora nos termos previstos no art. 856.º do CPC.

A quota é penhorada com os direitos patrimoniais a ela inerentes. Isto é, não são *apenas* os direitos patrimoniais inerentes que são penhorados, mas *também eles*, integrados na quota. O direito a lucros já atribuídos por deliberação dos sócios à data da penhora, porque é considerado autonomizado (concretizado, actual), não é abrangido naquela penhora da quota: «Temos a solução por inopugnável, pois seria manifestamente injusto privar o sócio executado desses lucros; nem mesmo faria sentido ligar o seu destino ao da quota executada, uma vez que já desta se autonomizaram» [12].

Os *direitos patrimoniais* inerentes à quota que são abrangidos pela penhora da mesma são de natureza muito variada. Aí podemos incluir, obviamente, o direito a *lucros ainda não atribuídos por deliberação dos sócios à data da penhora*. Mas também será esse o caso do *direito de subscrição preferencial* em aumento de capital a realizar em dinheiro mas ainda não deliberado (cfr. arts. 267.º e 458.º, n.º 3). E ainda serão direitos patrimoniais inerentes à quota o direito às *quantias distribuídas aos sócios em consequência de uma redução de capital* [13], bem como o direito ao *lucro final ou de liquidação*.

O n.º 1 do art. 239.º do CSC também permite defender que a penhora da quota abrange a quota com o novo valor nominal resultante de aumento de capital por incorporação de reservas e a nova quota que seja criada [14]. O mesmo se diga quanto à nova quota ou ao aumento do valor nominal da

---

11 Usa o mesmo argumento Raúl Ventura, *Sociedades por quotas*, I, Almedina, Coimbra, 1993 (reimp.), p. 767 e 769.
12 Ferrer Correia/V. Lobo Xavier/António Caeiro/M. Ângela Coelho, *Sociedade por quotas de responsabilidade limitada. Anteprojecto de lei – 2.ª redacção e exposição de motivos*, RDE, 3, 1977, p. 224.
13 Para a Itália, considerando que há «estensione del pignoramento alle somme rimborsate», Rivolta, «Pignoramento di azioni o di quote e variazioni del capitale sociale», *RDCiv.*, 1988, I, p. 817.
14 No sentido de que as novas acções resultantes de um aumento de capital com utilização de reservas ficam sujeitas à penhora que incidia sobre as acções anteriores, para a Itália, De Ferra, «L'espropriazione dei titoli azionari», *Riv. Soc.*, 1962, p. 995.

quota em caso de exercício do direito de subscrição preferencial [15]. Trata-se, ao fim e ao cabo, da reafirmação de um princípio que está subjacente ao disposto no art. 842.º do CPC: «A penhora abrange o prédio com todas as suas partes integrantes e os seus frutos [...]».

O que significa, porém, dizer que os direitos *patrimoniais* são *abrangidos* pela penhora? Antes de mais, significa que tais direitos *ficam à ordem do agente de execução*: é esse o regime que encontramos no art. 856.º/1 do CPC para a penhora de créditos e no art. 857.º do CPC para a penhora de títulos de crédito. Mas isso não quer dizer que o titular da quota deixe de ser titular após a penhora. Como não quer dizer também que o titular da quota deixe de ser titular dos direitos patrimoniais inerentes à quota.

Atendendo ao regime previsto no CSC, há que perguntar se a penhora de quota implica a *constituição de depositário*.

Lebre de Freitas [16] defende que a penhora de quota *pode* implicar a constituição de depositário «pelo menos» sempre que *a quota careça de ser administrada*. Mas não se deverá antes dizer que a constituição de depositário deve ter lugar *em regra*, pois *em regra* a quota terá de ser administrada?

Lembramos o que atrás foi dito: os direitos *patrimoniais* são abrangidos pela penhora e com isso *ficam à ordem do agente de execução*. No que diz respeito ao exercício dos direitos *patrimoniais*, a *administração* da quota por depositário judicial tem sentido. Aqueles direitos patrimoniais são abrangidos pela penhora e haverá naturalmente que cuidar da administração quanto a eles, ainda que seja por curto período de tempo.

Em relação à quota, não basta afirmar que os direitos patrimoniais ficam à ordem do agente de execução. Consideramos, com efeito, que o agente de execução deve ser constituído *depositário da quota*. O art. 863.º do CPC manda aplicar à penhora de «direitos» o disposto para a penhora de coisas imóveis e móveis. Ora, o n.º 1 do art. 839.º claramente dispõe que em regra é «constituído depositário dos bens o agente de execução ou, nos casos em que as diligências de execução são realizadas por oficial de justiça, pessoa por este designada [...]». Para além disso, a quota não deixa de ser um «bem». E, por outro lado ainda, é preferível ter o depositário já constituído caso surjam problemas quanto à administração da quota [17].

---

[15] A existência de um direito de subscrição preferencial levanta curiosas dificuldades quanto ao respectivo exercício, tendo em conta a situação do sócio e a posição do agente de execução (quanto à escolha entre alienar o direito ou exercê-lo; quanto à pessoa que o vai exercer; etc.). A isto voltaremos noutra ocasião.

[16] LEBRE DE FREITAS, *A acção executiva. A reforma da reforma*, cit., p. 257.

[17] Na redacção do n.º 1 do art. 862.º do CPC anterior às alterações introduzidas pelo DL 329-A/95, podia ler-se que na «penhora de quota em sociedade, a notificação é feita à própria sociedade, servindo de depositário a pessoa que em nome da sociedade receba a

2.2.2. Penhora de quota e direitos não patrimoniais

No que diz respeito aos *direitos não patrimoniais*, o n.º 1 do art. 239.º do CSC apenas contém menção ao direito de *voto* [18]. E, quanto a este, dispõe que o mesmo «continua a ser exercido pelo titular da quota penhorada» [19]. Trata-se de um aspecto do regime que deve ser realçado. Relativamente ao *exercício* desse direito, fica claro que ele *não cabe ao agente de execução ou sequer ao Tribunal*. E por isso ao sócio deve ser concedida a possibilidade de exercer o direito de voto.

No entanto, importa averiguar se o exercício do direito de voto pelo titular da quota penhorada está sem mais sujeito ao regime geral: ao regime que vale para os titulares das quotas não penhoradas. Se o art. 239.º/1 do CSC estabelece que o titular da quota é que vai exercer o direito de voto, já não resulta do mesmo preceito que esse exercício terá lugar *nos termos gerais*.

O exercício do direito de voto permanece com o titular da quota porque «atribuir o exercício desses direitos à própria sociedade é logicamente impossível; atribuí-los ao credor exequente implica a intromissão de um estranho na vida da sociedade» [20]. Daí não decorre que o sócio possa exercer o direito de voto para afectar os interesses protegidos na execução.

---

notificação». E sobre isto escrevia Eurico Lopes-Cardoso, *Manual da acção executiva*, 3.ª ed. (Reimpressão), Almedina, Coimbra, 1992, depois de lembrar que a notificação da sociedade deveria ser realizada «na pessoa de um dos seus gerentes»: «Cumprir-lhe-á exercer, com a diligência e zelo exigidos pelo artigo 843.º, n.º 1, os direitos sociais inerentes à quota, inclusivamente o de intervir e votar em assembleias gerais». Considerando, para o arrolamento de quota, que «o depositário fica incumbido da administração dessa mesma quota, conforme disposto no artº 843º, nº 1, aplicável ex vi artº 424º, nº 5, do CPC, onde se definem os deveres daquele», cfr. o Ac. RP de 13.03.2000, CJ, II, 2000, p. 200 (Relator: Desembargador Caimoto Jácome).

18 Andou melhor, na nossa opinião, o legislador cabo-verdiano, que, no n.º 2 do art. 307.º do Código das Empresas Comerciais (consultámos versão aprovada pelo Decreto-Legislativo nº 3/99, de 29 de Março), esclarece que todos os «direitos de carácter não patrimonial inerentes à quota» serão exercidos pelo sócio «até à venda ou adjudicação» da quota.

19 Em Portugal, Margarida Costa Andrade, «A incindibilidade da participação social nas sociedades anónimas», *Estudos em comemoração do 10.º aniversário da licenciatura em direito da Universidade do Minho*, Almedina, Coimbra, 2004, p. 506, invoca, entre outros, o art. 239.º do CSC para defender a cindibilidade do conteúdo das participações sociais, mas nada parece haver ali que permita sustentar a referida cindibilidade. Como lembrava Raúl Ventura, *Sociedades por quotas*, I, 2.ª ed., Almedina, Coimbra, 1989, p. 769, «o alcance do preceito é apenas determinar pragmaticamente quem deve exercer os direitos não patrimoniais inerentes à quota».

20 Raúl Ventura, *Sociedades por quotas*, I, cit., p. 769.

Sendo certo que o exercício do direito de voto pelo titular da quota pode ter consequências no valor da quota [21].

Quanto ao exercício dos restantes direitos não patrimoniais (direito à informação, direito à impugnação de deliberações sociais, etc.), parece justificar-se o mesmo regime que vale quanto ao direito de voto, por analogia [22]. E a justificação está na razão de ser do regime relativo ao exercício do direito de voto: *evitar a intromissão de estranhos na vida da sociedade*.

Mas o que está em causa agora é apenas o *exercício* dos direitos. Se a quota for alienada no âmbito do processo de execução, o novo titular passa a ser titular dos direitos e obrigações que integram a participação social, *incluindo os direitos não patrimoniais*. E isto é assim porque a penhora da quota não deixa de abranger os direitos não patrimoniais, embora o seu exercício caiba ao titular da quota penhorada [23].

Relativamente ao exercício do direito de voto (e dos que devam seguir o mesmo regime), sabemos que continua a pertencer ao titular da quota. Mas qual é a *margem de liberdade do titular da quota* no exercício daquele direito?

Uma primeira alternativa seria a de considerar que o titular da quota estaria a actuar como mero *colaborador do depositário*, nos termos do previsto no art. 843.º/3 do CPC [24]. Parece, porém, que esta solução não seria desejável, pois a lei estaria a obrigar o agente de execução a suportar um colaborador. E, consequentemente, surgiriam problemas na definição do regime da actuação de cada um.

Uma outra leitura a ponderar é a que considera que o titular da quota, para o referido efeito (para o exercício do direito de voto), deve ter tratamento análogo ao que é dado ao depositário. Ficaria assim sujeito ao dever de administrar «com a diligência e zelo de um bom pai de família e com a obrigação de prestar contas» [25]. A aplicação por analogia do regime vigente para a actuação do depositário levaria a pensar que poderia ser

---

[21] Pense-se, por exemplo, numa deliberação que limite ou suprima o direito de subscrição preferencial dos sócios em aumento de capital a realizar em dinheiro: cfr. o n.º 4 do art. 266.º do CSC.

[22] Defendendo antes a interpretação extensiva, designadamente quanto ao exercício do direito à informação e de impugnar deliberações sociais, TIAGO SOARES DA FONSECA, *Código das Sociedades Comerciais Anotado*, Almedina, Coimbra, 2009, p. 626. Lembre-se, porém, que a nulidade das deliberações dos sócios pode ser invocada por qualquer interessado.

[23] Julgamos ser este o entendimento também de TIAGO SOARES DA FONSECA, *Código das Sociedades Comerciais Anotado*, cit., p. 626.

[24] «O agente de execução pode socorrer-se, na administração dos bens, de colaboradores, que actuam sob sua responsabilidade».

[25] Art. 843.º/1 do CPC.

retirado ao titular da quota o exercício do direito de voto, tendo em conta o disposto no n.º 1 do art. 845.º do CPC.

O problema assume particular interesse quando estejam em causa deliberações «que impliquem disposição ou oneração da quota», diminuição do seu valor ou alteração do contrato de sociedade [26].

Para Lebre de Freitas, nos casos referidos o titular da quota não pode tomar parte nas deliberações. Julgamos que essa é uma solução demasiado rigorosa, visto que o CSC não faz essa discriminação no art. 239.º.

Não nos parece, também, que a sujeição *sem mais* do titular da quota a todo o regime do depositário quanto ao exercício do direito de voto e dos restantes direitos não patrimoniais seja a solução mais adequada. Seria a forma de fazer entrar pela janela da sociedade o que não se quis deixar entrar pela porta.

A razão de ser da manutenção do exercício do direito de voto com o titular da quota é clara: *não deixar que um estranho venha exercer o direito de voto*, assim se garantindo que *a legitimação para o exercício do direito de voto anda a par da titularidade* da quota.

Mas, se o titular da quota exercer o direito de voto de tal forma que *se torne manifesta a insuficiência da quota*, a penhora poderá ser *reforçada* ou *substituída*, nos termos do art. 834.º, 3, do CPC.

Também nos parece que o titular da quota fica sujeito, *por analogia*, ao dever de «administrar os bens com a diligência e zelo de um bom pai de família». Se o não cumpre, pode inclusivamente ser obrigado a indemnizar os danos que causar. Aquele dever pode ser convocado quando esteja em causa, por exemplo, o exercício do direito de voto no âmbito da tomada de deliberações relativamente a aumentos ou reduções de capital, supressão de direito de subscrição preferencial, fusão, cisão, transformação ou dissolução da sociedade [27].

Quanto aos actos de *alienação* ou *oneração* da quota, vale certamente o regime geral constante do art. 819.º do CC: «Sem prejuízo das regras do registo, são inoponíveis à execução os actos de disposição, oneração ou arrendamento dos bens penhorados».

Contudo, essa inoponibilidade não parece abranger os *actos da própria sociedade*. Quanto a estes, o art. 823.º do CC reveste-se de alguma utilidade: «Se a coisa penhorada se perder, for expropriada ou sofrer diminuição de

---

26 Lebre de Freitas, *A acção executiva. Depois da reforma da reforma*, Coimbra Editora, Coimbra, 2009, 5.ª ed., p. 256, nota 28.
27 Sendo igualmente de levantar o problema de saber se a sociedade pode sempre tomar deliberações sobre esses assuntos quando estejam penhoradas quotas cujo valor seja afectado por aquelas deliberações, com prejuízo para os interesses prosseguidos na execução.

valor, e, em qualquer dos casos, houver lugar a indemnização de terceiro, o exequente conserva sobre os créditos respectivos, ou sobre as quantias pagas a título de indemnização, o direito que tinha sobre a coisa».

Apesar de tudo o que foi por nós dito, e que julgamos ser aquilo que se extrai das regras aplicáveis, achamos que a possibilidade deixada ao titular da quota de exercer o direito de voto e os outros direitos não patrimoniais com grande margem de actuação não é a preferível, *de jure condendo*. O interesse dos credores dos sócios poderia ser acautelado de forma mais intensa se o agente de execução, pelo menos em certas circunstâncias, exercesse esses direitos ou pudesse condicionar o seu exercício, sendo o interesse da sociedade protegido pelo controlo que caberia ao juiz de execução. Este é um caminho sobre o qual se impõe reflectir.

2.2.3. A amortização da quota penhorada

Tendo em conta o teor do art. 819.º do CC acima reproduzido, poderia o intérprete ser levado a concluir que o mesmo *impedia a amortização* de quota penhorada.

Porém, a solução que se extrai do CSC é outra. Resulta do n.º 2 do art. 239.º do CSC que o contrato de sociedade pode «atribuir à sociedade o direito de amortizar quotas em caso de penhora»[28]. Para que essa amortização tenha lugar, não é necessário esperar pela notificação da decisão judicial «que determine a venda da quota em processo de execução [...]» (n.º 4 do art. 239.º do CSC), nem é necessário que a cláusula do contrato de sociedade só preveja a possibilidade de amortização para o caso de haver decisão judicial a determinar a venda da quota.

A previsão no contrato de sociedade da possibilidade de amortização da quota penhorada constitui uma via que permite evitar a entrada para a colectividade de sócios de alguém que viesse a adquirir a quota penhorada posteriormente vendida no âmbito da execução[29].

Contudo, a previsão da possibilidade de amortizar a quota em caso de penhora não é sinónimo de tranquilidade. É que mesmo essa amortização

---

28 Pelo contrário, o preceito referido no texto torna também claro que não são admissíveis cláusulas do contrato de sociedade que proíbam ou limitem a transmissão de quotas em processo executivo ou de liquidação de patrimónios e que essa transmissão não fica dependente do consentimento da sociedade.

29 Veja-se ainda o n.º 3 do art. 239.º do CSC, estabelecendo que «A sociedade ou o sócio que satisfaça o exequente fica sub-rogado no crédito, nos termos do artigo 593.º do Código Civil». Aquela «satisfação» do exequente também permitirá afastar o perigo que recai sobre a sociedade. Na Alemanha, para uma cláusula que prevê a possibilidade de amortização gratuita de quota penhorada se a sociedade paga ao credor, cfr. BAUMBACH/HUECK, *GmbHG*, § 15, Anm. 61, Beck, München, 2010, p. 335.

deve respeitar o disposto no art. 236.º do CSC relativamente à «ressalva» do capital social.

A possibilidade de amortização da quota penhorada obriga a ter cautelas no que diz respeito ao pagamento da contrapartida. Para evitar a tentação de redigir o contrato de sociedade em termos que impliquem prejuízos para o exequente, o n.º 2 do art. 235.º do CSC estabelece que a *contrapartida* a pagar pela amortização será ou a *fixada de acordo com o disposto no n.º 1* respectivo, ou a *fixada nos termos previstos no contrato de sociedade se forem menos favoráveis para a sociedade* (ou, por interpretação extensiva, se forem menos favoráveis para o sócio ou terceiro adquirente, visto que se aplica aqui, também, o n.º 5 do art. 232.º do CSC).

Se a contrapartida deve ser calculada de acordo com o disposto no n.º 1 do art. 235.º do CSC, isso significa que o valor da mesma é o «valor de liquidação da quota, determinado nos termos do artigo 105.º, n.º 2, com referência ao momento da deliberação» [30], e que a contrapartida será paga «em duas prestações, a efectuar dentro de seis meses e um ano, respectivamente, após a fixação definitiva da contrapartida».

Amortizada a quota, a sociedade tem de *pagar* a contrapartida. A quem a deve pagar? Ao antigo titular executado, com o inerente risco de extravio do dinheiro? [31] Ou deve depositar a quantia à ordem do agente de execução, se o houver?

A solução que parece mais coerente é a de considerar que o direito à contrapartida da amortização ainda é *um direito patrimonial inerente à quota*. E esse direito é abrangido pela penhora da quota.

Como a penhora de direitos se rege pelo disposto relativamente à penhora de créditos [32], deve entender-se que *os direitos patrimoniais ineren-*

---

[30] A remissão para os «termos do artigo 105.º, n.º 2» não é fácil de entender. Este último preceito não fixa «termos» para a determinação de valores, pois remete por sua vez para os «termos do artigo 1021.º do Código Civil». No entanto, o cálculo a que se refere o art. 105.º, n.º 2, deve ser realizado «por um revisor oficial de contas designado por mútuo acordo ou, na falta deste, pelo tribunal». Se esta parte do preceito também se aplica ao cálculo do valor da contrapartida em caso de amortização, perguntar-se-á se o acordo mútuo deve ser celebrado entre a sociedade e o titular da quota (pois não é claro que o direito de celebrar esse acordo seja um direito... não patrimonial). Caso deva ser celebrado com o titular da quota, também é preciso perguntar se esse acordo é livre, tendo em conta que a quota está penhorada.

[31] Sobre este problema, escrevia José Martins da Fonseca, «Amortização de quotas penhoradas», *RMP*, 33-34, 1988, p. 116 e s.: «a entrega ao executado do valor da quota amortizada possibilitaria o seu extravio por parte deste, em prejuízo do penhorante, o que evidentemente a nossa lei não deverá permitir».

[32] Art. 860.º-A, n.º 1, do CPC.

tes à quota ficam à ordem do agente de execução [33]. E por isso a contrapartida deve ser depositada «em instituição de crédito à ordem do agente de execução ou, nos casos em que as diligências de execução sejam realizadas por oficial de justiça, da secretaria» [34].

2.2.4. Deliberação de amortização e exercício de direito de voto

Vimos que é ao titular da quota penhorada que continua a caber o exercício do direito de voto. Mas poderá ele votar quanto à proposta de amortização da quota penhorada?

O n.º 1 do art. 251.º do CSC não identifica expressamente o caso da deliberação sobre amortização de quota como um dos que determinam a existência de impedimento de voto. Tudo está, pois, em saber se, tendo em conta a cláusula geral do n.º 1 do art. 251.º[35], há uma situação de conflito de interesses com a sociedade quando a matéria da deliberação seja a amortização de quota penhorada [36].

Claro que se está a apurar se há conflito partindo de uma avaliação prévia, objectiva. Como afirma COUTINHO DE ABREU, estão em causa «casos em que há *divergência* entre o interesse (objectivamente avaliado) do sócio e o interesse (objectivamente avaliado também) da sociedade» [37].

Para Raúl Ventura[38], a enumeração contida no art. 251.º do CSC é «*taxativa relativamente a todas as deliberações de sócios cujo objecto se encontra previsto no CSC, quer em preceitos isolados, quer no art. 246.º*». Ora, a amortização de quotas está prevista em vários preceitos: nos arts. 232.º e ss., e

---

[33] Art. 856.º, n.º 2, do CPC.
[34] Art. 860.º, n.º 1, al. a), do CPC. Citamos novamente JOSÉ MARTINS DA FONSECA, «Amortização de quotas penhoradas», cit., p. 118: «se o valor respectivo não for posto à disposição do Tribunal, então tudo se passa como se o sócio não o tivesse recebido. A sociedade fica obrigada a ressarcir o exequente ou a depositar à ordem do Tribunal aquele quantitativo já anteriormente pago ao sócio, a menos que este o faça, sem embargo de tal dever co-existir por parte do executado».
[35] A *GmbHG*, no seu § 47, Abs. IV, não contém uma cláusula geral. No sentido de que apenas se aplica às situações nele previstas («umfasst nur abschließend aufgezählte Fälle»), FISCHER/GERBER, *Beck'sches Handbuch der GmbH*, Beck, München, 2009, p. 198; mas ROTH, *GmbHG Kommentar*, 6. Auf., Beck, München, 2009, § 47, p. 839, Rn. 55, já considera ser essa uma «Grundsatzfrage».
[36] Defendendo a existência do impedimento, COUTINHO DE ABREU, *Curso de direito comercial*, II, Almedina, Coimbra, 2009, p. 245.
[37] COUTINHO DE ABREU, *Curso de direito comercial*, II, cit., p. 243-244. Em sentido próximo, cfr. RAÚL VENTURA, *Sociedades por quotas*, II, Almedina, Coimbra, 1996, p. 297-298: «O interesse do sócio apura-se objectivamente, não importando o interesse em sentido subjectivo, isto é o interesse que em concreto tenha certo sujeito em determinada situação».
[38] *Sociedades por quotas*, II, cit., p. 286.

no próprio art. 246.º. Assim, segundo aquela leitura, o sócio não estaria impedido de votar se a deliberação incidisse sobre a amortização da sua quota.

Deveremos concordar com a posição de Raúl Ventura? É certo que a solução que adopta garante maior certeza e segurança. Contudo, não parece razoável que a lei contenha uma cláusula geral com a amplitude da prevista no n.º 1 do art. 251.º se o sentido da mesma fosse o defendido pelo referido Professor. Claramente existe na lei a intenção de, por um lado, esclarecer o regime quanto a um conjunto de situações ali enumeradas, mas às quais foi dado, por outro lado, um sentido puramente exemplificativo. Nem seria justificável que, noutros casos previstos no CSC em que aquele conflito de interesses pode existir, o mesmo fosse legalmente tido como não existente.

No Ac. STJ de 04.V.1993, foi sufragada a tese segundo a qual a amortização de quotas, «em princípio, não é abrangida pela referida regra, visto que não resulta, necessariamente, de uma situação de conflito de interesses do titular para com a sociedade» [39]. No entanto, também surge afirmado no mesmo aresto que no n.º 1 do art. 251.º do CSC teve «acolhimento a interpretação fixada ao disposto no n.º 3 do artigo 39.º da Lei de 11 de Abril de 1901 – Lei das Sociedades por Quotas – pelo assento do Supremo Tribunal de Justiça de 26 de Maio de 1961, publicado no *Boletim do Ministério da Justiça*, n.º 107, a pág. 352, ou seja, a de que "o sócio só estava impedido de votar sobre assuntos em que tivesse um interesse pessoal, individual, oposto ao da sociedade» [40].

O interesse da sociedade, tendo em conta a cláusula do contrato de sociedade que permite a amortização de quota penhorada, será o de poder avaliar se deve ou não impedir que tenha lugar ou a entrada no colectivo de sócios, por meio da venda em processo executivo, de um estranho, ou a alteração do actual equilíbrio de poderes na sociedade.

E qual será, nos casos em análise, o interesse do sócio titular da quota? Julgamos acertado afirmar que o titular da quota penhorada terá o interesse «pessoal, individual» [41], de ver obtido através da quota o maior valor

---

[39] *BMJ*, 427 (1993), p. 522.
[40] Para fundamentar a posição tomada no referido Assento, o Supremo argumentava assim: «A proibição de votar refere-se aos assuntos que directamente digam respeito ao sócio. Esses assuntos são unicamente aqueles que envolvem um interesse directo, imediato, do sócio considerado como pessoa particular, como simples indivíduo, e só mediatamente interessam ao sócio, própria e rigorosamente nesta qualidade. São assuntos que, desse modo, provocam um interesse do sócio oposto ao da sociedade».
[41] Ou extra-social («außergesellschaftlichen»: Roth, *GmbHG Kommentar*, cit., § 47, p. 838, Rn. 55).

possível: ou mediante o pagamento, pela sociedade, da contrapartida da amortização, ou mediante a eventual venda no âmbito do processo de execução.

Assim, quanto mais alto for o valor obtido, mais facilmente o sócio verá satisfeitos os seus credores. O sócio titular da quota *não apreciará a matéria em causa tendo em conta se é ou não mais vantajoso para a sociedade* a entrada de um novo sócio ou a alteração de poderes na sociedade [42].

Em concreto, o sócio até poderia vir a votar no sentido da amortização: e, com isso, pode estar a votar em sentido que é favorável ao interesse da sociedade. No entanto, atendendo ao que move o sentido do voto do sócio titular da quota penhorada, existe certamente, à partida, um perigo acrescido, um risco, que a lei quis evitar. E daí ser de afirmar a existência de um impedimento de voto [43].

2.2.5. *O direito de preferência na venda ou adjudicação judicial da quota*

Quando deva ter lugar a venda ou adjudicação judicial da quota penhorada, o n.º 5 do art. 239.º do CSC atribui aos restantes sócios, em primeiro lugar, e, seguidamente, à sociedade ou pessoa por esta designada, um direito de preferência. Trata-se de um direito de preferência legal: um direito real de aquisição.

Uma vez determinada a venda da quota no processo de execução [44], tal decisão judicial deve ser «oficiosamente notificada à sociedade»: cfr. o n.º 4 do art. 239.º do CSC.

O n.º 1 do art. 892.º do CPC [45] também estabelece que «os titulares do direito de preferência, legal ou convencional com eficácia real, na alienação dos bens são notificados do dia, da hora e do local aprazados para a abertura das propostas, a fim de poderem exercer o seu direito no próprio acto, se alguma proposta for aceite».

---

[42] Nesse sentido, pode falar-se aqui de uma divergência entre interesse da sociedade e interesse do sócio.

[43] Raúl Ventura, *Sociedades por quotas*, II, cit., p. 251, dizia precisamente que «Teoricamente, é possível que, se ao sócio fosse permitido votar, o seu voto seria exercido em conformidade com o mais puro interesse da sociedade; a lei presume, porém, que tendo de escolher entre o interesse comum dos sócios e o seu interesse pessoal, o sócio actue para satisfazer o segundo, em detrimento do primeiro [ ]»

[44] Quanto às várias teorias sobre quem é o vendedor relativamente à venda em processo executivo, cfr. Alberto dos Reis, «Da venda no processo de execução», ROA, 1941, p. 410 e ss.

[45] Que, segundo n.º 2 do art. 886.º do CPC, se aplica «a todas as modalidades de venda, exceptuada a venda directa». Sobre as dificuldades que o recurso às várias modalidades coloca no que diz respeito aos valores mobiliários, cfr. Alexandre Brandão da Veiga, *Transmissão de valores mobiliários*, Almedina, Coimbra, 2004, p. 76 e ss..

3. A Penhora de Acções

1.1. A penhora de acções no CPC

1.1.1. *As acções abrangidas pelo disposto no n.º 14 do art. 861.º-A*

O n.º 14 do art. 861.º-A do CPC [46] manda aplicar «à penhora de valores mobiliários, escriturais ou titulados, integrados em sistema centralizado, registados ou depositados em intermediário financeiro ou registados junto do respectivo emitente» o regime dos números anteriores (1 a 13, para os quais aqui se remete), excepto a al. b) do n.º 5 [47].

As acções, a partir do momento em que se acham representadas por documentos em papel ou por registos em conta, são valores mobiliários[48]. E, por isso, aquele n.º 14 obriga a distinguir entre (i) acções escriturais integradas em sistema centralizado/acções escriturais registadas em intermediário financeiro/acções escriturais registadas junto do respectivo emitente; (ii) acções tituladas integradas em sistema centralizado/acções tituladas depositadas em intermediário financeiro; (iii) acções tituladas não integradas em sistema centralizado nem depositadas em intermediário financeiro. Estas últimas (iii) não estão sujeitas ao regime do art. 861.º-A do CPC, mas sim ao que dispõe o art. 857.º do mesmo Código («A penhora de direitos incorporados em títulos de crédito e valores mobiliários titulados não abrangidos pelo n.º 14 do artigo 861.º-A realiza-se (...)».

As *acções escriturais integradas em sistema centralizado* estão registadas em conta de registo individualizado de valores mobiliários aberta junto de intermediário financeiro que está integrada no sistema centralizado [49].

---

[46] Na redacção dada pelo DL n.º 226/2008, de 20 de Novembro. O art. 861.º-A foi aditado pelo DL 329-A/95, de 12 de Dezembro. M. JANUÁRIO DA COSTA GOMES, «Penhora de direitos de crédito. Breves notas», Themis, n.º 7, 2003, p. 124, já afirmava: «O novo art. 861-A, com os seus 12 (!) números, desanima o intérprete desprevenido». Que mais desanimado ficará agora com os actuais 14 (!!!) números. Cfr. ainda, sobre o art. 861-A do CPC, REMÉDIO MARQUES, «A penhora de créditos na Reforma Processual de 2003, referência à penhora de depósitos bancários», Themis, v.9, 2004, vol. II, p. 144 e ss.

[47] Que, por tratar da preferência a dar às contas de depósito a prazo sobre as contas de depósito à ordem, não teria sentido aplicar a propósito da penhora de valores mobiliários.

[48] Cfr. o art. 1.º, al. *a*), o art. do CVM. Mas também as acções ainda não representadas, embora não sejam valores mobiliários, são penhoráveis. Quanto aos casos em que, depois da penhora, passa a haver representação, para a Espanha, cfr. SÁNCHEZ-PARODI PASCUA, «Prenda y embargo de acciones», *Derecho de sociedades anónimas*, II, *Capital y acciones*, vol. 2, Civitas, Madrid, 1994, p. 828-829.

[49] Art. 61.º, a), do CVM. Os valores mobiliários escriturais admitidos à negociação em mercado regulamentado são obrigatoriamente integrados em sistema centralizado: art. 62.º CVM.

Um sistema centralizado de valores mobiliários é um conjunto de contas e contém, pelo menos, as seguintes: a) contas de emissão, abertas no emitente; b) contas de registo individualizado abertas junto de intermediários financeiros autorizados; c) contas de controlo da emissão abertas junto da entidade gestora do sistema centralizado por cada um dos emitentes; d) contas de controlo das contas de registo individualizado que os intermediários financeiros abrem junto da entidade gestora do sistema centralizado[50].

Quanto às *acções escriturais registados em intermediário financeiro* (que só pode ser o *registo num único intermediário financeiro* de que trata o art. 63.º do CVM), nuns casos é obrigatório, noutros é facultativo. Será obrigatório sempre que as acções, não estando integradas em sistema centralizado, forem acções escriturais ao portador e acções distribuídas através de oferta pública [51]. E, claro, se as acções estão admitidas à negociação em mercado regulamentado, não podem estar registadas num único intermediário financeiro: nesse caso, será obrigatória a integração em sistema centralizado. O intermediário financeiro em que serão efectuados os registos individualizados previstos no artigo 63.º do CVM será indicado pelo emitente.

No que diz respeito às acções escriturais registadas junto do respectivo emitente [52], as mesmas serão necessariamente nominativas. Como vimos, as acções escriturais ao portador que não estejam integradas em sistema centralizado são obrigatoriamente registadas num único intermediário financeiro: nunca junto do respectivo emitente. E isto compreende-se na medida em que as acções ao portador não conferem ao emitente a faculdade de conhecer a todo o tempo a identidade dos titulares [53]. Ora, se as acções escriturais ao portador estivessem registadas junto do emitente, é fácil de perceber que haveria clara contradição entre as duas soluções.

Por sua vez, as acções tituladas podem ou não estar depositadas e, em certos casos, devem mesmo estar depositadas. Assim, é obrigatório o depósito de acções tituladas admitidas à negociação em mercado regulamentado: esse depósito deve ser efectuado em sistema centralizado [54]. Também é obrigatório o depósito de acções «quando toda a emissão ou série seja representada por um só título»: nesse caso, o depósito deve ter

---

50 Cfr. o art. 91.º do CVM.
51 As outras duas hipóteses previstas no art. 63.º/1 do CVM não terão aqui sentido (estamos a falar dos valores mobiliários emitidos conjuntamente por mais de uma entidade – sendo no entanto estimulante pensar em tal alternativa –, e das unidades de participação em instituição de investimento colectivo).
52 Art. 64.º do CVM.
53 Art. 52.º/1.
54 Cfr. art. 99.º/2, a) do CVM.

lugar em intermediário financeiro ou em sistema centralizado [55]. Mesmo quando o depósito das acções em sistema centralizado não seja obrigatório, esse depósito pode ter lugar por iniciativa do emitente [56].

Se os títulos de acção foram integrados em sistema centralizado (obrigatoriamente integrados ou integrados por iniciativa do emitente), ficam sujeitos ao «disposto para os valores mobiliários escriturais integrados em sistema centralizado» [57].

Por sua vez, o titular das acções tituladas pode também efectuar o depósito das acções em intermediário financeiro autorizado [58]. Mas se o depósito não é obrigatório, o titular também pode manter consigo os títulos de acção.

Importa esclarecer o que devemos entender por acções registadas junto do respectivo emitente. Estas só poderão ser as acções escriturais nominativas. As acções escriturais ao portador não podem ser registadas junto do emitente, como vimos. E as acções tituladas nominativas que se transmitem segundo o regime previsto no art. 102.º não são acções registadas: o que se regista, nesses casos, é a transmissão das acções, sendo a representação das acções efectuada através do título.

1.1.2. *A exigência de despacho judicial a ordenar a penhora.*
A comunicação electrónica

A penhora de acções, escriturais ou tituladas, integradas em sistema centralizado, registadas ou depositadas em intermediário financeiro ou registadas junto do respectivo emitente deve ser antecedida de *despacho judicial* a ordenar a penhora, o qual pode «integrar-se no despacho liminar» [59].

O regime do art. 861.º-A/1 do CPC tem sido justificado com a necessidade de proteger o sigilo bancário [60]. Se assim for, a exigência de despacho não tem sentido quanto às acções *registadas junto do respectivo emitente*.

---

55 Art. 99.º/2, b) do CVM. Quanto aos casos em que parece admissível a representação de toda a emissão ou série por um só título, cfr. ALEXANDRE SOVERAL MARTINS, *Cláusulas do contrato de sociedade que limitam a transmissibilidade das acções. Sobre os arts 328.º e 329.º do CSC*, Almedina, Coimbra, 2006, p. 125, nota 155.
56 Art. 99.º/1, b) do CVM.
57 Art. 105.º do CVM.
58 Art. 99.º, 1, a) do CVM.
59 Art. 861.º-A/1, que o n.º 14 manda aplicar. Ao abrigo do regime contido na reforma de 2003, REMÉDIO MARQUES, «A penhora de créditos na Reforma Processual de 2003, referência à penhora de depósitos bancários», cit., p. 163, nota 63, também defendia a «necessidade da *autorização do juiz*» («segundo parece»).
60 Cfr. LEBRE DE FREITAS, *A acção executiva. Depois da reforma da reforma*, cit., p. 244.

Não há, aí, qualquer sigilo bancário a proteger. Nessa medida, parece-nos defensável uma *restrição teleológica* do preceito, de forma a excluir do seu âmbito de aplicação os casos referidos [61].

Proferido o despacho a ordenar a penhora, esta é efectuada, preferentemente por comunicação electrónica. A notificação é realizada «directamente às instituições de crédito, com a menção expressa de que o saldo existente, ou a quota-parte do executado nesse saldo, fica cativo desde a data da notificação e, sem prejuízo do disposto no n.º 10, só pode ser movimentada pelo agente de execução [...]» [62]. Nos casos em que os valores mobiliários estão registados junto do emitente, será este que deve ser directamente notificado (mais não seja, por analogia).

Recebida a notificação, «a entidade notificada deve, no prazo de 10 dias, comunicar ao agente de execução o montante dos saldos existentes ou a inexistência de conta ou saldo, comunicando, seguidamente, ao executado, a penhora efectuada» [63].

Julgamos também necessário que seja sempre efectuada a notificação da sociedade emitente das acções penhoradas, aplicando-se por analogia, nessa parte, o disposto no n.º 6 do art. 862.º do CPC. E faz todo o sentido que assim seja, tendo em conta os direitos que compõem a acção enquanto participação social e abrangidos na penhora de acções [64].

1.1.3. *Os títulos de acção não abrangidos pelo n.º 14 do art. 861.º-A: o art. 857.º do CPC*

Tratando-se de títulos de acção não integrados em sistema centralizado nem depositados em intermediário financeiro, tem lugar a aplicação do

---

61 Rui Pinto, «Penhora e alienação de outros direitos», *Themis*, 7, 2003, p. 139, considerava duvidosa e excessiva exigência de despacho judicial para os valores mobiliários registados em geral.

62 N.º 6 do art. 861.º-A do CPC.

63 N.º 8 do art. 861.º-A do CPC; o n.º 14 manda aplicar aos casos nele previstos os números anteriores, com excepção da al. b) do n.º 5; por sua vez, o n.º 1 remete para o regime da penhora de créditos no que não estiver especialmente regulado no art. 861.º-A. Defendendo que, para os valores mobiliários registados, vale ainda o regime da penhora de móveis sujeitos a registo, Rui Pinto, «Penhora e alienação de outros direitos», *A reforma da acção executiva*, cit., p. 139 (o autor considera, por exemplo, que deve «a entidade responsável pelo sistema centralizado ou o emitente, consoante o caso, inscrita a penhora e observado o disposto no n.º 5, enviar ao agente de execução [ ] documentos de certificação de registo e uma certidão de ónus – n.º 2 do art. 838.º».

64 Sobretudo se aceitarmos que o n.º 1 do art. 239.º é aplicável por analogia à penhora de acções. Não se esqueça também que o art. 83.º do CVM prevê a possibilidade de os direitos inerentes aos valores mobiliários escriturais (ou sujeitos a esse regime) serem exercidos através da entidade registadora ou pela apresentação de certificados emitidos por estas.

regime contido no art. 857.º do CPC. A penhora das acções realiza-se «mediante a apreensão do título, ordenando-se ainda, sempre que possível, o averbamento do ónus resultante da penhora» [65].

A apreensão terá lugar pelo agente de execução, sem despacho prévio do juiz [66]. Por sua vez, o «averbamento» poderá ocorrer, na nossa opinião e no que diz respeito às acções, quando estas sejam nominativas.

O termo «averbamento» era usado no art. 168.º do Código Comercial de 1888: «§ 1.º - A propriedade e a transmissão das acções nominativas não produzirá efeitos para com a sociedade e para com terceiros senão desde a data do respectivo averbamento no livro de que trata este artigo». Ou seja: o averbamento tinha lugar no livro de registo (fundamentalmente, de registo das acções).

Como é sabido, hoje em dia as acções tituladas nominativas a que se aplica o art. 102.º do CVM transmitem-se «por declaração de transmissão, escrita no título, a favor do transmissário, seguida de registo junto do emitente ou junto de intermediário financeiro que o represente» (n.º 1)[67].

E o art. 103.º do CVM acrescenta que «A constituição [...] de quaisquer situações jurídicas que onerem os valores mobiliários titulados é feita nos termos correspondentes aos estabelecidos para a transmissão da titularidade dos valores mobiliários».

Não há assim referência, nos arts. 102.º e 103.º do CVM, a qualquer «averbamento». No entanto, não é difícil aceitar que o «averbamento» que surge referido no n.º 1 do art. 857.º do CPC será, para as acções tituladas

---

65 Art. 857.º/1 do CPC. No sentido de que a falta de apreensão do título de crédito conduz a nulidade «de segundo grau», cfr. o Ac. STJ de 24.03.1992 já citado. Quanto à aplicação das «normas que regulam a entrega efectiva de coisa móvel não sujeita a registo» à apreensão dos títulos de crédito, cfr. RUI PINTO, «Penhora e alienação de outros direitos», *A reforma da acção executiva*, cit., p. 137.

66 PAULA MEIRA LOURENÇO, «Penhora e outros procedimentos de apreensão de valores mobiliários: implicações do novo regime da acção executiva», *Direito dos Valores Mobiliários*, VI, Coimbra Editora, Coimbra, 2006, p. 271, afirma: «Por força do disposto no artigo 863.º do CPC, a apreensão destes valores mobiliários titulados regula-se pelo regime jurídico aplicável à penhora de coisas móveis não sujeitas a registo, previsto nos artigos 848.º a 850.º do CPC, ou seja, também aqui se pode invocar a presunção de titularidade do valor mobiliário titulado que se encontre em poder do executado no momento da apreensão/penhora (artigo 848.º, n.º 2, do CPC), e aplicar todas as regras relativas à entrada forçada no domicílio do executado ou de terceiro (artigo 848.º, n.º 3, do CPC), à cooperação do exequente (artigo 848.º-A do CPC) e aos obstáculos à penhora (artigo 850.º, n.º 1, do CPC)».

67 Trata-se aqui de um registo da transmissão, não de um registo da acção (do valor mobiliário). Por isso, não é aplicável o n.º 14 do art. 861.º-A do CPC.

nominativas que estejam em causa, o «registo junto do emitente ou junto de intermediário financeiro que o represente».

Veja-se que o termo «averbamento» ainda surge utilizado no âmbito do processo para «averbamento» de acções e obrigações regulado nos arts. 1490.º e ss. do CPC. Também aqui se trata de um «averbamento» a realizar pela sociedade emitente.

Interessa agora perguntar quem é que tem competência para ordenar o averbamento do ónus resultante da penhora: o agente de execução ou o juiz?

Ao agente de execução cabe «efectuar todas as diligências de execução» (n.º 1 do art. 808.º do CPC). E ordenar o averbamento não surge, no art. 809.º do CPC, como matéria reservada à competência do juiz de execução. Assim, parece-nos que o próprio agente de execução ordena o averbamento, em consonância com o facto de caber «ao agente de execução, em regra (salvo quando a lei determine diversamente) efectuar todas as diligências do processo»[68]. Para além disso, o n.º 1 do art. 857.º dá a entender que quem ordena o averbamento é quem realiza a penhora, mediante apreensão. Se, porém, a entidade registadora não efectuar aquele averbamento, deverá o agente de execução solicitar a intervenção do juiz de execução.

Se não é ordenado o averbamento ou, tendo-o sido, o mesmo não chega a ser efectuado, deve ou não considerar-se que a penhora está efectuada?

É certo que o art. 103.º do CVM parece conduzir no sentido de que o «averbamento» (leia-se, o registo) é necessário para que se considere constituída a penhora: «A constituição [...] de quaisquer situações jurídicas que onerem os valores mobiliários titulados é feita nos termos correspondentes aos estabelecidos para a transmissão da titularidade dos valores mobiliários». E se defendermos que a transmissão dos valores mobiliários titulados nominativos abrangidos pelo art. 102.º do CVM só tem lugar após o registo junto do emitente ou de intermediário financeiro que o represente, então parece que a solução teria de ser também essa para a constituição da penhora.

Contudo, o n.º 1 do art. 857.º do CPC conduz o intérprete noutro sentido. A penhora ali prevista «realiza-se mediante a apreensão do título».

---

[68] EDUARDO PAIA/HELENA CABRITA, *O processo executivo e o agente de execução*, Coimbra Editora, Coimbra, 2009, p. 29. O que se escreve não significa que concordemos com a actual extensão das competências do agente de execução. Desde logo, porque «a conflitualidade de pretensões de interesses a bens nem sempre é acautelada ou dirimida de modo definitivo através das estruturas processuais de composição declarativa»: cfr. ALFREDO DE SOVERAL MARTINS, *Processo e direito processual executivo*, Centelha, Coimbra, 1984-85, p. 12. Mas essa era conversa que nos levava muito longe.

O «averbamento», por seu turno, surge apenas como um acto adicional. Melhor: o que a lei prevê como acto adicional é que seja ordenado o averbamento. Lebre de Freitas e Armindo Ribeiro Mendes fazem uma leitura semelhante: «Tal como a penhora dos títulos de crédito, a dos valores mobiliários titulados não depositados consiste na sua apreensão material, sem prejuízo de acessoriamente se fazer o seu averbamento e a notificação do devedor» [69]. Aceitar esta interpretação não significa entrar em contradição se também se defende que o registo previsto no art. 102.º do CVM é necessário para que a transmissão ocorra. É que o art. 857.º do CPC surge como lei especial perante o disposto no CVM.

O art. 103.º do CVM faz surgir ainda uma outra dificuldade. Se a constituição da penhora é feita «nos termos correspondentes aos estabelecidos para a transmissão da titularidade» das acções, isso significa que nos títulos deve ser colocada, não uma declaração de transmissão, a favor do transmissário, mas sim uma declaração de que as acções estão penhoradas à ordem do agente de execução, por analogia com o disposto no n.º 1 do art. 856.º do CPC («A penhora de créditos consiste na notificação ao devedor [...] de que o crédito fica à ordem do agente de execução»).

E quem deverá colocar a declaração da penhora no título de acção? O n.º 2 do art. 102.º do CVM dispõe que a «declaração de transmissão entre vivos é efectuada: a) Pelo depositário, nos valores mobiliários em depósito não centralizado, que lavra igualmente o respectivo registo na conta do transmissário; b) Pelo funcionário judicial competente, quando a transmissão dos valores mobiliários resulte de sentença ou de venda judicial; c) Pelo transmitente, em qualquer outra situação». Esta última alternativa não tem sentido tratando-se de penhora de acções. Sobram as outras duas.

A primeira alternativa (declaração efectuada pelo depositário) poderia justificar-se tendo em conta o que se vai ver a seguir: os títulos apreendidos serão depositados em instituição de crédito (n.º 3 do art. 857.º do CPC) e, depois, essa mesma instituição de crédito poderia colocar a declaração de penhora nos títulos.

Contudo, essa solução não parece avaliar devidamente que a al. a) do n.º 2 do art. 102.º do CVM tem em vista valores mobiliários que já estão

---

[69] José Lebre de Freitas/Armindo Ribeiro Mendes, *Código de Processo Civil Anotado*, 3.º, Coimbra Editora, Coimbra, 2003, p. 453, que, a propósito dos títulos de crédito, diziam: «O averbamento do ónus resultante da penhora, quando o título é nominativo, e a notificação do terceiro devedor, quando o título tem natureza obrigacional (letra, livrança), são actos acessórios da penhora, mas que estão já para além dela». Também no sentido de que a penhora «*tem-se por realizada no momento da apreensão*», Rui Pinto, «Penhora e alienação de outros direitos», *A reforma da acção executiva*, cit., p. 137.

depositados quando tem lugar a transmissão: trata-se de um depósito não centralizado, mas ainda assim um depósito concebido como um dos sistemas de controlo de valores mobiliários previstos no CVM. Não é disso que se trata no n.º 3 do art. 857.º do CPC.

Por isso, embora a penhora das acções abrangidas pelo art. 857.º do CPC não pressuponha a existência de sentença ou venda judicial, sempre é um acto do processo. Daí que nos pareça mais adequado aplicar à penhora de acções tituladas nominativas a al. *b*) do n.º 2 do art. 102.º do CVM, por remissão feita no art. 103.º do CVM. Assim, a declaração de penhora deverá ser colocada nos títulos pelo funcionário judicial competente [70].

Depois de apreendidos os títulos de acção, há que verificar se os mesmos deverão ser «depositados em instituição de crédito, à ordem do agente de execução ou, nos casos em que as diligências de execução são realizadas por oficial de justiça, da secretaria» [71].

Na verdade, o n.º 3 do art. 857.º do CPC prevê esse regime para os títulos de crédito apreendidos. E as acções tituladas são, como vimos, valores mobiliários. Mas também são títulos de crédito [72], pelo que se

---

[70] Parece justificar-se, neste âmbito, uma actualização do CVM, adequando-o ao que no CPC se estabelece quanto aos poderes do agente de execução.

[71] N.º 3 do art. 857.º do CPC.

[72] Nesse sentido, cfr., por exemplo, Mário de Figueiredo, *Caracteres gerais dos títulos de crédito e seu fundamento jurídico*, França Amado, Coimbra, 1919, p. 10; Vaz Serra, «Títulos de crédito», *BMJ*, 60.º, cit., p. 43 e s.; Id., «Acções nominativas e acções ao portador», *BMJ*, 176.º, cit., p. 36 («são títulos de crédito, mas sem aplicação das regras destes que sejam incompatíveis com a especial natureza e função das acções»); Fernando Olavo, *Direito Comercial*, II, 2.ª parte, Fascículo I, cit., p. 7; V. G. Lobo Xavier, «Acção», *Pólis*, v. I, Verbo, Lisboa, c. 67; João Labareda, *Das acções das sociedades anónimas*, AAFDL, Lisboa, 1988, p. 8, que invoca também o disposto no art. 484.º do Código Comercial; Pereira de Almeida, *Direito comercial*, 3.º vol., AAFDL, Lisboa, 1988, p. 20; Nogueira Serens, *Notas sobre a sociedade anónima*, Universidade de Coimbra/Coimbra Editora, Coimbra, 1997, 2.ª ed., p. 18; Pedro Pais de Vasconcelos, «As obrigações no financiamento da empresa», *Problemas do direito das sociedades*, Almedina, Coimbra, 2002, p. 326, em nota; José Engrácia Antunes, *Os títulos de crédito. Uma introdução*, Almedina, Coimbra, 2009, p. 9; considerando que a lei se referia, no n.º 1 do art. 857.º do CPC (redacção anterior à reforma de 2003), aos títulos de crédito em sentido amplo, englobando os valores mobiliários, Teixeira de Sousa, *Acção executiva singular*, Lex, Lisboa, 1998, p. 275. Já Pinto Furtado, *Títulos de crédito. Letra. Livrança. Cheque*, Almedina, Coimbra, 2000, p. 12, entende que as acções não são «em rigor, títulos de crédito», enquanto Coutinho de Abreu, *Curso de direito comercial*, II, cit., p. 223, nota 30, manifesta maiores cautelas, dizendo que «talvez se deva entender não filiar aquelas acções nesses títulos». Por sua vez, Nuno Pinheiro Torres, *Da transmissão de participações sociais não tituladas*, p. 26, em texto sustenta que só quanto aos direitos já autonomizados da participação social é que a acção funciona «não como título de legitimação mas como verdadeiro título de crédito», mas, na nota 25, afirma que não questiona a natureza das acções como títulos de crédito «pois nem todos os títulos incorporam um direito a uma

justifica a apreensão [73]. Para além do mais, essa será a forma de garantir a guarda dos títulos por quem se dedica a essa actividade com os meios adequados [74].

Nem se diga que no n.º 1 do art. 857.º do CPC ficou estabelecida uma dicotomia insuperável entre títulos de crédito e valores mobiliários titulados. O próprio preceito não contrapõe uns aos outros em termos de exclusão recíproca («penhora de direitos incorporados em títulos de crédito e valores mobiliários titulados»). É possível que um valor mobiliário titulado seja título de crédito. As acções são valores mobiliários (art. 1.º do CVM), mas também são títulos de crédito (art. 484.º do CCom).

Embora a lei não o diga, a sociedade emitente deve também ser notificada da penhora, mais uma vez aplicando por analogia, nessa parte, o n.º 6 do art. 862.º do CPC.

1.2. A penhora de acções no CVM

1.2.1. *Acções escriturais*

Comecemos por ver o que resulta do CVM quanto à penhora de acções escriturais. Estas, como sabemos, são *registadas em conta* aberta em nome

---

prestação pecuniária». O STJ aceitou também que os títulos de acção são títulos de crédito: cfr. o Ac. STJ de 24.03.1992, in www.dgsi.pt (relator: Conselheiro Beça Pereira). Para informações relativamente a outros ordenamentos jurídicos, cfr. o nosso *Cláusulas do contrato de sociedade que limitam a transmissibilidade das acções*, cit., p. 134 e ss., nota 173.

73 Defendendo que «no particular contexto normativo do art. 857.º CPCiv, a categoria dos "títulos de crédito" já não inclui figuras tradicionais como as acções e obrigações, uma vez que estas integram o conteúdo da categoria alternativa dos "valores mobiliários"», Carolina Cunha, *Letras e livranças: paradigmas actuais e recompreensão de um regime*, Dissertação, Coimbra 2009, p. 514. Cremos, no entanto, que o art. 857.º do CPC não obriga a essa leitura em termos de absoluta «alternativa»: ou preto, ou branco. Pensamos que o n.º 1 do art. 857.º do CPC pretende, isso sim, é não deixar alguma coisa de fora no que diz respeito às duas categorias. A letra da lei acaba por conduzir nesse sentido: veja-se o «e», utilizado em vez do «ou».

74 Não parece adequado considerar que é a instituição de crédito a depositária dos títulos de crédito (mas veja-se, neste sentido, Rui Pinto, «Penhora e alienação de outros direitos», *A reforma da acção executiva*, cit., p. 137). Uma coisa é o depositário como figura do processo executivo, outra o depositário no âmbito de um contrato de depósito. É o que resulta do n.º 1 do art. 848.º do CPC: «A penhora de coisas móveis não sujeitas a registo é realizada com a efectiva apreensão dos bens e a sua imediata remoção para depósitos, assumindo o agente de execução que efectuou a diligência a qualidade de fiel depositário». Mas o depósito para onde sejam removidas as coisas móveis não tem de pertencer ao agente de execução, como é óbvio.

do titular. E é aberta uma conta por cada categoria de acções. Nessa conta, será efectuada a menção [75] da penhora realizada.

No que diz respeito aos valores mobiliários escriturais, e portanto também às acções escriturais, lê-se no art. 82.º do CVM que a penhora será realizada «preferencialmente mediante comunicação electrónica à entidade registadora, pelo agente de execução, de que os valores mobiliários ficam à ordem deste»[76].

As acções escriturais objecto de penhora estão sujeitas a bloqueio enquanto se mantiver a penhora[77]. O bloqueio «consiste num registo em conta, com indicação do seu fundamento, do prazo de vigência e da quantidade de valores mobiliários abrangidos»[78]. Do bloqueio resulta que «a entidade registadora fica proibida de transferir os valores mobiliários bloqueados» enquanto vigorar o bloqueio[79].

Ora, as acções escriturais transmitem-se por registo em conta. Assim sendo, o bloqueio, ao impedir a transferência, parece impedir também a transmissão: não se trata de mera ineficácia relativa.

1.2.2. Acções tituladas

No que diz respeito às acções tituladas, não há no CVM um preceito de teor análogo ao do art. 82.º do CVM. Como vimos, este último apenas se aplica directamente aos valores mobiliários escriturais.

No entanto, se as acções tituladas estão integradas em sistema centralizado de valores mobiliários, as mesmas, já o sabemos também, ficam sujeitas, por força do art. 105.º do CVM, ao disposto para os valores mobiliários escriturais integrados em sistema centralizado e, portanto, também ao art. 82.º do mesmo Código. A penhora será assim realizada «preferencialmente mediante comunicação electrónica à entidade registadora, pelo agente de execução, de que os valores mobiliários ficam à ordem deste» [80]

Para além disso, o art. 82.º do CVM deve aplicar-se também às acções tituladas «quando toda a emissão ou série seja representada por um só título», que será obrigatoriamente depositado em intermediário financeiro se não estiver integrado em sistema centralizado [81]. Isto porque nes-

---

[75] O termo «menção» é usado precisamente no art. 68.º/2 do CVM.
[76] Art. 82.º do CVM.
[77] Art. 72.º/1, c) do CVM.
[78] Art. 72.º/3 do CVM.
[79] Art. 72.º/4 do CVM.
[80] Art. 82.º do CVM.
[81] Art. 99.º, n.º 2, al. b) do CVM. No que diz respeito às acções de uma sociedade anónima, essa representação de «toda a emissão ou série» por um só título não levantará problemas se se trata de constituir uma sociedade anónima unipessoal ou se todo o aumento

ses casos «aplica-se o regime dos valores mobiliários escriturais registados num único intermediário financeiro» [82].

Há, no entanto, outros casos em que os títulos estão (podem estar) depositados. Basta ler a al. *a*) do n.º 1 do art. 99.º do CVM para vermos que *o depósito também pode ter lugar em intermediário financeiro autorizado por iniciativa do respectivo titular*. Ainda assim, como o n.º 14 do art. 861.º-A do CPC também é aplicável aos valores mobiliários titulados depositados em intermediário financeiro, o regime contido no referido preceito resulta que a penhora será aqui igualmente realizada «preferentemente, por comunicação electrónica e mediante despacho judicial» (n.º 1 do art. 861.º-A). E, como são mandadas aplicar «as regras referentes à penhora de créditos», não parece haver dúvidas de que a notificação da entidade depositária será realizada com a indicação de que os valores mobiliários titulados ficam *à ordem do agente de execução* (n.º 1 do art. 856.º) [83].

1.3. A penhora de acções no CSC

O CSC não dá especial ajuda para a compreensão do regime da penhora de acções. Nomeadamente, quanto ao período durante o qual se mantém a penhora e relativamente ao exercício dos direitos inerentes às acções. Estranha-se, desde logo, a ausência de um preceito como o que no art. 239.º está contido para a execução de quota.

Contudo, não parece colocar dificuldades a aplicação por analogia do n.º 1 do art. 239.º à penhora de acções: esta penhora abrangerá, assim, os direitos patrimoniais inerentes a cada acção («com ressalva do direito a lucros já atribuídos por deliberação dos sócios à data da penhora e sem prejuízo da penhora deste crédito»).

No que diz respeito aos casos em que a penhora é realizada através de comunicação de que as mesmas ficam *à ordem do agente de execução*, parece razoável defender, relativamente aos referidos direitos patrimoniais, que

---

de capital é subscrito por um só sujeito. Porém, quando assim não seja, tudo se complica. Se as acções são subscritas por várias pessoas, poderão as acções ser todas representadas por um só título? E se assim é, haverá compropriedade sobre o título? Mas como conciliar tudo isto com o dever que a sociedade tem de entregar os títulos aos accionistas no prazo de seis meses após o registo definitivo do contrato de sociedade ou do aumento de capital (cfr. o n.º 3 do art. 304.º do CSC)?

82 Art. 99.º, n.º 5, do CVM.

83 Sobre a comunicação à entidade depositária, cfr. Paula Meira Lourenço, «Penhora e outros procedimentos de apreensão de valores mobiliários: implicações do novo regime da acção executiva», cit., p. 261.

as importâncias a pagar devem ser depositadas à ordem do agente de execução, se o houver. É o que resulta do disposto na al. *a)* do n.º 1 do art. 860.º do CPC, aplicável por analogia.

Contudo, para que assim seja, será muitas vezes necessário que *a própria sociedade seja notificada da penhora*, o que não está previsto nos casos sujeitos ao regime do art. 857.º do CPC em que não seja possível o «averbamento» da penhora pela entidade emitente ou por intermediário financeiro seu representante. Quando assim seja, deve ter lugar a notificação da penhora à sociedade, por analogia com o disposto no n.º 6 do art. 862.º do CPC.

Por sua vez, o direito de voto e bem assim os restantes direitos não patrimoniais serão exercidos pelo titular das acções, a quem deverá ser conferida essa possibilidade (designadamente, pelo agente de execução) quando tal se revele necessário [84].

No caso das acções sujeitas ao regime previsto no art. 857.º do CPC. efectuado o depósito dos títulos em instituição de crédito, e tendo o titular das acções o direito de voto, como é que o pode exercer se não tem a posse dos títulos?

Quanto às acções tituladas ao portador sujeitas ao regime do art. 101.º do CVM, o exercício do direito de voto (e de outros direitos não patrimoniais inerentes às acções) terá lugar nos termos do n.º 1 do art. 104.º do CVM: será necessário que a instituição de crédito depositária passe o certificado ali previsto.

Se as acções penhoradas são acções tituladas nominativas a que se aplique o art. 102.º do CVM, o direito de voto terá de ser exercido de acordo com o que constar no registo do emitente: cfr. agora o n.º 2 do art. 104.º do CVM.

Para as acções de que trata o n.º 14 do art. 861.º-A do CPC, escriturais ou sujeitas a esse regime, vale o disposto no art. 82.º do CVM: «Se os direitos inerentes a valores mobiliários não forem exercidos através da entidade registadora, podem sê-lo pela apresentação dos certificados a que se refere o artigo 78.º [do CVM]» [85].

---

[84] Esta solução parece melhor do que a de entender que é o agente de execução que pode exercer aqueles direitos porque os valores mobiliários estão à sua ordem. No sentido de que o agente de execução assume as funções de depositário dos valores mobiliários apreendidos, Paula Meira Lourenço, «Penhora e outros procedimentos de apreensão de valores mobiliários: implicações do novo regime da acção executiva», cit., p. 262.
[85] Tenha-se porém presente que, nos casos das acções escriturais registadas junto do emitente, quando isso seja possível, não tem muito sentido a exigência de apresentação dos certificados para provar à sociedade algo que ela própria pode consultar no registo que mantém.

1.4. Ainda a penhora de acções no CSC: as cláusulas limitativas da transmissibilidade das acções

Relativamente às cláusulas limitativas da transmissibilidade das acções contidas no contrato de sociedade, retira-se do n.º 5 do art. 328.º do CSC que apenas as que estabelecem um direito de preferência dos outros accionistas em caso de alienação de acções nominativas podem ser invocadas em processo executivo ou de liquidação de patrimónios. O exercício do direito de preferência em nada prejudica os interesses legítimos dos credores do accionista, pois aquele que se apresenta a preferir pagará o preço que se pode obter pela venda das acções.

As cláusulas de consentimento e aquelas que subordinam a transmissão das acções nominativas a determinados requisitos estão sujeitas a um regime diferente, visto que não podem ser invocadas nos referidos processos. E, quanto ao processo executivo, não podem ser invocadas quer na fase da penhora, quer na fase da adjudicação ou venda. Mas isso não impede que o contrato de sociedade contenha «uma cláusula de amortização, operável no caso de penhora ou venda judicial de acções, limitadas na sua circulação por cláusulas ininvocáveis pela sociedade» [86].

Voltando às cláusulas de preferência, embora as mesmas sejam invocáveis em processo executivo, não parece que o possam ser no momento da penhora. A cláusula que pode ser invocada em processo executivo é a prevista na alínea *b*) do n.º 2 do art. 328.º: a cláusula que estabelece «um direito de preferência dos outros accionistas e as condições do respectivo exercício, no caso de alienação de acções nominativas». Ora, a penhora das acções nominativas não constitui ainda uma alienação.

Que dizer, porém, se a venda tem lugar no processo executivo sem que tenha sido respeitada a cláusula de preferência? [87] A cláusula de preferên-

---

86 João Labareda, *Das acções das sociedades anónimas*, AAFDL, Lisboa, 1988, p. 272.
87 Como a limitação à transmissibilidade das acções de que estamos a falar tem eficácia relativamente aos adquirentes das acções, e como aquela limitação é invocável em processo executivo, os accionistas com direito de preferência devem ser tratados como os restantes titulares de direitos de preferência legais ou convencionais com eficácia real, por analogia, no que diz respeito à notificação prevista no n.º 2 do art. 876.º do CPC, que, como vimos, apenas se refere ao direito de preferência, legal ou convencional com eficácia real. O que dizemos só é problema se se entender que o direito de preferência de que se está a falar não tem eficácia real: nesse sentido, cfr. o nosso *Cláusulas do contrato de sociedade que limitam a transmissibilidade das acções. Sobre os arts. 328.º e 329.º do CSC*, cit., p. 520 e ss.; por sua vez, Oliveira Ascensão, «As acções», *Direito dos valores mobiliários*, II, Coimbra Editora, Coimbra, 2000, p. 86, diz expressamente que as cláusulas em análise não têm «eficácia absoluta»; afirmando antes a eficácia real do direito de preferência em causa, João Labareda, *Das acções das sociedades anónimas*, cit., p. 296 e ss. (refere-se a um

cia é invocável em processo executivo. Além disso, se a cláusula está transcrita no título ou na conta de registo, é oponível inclusivamente a adquirentes de boa fé [88]. Assim sendo, julgamos que, se não é dada preferência aos outros accionistas na venda realizada, também não será ilícita a recusa da sociedade quanto à realização do registo da transmissão das acções tituladas nominativas que tenha lugar naquele processo. E se as acções são escriturais, a entidade registadora também actua licitamente se recusa o registo da transmissão quando não é respeitada a cláusula de preferência.

Chãs de Semide, Fevereiro de 2010

---

carácter absoluto daquele direito de preferência defendendo que os accionistas preteridos poderão substituir-se ao adquirente «nos termos gerais aplicáveis à preferência com eficácia real»); MARIA TOMÉ, «Algumas notas sobre as restrições contratuais à livre transmissão de acções», *Direito e Justiça*, 1989-1990, vol. IV, p. 217, nota 18 (afirma que as cláusulas de preferência parecem ter eficácia real); COUTINHO DE ABREU, *Curso de direito comercial*, II, cit., p. 384 (dali concluindo pela possibilidade de os accionistas preferentes se substituírem ao adquirente); PEREIRA DE ALMEIDA, *Sociedades comerciais e valores mobiliários*, Coimbra Editora, Coimbra, 2008, p. 627; já CALVÃO DA SILVA, «Notificação para negociar e notificação para preferir», Estudos jurídicos [Pareceres], Almedina, Coimbra, 2001, p. 287, defende que os limites à transmissão das acções constantes do contrato de sociedade e transcritos nos títulos de acções «gozam de eficácia real, *erga omnes*», mas não chega a dizer se os direitos de preferência dos accionistas são acompanhados da sequela; considerando antes «muito duvidoso que se possa estipular a eficácia real», BRITO CORREIA, *Direito Comercial*, 2.º vol., AAFDL, Lisboa, 1989, p. 405; também com dúvidas, EVARISTO MENDES, *A transmissibilidade das acções*, dissertação, II, UCP, 1989, p. 263. Acrescente-se ainda que a redacção do n.º 1 do art. 892.º do CPC anterior à Reforma de 2003 (DL 38/2003) não fazia a distinção entre direitos de preferência legais ou convencionais: «Os titulares do direito de preferência na alienação dos bens são notificados [ ]». Contudo, eram várias as vozes que se encarregavam de restringir o âmbito de aplicação do preceito. Assim, CASTRO MENDES, *Direito Processual Civil*, III, revisto e actualizado, AAFDL, Lisboa, 1989, pág. 482, para quem, no caso de preferência legal ou convencional com eficácia real, o preferente «pode usá-la mesmo quanto à venda executiva, nos termos do art. 892.º, devendo, sempre que possível, ser notificado do dia e hora da arrematação ou da entrega dos bens ao comprador por outra forma»; TEIXEIRA DE SOUSA, *Acção Executiva Singular*, Lex, Lisboa, 1998, pág. 379, afirmava igualmente que na acção executiva «só procedem os direitos legais de preferência e os direitos convencionais de preferência que sejam dotados de eficácia real (artº 422º CC), pelo que não são reconhecidas as preferências meramente obrigacionais»; por seu turno, AMÂNCIO FERREIRA, Curso de Processo de Execução, 2.ª ed., Almedina, Coimbra, 2000, pág. 274, sustentava também que o art. 892.º do CPC apenas se aplicava «às preferências legais e às preferências convencionais com eficácia real, e jamais às prefer~encias meramente obrigacionais».
88 N.º 4 do art. 328.º do CSC.

Resumo: El objeto del artículo es el artículo 127 ter de la LSA que imputa a los administradores el deber de comportarse lealmente frente a la sociedad. Se analizan las obligaciones que conforman el deber de los administradores. La conclusión es que la norma es técnicamente decepcionante.

Abstract: The purpose of this paper is section 127 ter of the Spanish Public Company Limited by Shares Act that attributes the duty to act fairly towards the company to the members of the management organ. I comment the obligations that form the duty of managers. The conclusion is that the rule is technically disappointing

CARLOS GÓRRIZ LÓPEZ*

Los deberes de lealtad de los administradores del art. 127 TER LSA

1. Artículo 127 ter LSA

El art. 127 ter del Texto Refundido de la Ley de Sociedades Anónimas, aprobado por el Real Decreto Legislativo 1564/1989, de 22 de diciembre (en adelante, LSA) impone a los administradores diversos deberes de lealtad[1]. En primer lugar, les prohíbe utilizar el nombre de la sociedad o su

* Professor de Direito Comercial da Universidade Autónoma de Barcelona

---

1 «*Art. 127 ter. Deberes de lealtad.*
   1. Los administradores no podrán utilizar el nombre de la sociedad ni invocar su condición de administradores de la misma para la realización de operaciones por cuenta propia o de personas a ellos vinculadas.
   2. Ningún administrador podrá realizar, en beneficio propio o de personas a él vinculadas, inversiones o cualesquiera operaciones ligadas a los bienes de la sociedad, de las que haya tenido conocimiento con ocasión del ejercicio del cargo, cuando la inversión o la operación hubiera sido ofrecida a la sociedad o la sociedad tuviera interés en ella, siempre que la sociedad no haya desestimado dicha inversión u operación sin mediar influencia del administrador.
   3. Los administradores deberán comunicar al consejo de administración cualquier situación de conflicto, directo o indirecto, que pudieran tener, con el interés de la sociedad. En caso de conflicto, el administrador afectado se abstendrá de intervenir en la operación a que el conflicto se refiera.
      En todo caso, las situaciones de conflicto de intereses en que se encuentren los administradores de la sociedad serán objeto de información en el informe anual de gobierno corporativo.
   4. Los administradores deberán comunicar la participación que tuvieran en el capital de una sociedad con el mismo, análogo o complementario género de actividad al que constituya el objeto social, así como los cargos o las funciones que en ella ejerzan,

condición de administradores para realizar operaciones por cuenta propia o de personas vinculadas. Segundo, tampoco les permite realizar inversiones y operaciones que interesen a la sociedad, salvo cuando obtengan dispensa. Tercero, deberán comunicar al consejo de administración los conflictos de intereses en que puedan hallarse, teniendo prohibido intervenir en las operaciones correspondientes. Y cuarto, deberán informar acerca de su participación en sociedades competidoras y de la realización de actividades que sean idénticas, análogas o complementarias al objeto social. Además, el apartado quinto del precepto establece las personas que tienen la condición de vinculadas a los administradores a los efectos del deber de lealtad.

1.1. Génesis

El art. 127 ter tiene su origen en la Ley 26/2003, de 17 de julio, por la que se modifican la Ley 24/1988, de 28 de julio, del Mercado de Valores, y el texto refundido de la Ley de Sociedades Anónimas, aprobado por el Real

> así como la realización por cuenta propia o ajena, del mismo, análogo o complementario género de actividad del que constituya el objeto social. Dicha información se incluirá en la memoria.
> 5. A efectos del presente artículo, tendrán la consideración de personas vinculadas a los administradores:
> 1.º El cónyuge del administrador o las personas con análoga relación de afectividad.
> 2.º Los ascendientes, descendientes y hermanos del administrador o del cónyuge del administrador.
> 3.º Los cónyuges de los ascendientes, de los descendientes y de los hermanos del administrador.
> 4.º Las sociedades en las que el administrador, por sí o por persona interpuesta, se encuentre en alguna de las situaciones contempladas en el artículo 4 de la Ley 24/1988, de 28 de julio, del Mercado de Valores.
> Respecto del administrador persona jurídica, se entenderán que son personas vinculadas las siguientes:
> 1.º Los socios que se encuentren, respecto del administrador persona jurídica, en alguna de las situaciones contempladas en el artículo 4 de la Ley 24/1988, de 28 de julio, del Mercado de Valores.
> 2.º Los administradores, de derecho o de hecho, los liquidadores, y los apoderados con poderes generales del administrador persona jurídica.
> 3.º Las sociedades que formen parte del mismo grupo, tal y como éste se define en el artículo 4 de la Ley 24/1988, de 28 de julio, del Mercado de Valores, y sus socios.
> 4.º Las personas que respecto del representante del administrador persona jurídica tengan la consideración de personas vinculadas a los administradores de conformidad con lo que se establece en el párrafo anterior.»

Decreto Legislativo 1564/1989, de 22 de diciembre, con el fin de reforzar la transparencia de las sociedades anónimas cotizadas (en adelante «Ley de Transparencia»)[2]. Reformó el artículo 127 y creó los artículos 127 bis, 127 ter y 127 quáter. En cuanto al primero, cambió el título, dejó inalterado el contenido del primer apartado, que recoge el deber tradicional de comportarse como un ordenado empresario y un representante leal, y sustituyó el deber de secreto del apartado segundo originario por el deber de información. Bajo el título «Deberes de fidelidad», el artículo 127 bis obliga a los administradores a cumplir sus deberes con fidelidad al interés social, que define como el «interés de la sociedad». Y el artículo 127 quáter establece el deber de secreto.

La reforma de los deberes de los administradores tiene gran trascendencia histórica pues es la primera vez que se regula en España esta materia con la finalidad de ordenar y controlar la gestión social[3]. En efecto, cabe recordar que el Código de comercio carecía de previsión al respecto. Los administradores eran concebidos como mandatarios o comisionistas de las sociedades por lo que se les aplicaba su régimen de derechos y obligaciones. La Ley de Sociedades Anónimas de 1951 innovó esta materia al concebir a los administradores como un órgano de la persona jurídica y exigir que actuaran como «un ordenado comerciante y un representante leal» (art. 79). Pero existía un problema de coordinación al estar limitada su responsabilidad a los casos de malicia, abuso de facultades y negligencia grave. El Texto Refundido de la Ley de Sociedades Anónimas (Real Decreto Legislativo 1564/1989, de 22 de diciembre) solucionó este grave

---

[2] Sobre los orígenes y los antecedentes del art. 127 ter, véase FONT GALÁN, Juan Ignacio: «El deber de diligente administración en el nuevo sistema de deberes de los administradores sociales», en *RdS*, 2005 (2), 75 ss.; SERRANO CAÑAS, José Manuel: *El conflicto de intereses en la administración de sociedades mercantiles*, Publicaciones del Real Colegio de España, Bolonia, 2008, 108 ss.; QUIJANO GONZÁLEZ, Jesús y MAMBRILLA RIVERA, Vicente: «Los deberes fiduciarios de diligencia y lealtad. En particular los conflictos de interés y las operaciones vinculadas», en AA.VV.: *Derecho de sociedades anónimas cotizadas (Estructura de Gobierno y Mercados). Tomo II*, Thomson-Aranzadi y RdS, Cizur Menor, 2006, 918 ss. y DÍAZ ECHEGARAY, José Luis: *Deberes y responsabilidad de los administradores de sociedades de capital*, Aranzadi, Cizur Menor, 2004, 27 ss. En cuanto al deber de lealtad en el Informe Olivencia, véase ALCALÁ DÍAZ, María Ángeles: «El deber de fidelidad de los administradores: el conflicto de interés administrador-sociedad», en ESTEBAN VELASCO, Gaudencio (Coor.): *El gobierno de las sociedades cotizadas*, Marcial Pons, Madrid-Barcelona, 1999, 447 ss. donde se presta una particular atención a la impugnación de los acuerdos del consejo de administración en caso de conflicto de intereses.

[3] Al respecto, FONT GALÁN, «El deber de diligente administración en el nuevo sistema de deberes de los administradores sociales», cit., 71 ss. y SERRANO, *El conflicto de intereses en la administración de sociedades mercantiles*, cit., 43 y 108 ss.

inconveniente al responsabilizar a los administradores por los actos y omisiones contrarios a la ley, a los estatutos o que comportaran un incumplimiento de los deberes inherentes al desempeño de su cargo (art. 133). Sin embargo, quedaba por resolver el problema del control de la gestión social, como denunció el Círculo de Empresarios en 1996[4].

La Comisión Especial para el estudio de un Código Ético de los Consejos de Administración de las Sociedades se puso manos a la obra. En el Informe sobre el Consejo de Administración (26 de febrero de 1998) prevenía frente a los problemas que generaba la abstracción del artículo 127 LSA y recomendaba a las empresas que sus reglas de funcionamiento interno detallaran las obligaciones de los administradores que derivaban de los deberes de diligencia y lealtad[5]. Las recomendaciones se plasmaron en el Reglamento Tipo del Consejo de Administración ajustado al Código de Buen Gobierno de la Comisión Nacional del Mercado de Valores. La propuesta de Código de Sociedades Mercantiles de 16 de mayo de 2002 recogió el testigo del Informe Olivencia y desarrolló los deberes de lealtad (*rectius* «fidelidad») en sus artículos 123 a 127[6].

El Informe de la Comisión Especial para el Fomento de la Transparencia y Seguridad en los Mercados y en las Sociedades Cotizadas de 9 de enero de

---

4 *Una propuesta de normas para un mejor funcionamiento de los consejos de administración*, Madrid, 12 de noviembre de 1996. Publicada en ESTEBAN VELASCO, Gaudencio (Coor.): *El gobierno de las sociedades cotizadas*, Marcial Pons, Madrid, 1999, 755 ss.; en particular 759.

5 En especial, centraba su atención en el último y exponía las obligaciones que lo conforman: informar anticipadamente de las situaciones de conflicto de intereses y abstenerse de participar en las reuniones y decisiones del consejo de administración; guardar secreto respecto de la información reservada de la compañía y no hacer uso en provecho privado; prohibición de usar los activos sociales para fines privados y de aprovecharse de las oportunidades de negocio que correspondan a la sociedad; e informar acerca de su participación o relación con sociedades competidoras.

6 En efecto, la sección dedicada a los deberes de los administradores se iniciaba con la enunciación del deber de diligente administración, que recogía la fórmula tradicional de la obligación de desempeñar el cargo con la diligencia de un ordenado empresario y de un representante leal (art. 121). Pero a continuación introducía el deber de fidelidad que exigía que los administradores desarrollaran su actividad «con fidelidad al interés social» (art. 122), definiéndolo como «el interés común a todos los socios». Las disposiciones siguientes recogían las concreciones del deber de lealtad que hacía el Informe Olivencia: prohibición de aprovecharse de los bienes sociales en beneficio propio (art. 123), prohibición de aprovecharse de las oportunidades de negocio en beneficio propio (art. 124), prohibición de intervenir en caso de conflicto de intereses (art. 125) y deber de comunicar las participaciones y los cargos en una sociedad competidora; así como la prohibición de competencia (art. 126), amén del deber de secreto (art. 127). Merece destacarse el cambio terminológico: se introdujo la expresión «deber de fidelidad» sin que existiera referencia expresa al de «lealtad».

2003 (en adelante «Informe Aldama») prosiguió con la labor. Al igual que su predecesor, criticaba el excesivo laconismo del art. 127 LSA. La necesidad de mayor transparencia y seguridad requería detallar los deberes; y sobre todo el de lealtad[7]. Pero advertía acerca de la insuficiencia de las normas éticas para solucionar los conflictos de intereses, por lo que recomendaba que el desarrollo de los deberes de los administradores tuviera plasmación legal. Como es conocido por todos, la respuesta del Gobierno a las recomendaciones del Informe Aldama fue la Ley de Transparencia.

La promulgación de la Ley de Transparencia explica que el Código Unificado de Buen Gobierno de 19 de mayo de 2006 no regule los deberes de los administradores. Simplemente contiene algunas referencias puntuales. En primer lugar, la recomendación 7.ª recuerda que el principio que debe guiar la actividad del consejo de administración es el interés social, «entendido como hacer máximo, de forma sostenida, el valor económico de la empresa». Segundo, la recomendación 8.ª le otorga competencia para autorizar las operaciones de la sociedad con los administradores. Pero exige que se cumplan tres requisitos: que se realicen en virtud de contratos con condiciones estandarizadas y en masa; que el precio haya sido establecido por el suministrador para la generalidad de sus clientes; y que no supere el 1% de los ingresos anuales de la sociedad. Por último, recomienda al Gobierno que endurezca el régimen de los deberes de lealtad a efectos de la responsabilidad de los administradores. En particular, sugiere una tipificación más precisa de los mismos y de los procedimientos a seguir en caso de conflicto, así como su extensión a los accionistas de control y a los administradores ocultos.

1.2. Ámbito de aplicación

La determinación del ámbito de aplicación del art. 127 ter LSA genera dudas. De un lado, porque la Ley de Transparencia crea un artículo para la

---

[7] Se muestra más «detallista» que el Informe Olivencia al enumerar diez concreciones del deber de lealtad: evitar los conflictos de intereses entre los administradores y la sociedad, no desempeñar cargos en empresas competidoras, no utilizar información confidencial de la sociedad con fines privados, no hacer uso indebido de activos de la sociedad ni valerse de su posición en la última para obtener alguna ventaja patrimonial, no aprovecharse de las oportunidades de negocio de la sociedad, mantener secreta la información societaria sin utilizarla en beneficio propio, abstenerse de intervenir en deliberaciones y votaciones sobre propuestas de nombramiento, reelección o cese que les afecten, notificar los cambios significativos en su situación profesional, informar a la sociedad de las acciones, opciones o derivados que tenga de la misma sociedad e informar a la sociedad de todas las reclamaciones que puedan incidir gravemente en la reputación de la misma.

Ley del Mercado de Valores, el 114, cuyo título reza «Deberes de los administradores» y que se ubica en el Título X de la Ley, dedicado a las sociedades cotizadas[8]. Sin examinar el contenido del precepto, podría pensarse que agota el régimen de los deberes de los administradores por lo que no resultan aplicables los arts. 127 a 127 quáter a las sociedades cotizadas. De otro lado, el artículo comentado se refiere constantemente al consejo de administración y, en alguna ocasión, al informe anual de gobierno corporativo. Surge la duda de qué sucede con las sociedades anónimas que optan por otra forma de organizar la administración y con aquéllas que no cotizan en un mercado secundario oficial, pues sólo éstas están obligadas a elaborar el informe anual de gobierno corporativo.

8 «*Artículo 114. Deberes de los administradores.*
1. En el caso de que los administradores de una sociedad anónima cotizada, u otra persona, hubieran formulado solicitud pública de representación, el administrador que la obtenga no podrá ejercitar el derecho de voto correspondiente a las acciones representadas en aquellos puntos del orden del día en los que se encuentre en conflicto de intereses y, en todo caso, respecto de las siguientes decisiones:
a) Su nombramiento o ratificación como administrador.
b) Su destitución, separación o cese como administrador.
c) El ejercicio de la acción social de responsabilidad dirigida contra él.
d) La aprobación o ratificación, cuando proceda, de operaciones de la sociedad con el administrador de que se trate, sociedades controladas por él o a las que represente o personas que actúen por su cuenta.
La delegación podrá también incluir aquellos puntos que, aun no previstos en el orden del día de la convocatoria, sean tratados, por así permitirlo la Ley, en la junta, aplicándose también en estos casos lo previsto en el párrafo anterior.
2. Sin perjuicio de lo establecido en el artículo 35 de esta Ley, en la memoria de la sociedad se deberá informar sobre las operaciones de los administradores, o persona que actúe por cuenta de éstos, realizadas, durante el ejercicio social al que se refieran las cuentas anuales, con la citada sociedad cotizada o con una sociedad del mismo grupo, cuando las operaciones sean ajenas al tráfico ordinario de la sociedad o que no se realicen en condiciones normales de mercado.
3. Sin perjuicio de lo dispuesto en el título VII de esta Ley, los administradores deberán abstenerse de realizar, o de sugerir su realización a cualquier persona, una operación sobre valores de la propia sociedad o de las sociedades filiales, asociadas o vinculadas sobre las que disponga, por razón de su cargo, de información privilegiada o reservada, en tanto esa información no se dé a conocer públicamente.
4. Lo dispuesto en este artículo será de aplicación a los miembros del consejo de control de una sociedad anónima europea domiciliada en España que haya optado por el sistema dual.»
Acertadamente Nuria FERNÁNDEZ PÉREZ, entre otros, critica que la reforma de la estructura orgánica de las sociedades cotizadas se haya incardinado en la Ley del Mercado de Valores y no en la de Sociedades Anónimas. Véase su artículo «El significado de la Ley de Transparencia en la modernización del derecho societario español», en *RdS* 2004 (1), núm. 22, págs. 97 s. y 102.

A pesar de las consideraciones anteriores, en buena medida contradictorias, debe mantenerse que el art. 127 ter, y los demás preceptos de la familia del art. 127 LSA, se aplican a todas las sociedades anónimas, con independencia de la forma que adopte el órgano de administración y de su cotización en bolsa[9]. En primer lugar, las disposiciones en cuestión tienen carácter general. Su ubicación dentro de la Sección 3.ª, y no de la 4.ª, del Capítulo V («De los órganos de la sociedad») deviene trascendental. Además, cabe tener en cuenta que el legislador quería conferir un alcance general a las modificaciones introducidas en el Texto Refundido de la Ley de Sociedades Anónimas. Resultan así significativas las palabras de la Exposición de Motivos de la Ley de Transparencia en las que se alude a la aplicación general de las disposiciones modificadas[10].

En segundo término, la particularidad del art. 114 LMV impide otorgarle carácter general y considerar que agota el régimen de los deberes de los administradores en las sociedades cotizadas. Se limita a regular solamente uno de los múltiples conflictos de intereses que pueden plantearse en el seno de las sociedades cotizadas; en particular, el que produce la solicitud pública de representación[11]. Además este supuesto no aparece contemplado específicamente en el art. 127 ter LSA. Por lo tanto, resultan compatibles. Tercero, el artículo 127 ter contiene referencias a las socieda-

---

[9] En ese sentido, SÁNCHEZ CALERO, Fernando: *Los administradores en las sociedades de capital*, 2.ª ed., Thomson-Civitas, Cizur Menor, 2007, 173. En la jurisprudencia véase la sentencia del Juzgado de lo Mercantil número 1 de La Coruña de 18 de enero de 2005 (AC 2005\146).
[10] «La reforma normativa que se presenta se concreta, por una parte, en la modificación de ciertos preceptos del texto refundido de la Ley de Sociedades Anónimas, aprobado por Real Decreto Legislativo 1564/1989, de 22 de diciembre, *cuando los preceptos tengan aplicación general para todas las sociedades anónimas* y, por otra, en la introducción de un nuevo título en la Ley 24/1998, de 28 de julio, del Mercado de Valores, dedicado a las sociedades cotizadas» (la cursiva es nuestra). En el mismo sentido, SÁNCHEZ ÁLVAREZ, Manuel María: «Art. 127 ter.3 LSA y quórums de constitución y votación», en *RdS* 2005 (1), núm. 24, 272.
[11] Así EMBID afirma que el art. 114 LMV es una concreción del deber de lealtad. Véase sus artículos «Apuntes sobre los deberes de fidelidad y lealtad de los administradores de las sociedades anónimas», en *Cuadernos de Derecho y Comercio*, 2006 (46), 32 y «Los deberes de los administradores de las sociedades cotizadas (El art. 114 de la Ley del mercado de valores)», en *RDBB*, 2004 (96), 9 s. y 32 s. La misma posición mantienen QUIJANO y MAMBRILLA, «Los deberes fiduciarios de diligencia y lealtad. En particular los conflictos de interés y las operaciones vinculadas», cit., 926, quienes afirman que el régimen de la sociedad anónima es aplicable supletoriamente a las sociedades cotizadas en virtud del art. 111.2 LMV y que la diferencia entre el art. 114 LMV y los arts. 127 ss. LSA es tan notoria en cuanto al contenido y al alcance que no puede estimarse que el primero agote los deberes de los administradores. Igualmente SERRANO, *El conflicto de intereses en la administración de sociedades mercantiles*, cit., 352 y FERNÁNDEZ PÉREZ, «El significado de la Ley de Transparencia en la modernización del derecho societario español», cit., 102.

des cotizadas; en particular, su apartado tercero obliga a referir los conflictos de intereses en que puedan hallarse los administradores en el informe anual de gobierno corporativo. Consecuentemente, se aplica también a las sociedades anónimas cuyos valores se negocian en un mercado secundario oficial.

Por último, las referencias al consejo de administración y al informe del gobierno corporativo se explican por el origen de la norma. Cabe recordar que la Ley de Transparencia trae causa del Informe Aldama y que éste se dirige a las sociedades cotizadas; *id est*, a sociedades que deben tener un consejo de administración y que están obligadas a elaborar el informe anual de gobierno corporativo. A nuestro modesto entender el legislador no tuvo suficientemente en cuenta esa circunstancia al elaborar una norma a la que quiso dotar de carácter general.

La conclusión que debe extraerse es que el artículo 127 ter -así como de los demás artículos 127 LSA- se aplica a todo tipo de sociedades anónimas, con independencia de su carácter cotizado y de la forma de organizar su administración. De ese modo, resultan compatibles los artículos 127 a 127 quáter LSA y el art. 114 LMV, debiendo considerarse que el último regula exclusivamente un supuesto concreto de conflicto de intereses y que debe interpretarse a la luz de las disposiciones de la Ley de Sociedades Anónimas que regulan los deberes de los administradores.

Siguiendo con el ámbito de aplicación, la doctrina se ha cuestionado acerca de la posibilidad de otorgar eficacia general a los artículos 127 a 127 quáter LSA, de modo que puedan aplicarse a cualquier tipo de sociedad mercantil y suplir la ausencia de un régimen general. El inconveniente principal es, evidentemente, la incardinación de los preceptos en la norma que regulan un tipo determinado. Además, hay que tener en cuenta que algunas normas cuentan con previsiones sobre los deberes de los administradores y, en particular, sobre el deber de lealtad. Es el caso del artículo 65 de la Ley 2/1995, de 23 de marzo, de Sociedades de Responsabilidad Limitada (en adelante LSRL), que establece la prohibición de competencia[12]. Sin embargo, se trata de disposiciones puntuales, compatibles por ello con los artículos 127 a 127 quáter LSA. De ahí que opiniones autorizadas, a las que modestamente nos sumamos, se hayan postulado a favor de otorgar

---

12 «*Artículo 65. Prohibición de competencia.*
   1. Los administradores no podrán dedicarse, por cuenta propia o ajena, al mismo, análogo o complementario género de actividad que constituya el objeto social, salvo autorización expresa de la sociedad, mediante acuerdo de la Junta General.
   2. Cualquier socio podrá solicitar del Juez de Primera Instancia del domicilio social el cese del administrador que haya infringido la prohibición anterior.»

a los artículos 127 a 127 quáter LSA el carácter de normas generales del Derecho de sociedades[13].

Los argumentos para mantener el carácter general de los arts. 127 a 127 quáter LSA han sido tres. El primero es la vinculación del deber de lealtad con la esencia de la función de los administradores, en cuanto gestores del interés social. El segundo es la integración del contrato de sociedad con el principio de buena fe (arts. 7 y 1258 del Código civil). Y el tercero es el hecho de que la regulación de algunos tipos societarios utiliza el paradigma del «ordenado empresario y del representante leal», sin mayor desarrollo, al regular la responsabilidad de los administradores o bien se remiten al régimen de responsabilidad de la Ley de Sociedades Anónimas (por ejemplo, los arts. 61.1 y 69 de la Ley 2/1995, de 23 de marzo, de Sociedades de Responsabilidad Limitada; 14 Ley 12/1991, de 29 de abril, de Agrupaciones de Interés Económico; 43 Ley 27/1999, de 16 de julio, de Cooperativas; así como los 35.1 y 36.1 Ley 22/2003, de 9 de julio, Concursal).

2. Contextualización del art. 127 ter: diligencia, fidelidad, lealtad y secreto

La relación del artículo 127 ter con los demás preceptos de la Ley de Sociedades Anónimas que regulan los deberes de los administradores suscita dudas. Ha sido uno de los extremos más criticados por la doctrina que achaca, con razón, a la Ley de Transparencia graves defectos de técnica legislativa[14]. En primer lugar, no existe sistematización alguna en la arqui-

---

13 En ese sentido Embid, «Apuntes sobre los deberes de fidelidad y lealtad de los administradores de las sociedades anónimas», cit., 22; Serrano, *El conflicto de intereses en la administración de sociedades mercantiles*, cit., 48 s., y Llebot Oriol, José: «Deberes y responsabilidad de los administradores», en Rojo, Ángel y Beltrán, Emilio (Dir.): *La responsabilidad de los administradores*, Tirant lo Blanch, Valencia, 2005, 25.

14 Por ejemplo, Recalde Castells, Andrés: «Del «Código Olivencia» a la aplicación de la Ley de Transparencia (Un balance provisional -y decepcionante- sobre la reforma del «gobierno corporativo» en las sociedades cotizadas españolas)», en *Revista Crítica de Derecho Inmobiliario*, 2005, 692, 1899; Paz-Ares, Cándido: «La responsabilidad de los administradores como instrumento de gobierno corporativo», www.indret.com, octubre de 2003, *working paper* núm. 162, quien considera que la Ley de Transparencia incurrió en error al no diferenciar el régimen de responsabilidad derivado del incumplimiento de los deberes de diligencia y de lealtad y propone mostrarse indulgente con el primero y severo con el segundo; Juste Mencía, Javier e Igartua Arregui, Fernando: «Deberes de los administradores (Reforma de la LSA por la Ley de Transparencia)», *RdS*, 2005 (1), núm. 24, 78 y Díaz Echegaray, *Deberes y responsabilidad de los administradores de sociedades de capital*, cit., 122.

tectura de los artículos 127 a 127 quáter LSA. Parecen haber sido situados todos en el mismo nivel, no gozando siquiera de la primacía debida la cláusula general tradicional de la obligación de actuar como «un empresario ordenado y un representante legal». Actualmente conforma el primer apartado del artículo 127. Pero esta disposición cuenta con un apartado segundo que impone un deber particular: exige a los administradores que se informen diligentemente del funcionamiento y desarrollo de la sociedad. Segundo, a pesar del valor que le han conferido opiniones autorizadas, también la rúbrica de los artículos 127 a 127 quáter crea problemas[15]. Es cierto que, frente a los arts. 127 bis y 127 ter, la disposición que contiene la fórmula utilizada tradicionalmente como cláusula general, el artículo 127, utiliza el singular: «deber». Sin embargo, también el artículo 127 quáter emplea el singular al regular el deber de secreto. Y no se entiende bien por qué el 127 bis utiliza el plural («deberes») si contiene una cláusula general como es la obligación de los administradores de realizar su actividad con fidelidad al interés social. Y tercero, el binomio fidelidad-lealtad es fuente de conflictos. Resulta difícil escindir sus ámbitos respectivos dado que tradicionalmente han estado vinculados[16]. Por la misma razón se ha negado que el deber de fidelidad tenga un contenido propio, tachándose el art. 127 bis de tautológico[17].

La doctrina española mantiene que existe una relación vertical entre los deberes de los administradores[18]. Desecha la apariencia que genera la

---

Font Galán («El deber de diligente administración en el nuevo sistema de deberes de los administradores sociales», cit., 85) explica que la configuración de los deberes en preceptos separados refuerza la voluntad de reforzar la imposición de un régimen de control general de la actividad de los administradores. El problema es que hace perder nitidez al entramado sistemático que une, entrelaza y ordena los deberes. Por eso hubiera sido mejor recurrir a la técnica de las cláusulas generales acompañadas de cláusulas particulares.
15 Font Galán, «El deber de diligente administración en el nuevo sistema de deberes de los administradores sociales», cit., 88 y Serrano Cañas, *El conflicto de intereses en la administración de sociedades mercantiles*, cit., 244 ss., quien destaca el empleo del singular («deber»), la sustantivación de la referencia a la administración y su calificación con el adjetivo «diligente».
16 Por ejemplo, Recalde Castells, «Del «Código Olivencia» a la aplicación de la Ley de Transparencia (Un balance provisional -y decepcionante- sobre la reforma del «gobierno corporativo» en las sociedades cotizadas españolas)», cit., 1899.
17 Fernández Pérez, «El significado de la Ley de Transparencia en la modernización del derecho societario español», cit., 102 s. En cuanto a la oportunidad de definir el «interés social» en un texto normativo véase Sánchez-Calero Guilarte, Juan: «El interés social y los varios intereses presentes en la sociedad anónima cotizada», en *Revista de Derecho Mercantil*, 2002 (246), 1685 ss.
18 Así, por ejemplo, Embid Irujo, «Apuntes sobre los deberes de fidelidad y lealtad de los administradores de las sociedades anónimas», cit., pág. 15; Font Galán, «El deber de dili-

literalidad de los artículos 127 a 127 quáter LSA. Sitúa en la cúspide del sistema a los deberes de diligencia y -con frecuencia- de fidelidad, a los que se suele calificar como principios jurídicos en cuanto integran el régimen de la actividad de los administradores. A continuación coloca los deberes de lealtad y secreto, considerados como reglas jurídicas que son fuente a su vez de nuevas obligaciones.

Compartimos el diseño doctrinal de los deberes de los administradores. A nuestro modesto entender, las razones que le sirven de fundamento son dos. La primera es su historia. Cabe recordar que la LSA 1951 estableció la cláusula general y básica de la actuación como un comerciante ordenado y un representante legal[19]. El Texto Refundido de 1989 mantuvo la fórmula con un pequeño cambio -sustituyó la referencia al comerciante por la del empresario-. El movimiento de gobierno de las sociedades tachó la cláusula general de insuficiente y recomendó su desarrollo. Primero el Informe Olivencia y luego el Informe Aldama aconsejaron la concreción de los deberes de los administradores, sobre todo del de lealtad, bien en la propia regulación interna de las sociedades bien a través de su plasmación en normas jurídicas, respectivamente. La Ley de Transparencia constituye la respuesta a esa petición. Y no cabe olvidar que la propuesta de Código de Sociedades Mercantiles se orientaba en la misma dirección al recoger primero los deberes de diligencia -que reproducía la cláusula general- y fidelidad en dos artículos diferentes y a continuación establecer plasmaciones concretas del deber de lealtad en diversos artículos. El segundo fundamento de la construcción es la propia esencia de la actividad de los

---

gente administración en el nuevo sistema de deberes de los administradores sociales», cit., 85 ss.; SÁNCHEZ CALERO, *Los administradores en las sociedades de capital*, cit., 189 quien configura los deberes de fidelidad y diligencia como «un medio o presupuesto para el cumplimiento de los deberes legales o estatutarios que pesan sobre los administradores»; RODRÍGUEZ ARTIGAS, Fernando: «El deber de diligencia», en ESTEBAN VELASCO, Gaudencio (Coor.): *El gobierno de las sociedades cotizadas*, Marcial Pons, Madrid, 1999, 422; SERRANO CAÑAS, *El conflicto de intereses en la administración de sociedades mercantiles*, cit., 236 ss., quien centra su construcción en la separación entre los deberes inherentes, que serían esencialmente los previstos en los arts. 127 a 127 quáter LSA, y los demás deberes impuestos por las leyes, y FERNÁNDEZ PÉREZ, «El significado de la Ley de Transparencia en la modernización del derecho societario español», cit., 102 s.

19 GARRIGUES, Joaquín y URÍA, Rodrigo: *Comentarios a la Ley de Sociedades Anónimas. Tomo II*, 3.ª ed., Madrid, 1976, 159, donde puede leerse: «La ley exige, además, la diligencia de un representante leal, aludiendo así a un deber de fidelidad que impone al administrador la defensa de los intereses de la sociedad que él representa anteponiendo esos intereses a los suyos personales». Por otra parte, cabe recordar que el segundo párrafo del artículo 83 obligaba a cesar a los administradores que también lo fueran de una sociedad competidora y a los que tuvieran intereses opuestos a los de la sociedad.

administradores. Conviene recordar que son gestores de intereses ajenos y que toda su actuación debe estar orientada a la defensa y promoción de los intereses de la sociedad[20].

A la luz de esas premisas cabe configurar el «deber de diligencia» previsto en el primer apartado del artículo 127 LSA como la clave de los deberes de los administradores. Su actuación debe regirse por dos coordenadas básicas: maximizar el valor de la sociedad y distribuirlo correctamente entre los socios-propietarios[21]. El segundo apartado del artículo 127 contiene un desarrollo particular del deber de diligencia: la obligación de los administradores de informarse adecuadamente de la marcha de la sociedad a fin de poder aumentar su valor o de controlar a los ejecutivos.

En segundo lugar, resulta necesario dotar de significado al artículo 127 bis, a pesar de las críticas que su formulación pueda merecer. Y hay que convertirlo en el eje rotatorio del sistema de deberes pues representa la esencia de la actividad gestora, administrativa y representativa. Por eso debe integrar los deberes y obligaciones de los administradores. Su actividad debe estar orientada por el principio cardinal de fidelidad al interés social[22]. Deviene pues el estándar de conducta que el administrador debe

---

20 Por ejemplo Rodríguez Artigas, «El deber de diligencia», *loc. cit.*, 423; Serrano Cañas, *El conflicto de intereses en la administración de sociedades mercantiles*, cit., 261 ss. y, en relación a la situación anterior a la Ley de Transparencia, Llebot Majo, José Oriol: *Los deberes de los administradores de la sociedad anónima*, Civitas, Madrid, 1996, 41 ss. y 45 ss., donde subraya la importancia de la naturaleza orgánica del cargo de administrador.

21 En palabras del profesor Font Galán («El deber de diligente administración en el nuevo sistema de deberes de los administradores sociales», cit., 88): «…La inserción de modelos paradigmáticos de conducta gestora referidos a patrones subjetivos -«ordenado empresario»- y «representante legal»- es, desde luego, otro de los más significativos indicios de la función normativa de la cláusula general asignada al artículo 127.1. En este sentido, los deberes de fidelidad, lealtad y secreto constituyen elementos normativos dadores de significados concretos de dichos modelos …» Véase también Serrano Cañas, *El conflicto de intereses en la administración de sociedades mercantiles*, cit., 249 ss., donde otorga contenido a la cláusula general del empresario ordenado y representante leal.

22 En el mismo sentido Embid Irujo, José Miguel: «La responsabilidad de los administradores de la sociedad anónima tras la ley de transparencia», en *RCDI*, 2004 (685), 2385 s.; Font Galán, «El deber de diligente administración en el nuevo sistema de deberes de los administradores sociales», cit., 89, quien explica que «…(e)l deber de fidelidad al interés social tensiona y anuda todos los deberes en un común objetivo: la promoción y defensa del interés social», y Juste Mencía e Igartua Arregui, «Deberes de los administradores (Reforma de la LSA por la Ley de Transparencia)», cit., 78.
Véase una construcción detallada del significado y funciones del deber de fidelidad en Serrano Cañas, *El conflicto de intereses en la administración de sociedades mercantiles*, cit., 247 s. y 299 ss. Parte del conjunto del sistema de deberes y del contenido literal del artículo. Afirma que introduce un nuevo parámetro de interpretación y aplicación del deber de

seguir al cumplir con sus deberes; al actuar como un ordenado empresario y un representante leal.

Por último, los artículos 127 ter y 127 quáter desarrollan el deber de lealtad. Constituyen concreciones suyas en cuanto orientan el comportamiento de los administradores respecto de la distribución del valor empresarial generado. Sin embargo, no agotan los deberes de los administradores en este ámbito; *id est*, se trata de *numerus apertus* y no *clausus*[23]. Basta repasar las concreciones del deber de lealtad que hacía el Informe Aldama para comprobar que existen otros deberes de lealtad además de los previstos en las disposiciones referidas. La Ley de Transparencia se ha limitado a recoger el desarrollo que hizo la propuesta de Código de Sociedades Mercantiles. Por otra parte, los deberes de lealtad de los artículos 127 ter y 127 quáter constituyen reglas jurídicas al estar dotadas de cierta generalidad que las convierte en generadores de obligaciones concretas.

3. Deberes de lealtad del art. 127 ter

El art. 127 ter regula cuatro supuestos de hecho respecto de los que impone deberes a los administradores, como la prohibición de actuar o el deber de informar. La doctrina ha criticado la técnica legislativa al considerar que sería deseable una cláusula general que estableciera el deber de lealtad y, a continuación, la presentación de diversos supuestos más concretos, a título ejemplificativo, que sirvieran de guía al intérprete[24]. El paradigma sería la Ley 3/1991, de 10 de enero, de Competencia Desleal.

---

diligencia, dotándole de un contenido ético. «Surge así una *diligencia sobreexigida* o *comprometida* con el interés social; *diligencia cualificada* por un plus de exigencia dimanante del compromiso ético y jurídico con la promoción y defensa del interés social» (315). Por lo tanto, constituye una «subcláusula general» del deber de diligencia que trasciende todos los deberes de los administradores.

23 En ese sentido se orienta el Juzgado de lo Mercantil número 1 de Málaga en la sentencia de 17 de marzo de 2006 (AC 2006\442), cuando deriva del deber de lealtad la obligación de impugnar los acuerdos sociales contrarios a la Ley, al orden público o al interés social. En la misma dirección se pronuncia la Audiencia Provincial de Santa Cruz de Tenerife en la sentencia de 28 de marzo de 2007 (AC 2007\894), en la que declara que el incumplimiento del deber de secreto constituye también un incumplimiento de los deberes de lealtad y fidelidad. En la doctrina, SÁNCHEZ CALERO, *Los administradores en las sociedades de capital*, cit., 192 y JUSTE MENCÍA E IGARTUA ARREGUI, «Los deberes fiduciarios de diligencia y lealtad. En particular, los conflictos de interés y las operaciones vinculadas», cit., 928.

24 EMBID, «Apuntes sobre los deberes de fidelidad y lealtad de los administradores de las sociedades anónimas», cit., 33; EMBID, «Los deberes de los administradores de las sociedades cotizadas (El art. 114 de la Ley del mercado de valores)», cit., 11; RECALDE, «Del

Sin embargo, cabe recordar que el primer apartado del artículo 127 contiene la cláusula general de la que tradicionalmente se derivaban los deberes de diligencia y lealtad. Y el artículo 127 bis establece un estándar de actuación que ayuda a seguir concretando estos deberes. Y la conjunción de las dos premisas ha permitido proponer la siguiente cláusula general, a la que nos adherimos: «La lealtad, ..., no es sino expresión de esa diligencia inhibitoria u omisiva comprometida con la defensa negativa (*non facere*) del interés social por razón de fidelidad. Esta lealtad debida al interés social (fidelidad, en sentido abstracto o general) tiene por finalidad evitar que los administradores, por muy diligentes que éstos sean, obtengan cualquier beneficio a expensas de la sociedad en un conjunto de situaciones (excluidas las comprendidas en el deber de diligencia) en las que está presente un conflicto de intereses entre éstos y la sociedad cuya empresa administran»[25]. Consecuentemente la cláusula general permitiría deducir deberes concretos, que se añadirían a los previstos en el artículo 127 ter. Entre ellos se hallan evitar cualquier situación de conflicto potencial de intereses con la sociedad, no actuar en conflicto de intereses con la sociedad, abstenerse de competir con la sociedad administrada o no obtener beneficios a expensas de la sociedad[26].

Por otra parte, también se ha criticado la diversidad de los deberes impuestos a los administradores, vinculados con los supuestos de hecho tipificados. De nuevo parecería más acertado imponer unos deberes generales, con independencia de la posibilidad de concretarlos cuando fuera necesario[27].

«Código Olivencia» a la aplicación de la Ley de Transparencia. (Un balance provisional -y decepcionante- sobre la reforma del «gobierno corporativo» en las sociedades cotizadas españolas)», cit., 1901, quien recuerda que el art. 127 mantiene la cláusula general de lealtad al exigir que el administrador actúe como un «representante leal» y Paz-Ares, «La responsabilidad de los administradores como instrumento de gobierno corporativo», cit., 48. Serrano Cañas (*El conflicto de intereses en la administración de sociedades mercantiles*, cit., 343) critica la falta de una sistemática clara.

25 Serrano Cañas, *El conflicto de intereses en la administración de sociedades mercantiles*, cit., 321 s. y 335 ss.

26 Serrano Cañas, *El conflicto de intereses en la administración de sociedades mercantiles*, cit., 322.

27 Así Juste Mencía e Igartua Arregui, «Los deberes fiduciarios de diligencia y lealtad. En particular, los conflictos de interés y las operaciones vinculadas», cit., 929 y Paz-Ares, «La responsabilidad de los administradores como instrumento de gobierno corporativo», cit., 49, quien propone la fórmula siguiente: «...la racionalización debería acometerse partiendo de un criterio general de *prohibición relativa*, de forma que, en principio, ningún administrador pudiese: (i) explotar oportunidades de negocio de la sociedad; (ii) realizar

3.1. Prohibición de utilizar el nombre de la sociedad y de invocar la condición de administrador

El primer apartado del art. 127 ter prohíbe a los administradores utilizar el nombre de la sociedad o invocar su condición de gestores de la misma para realizar operaciones por cuenta propia o de personas a ellos vinculadas. Constituye una de las concreciones típicas de los deberes de lealtad, pues aparecía tanto en el Informe Olivencia como en el Informe Aldama, además de en la propuesta de Código de Sociedades Mercantiles (art. 123)[28].

La disposición presenta dos problemas. El primero es la falta de referencia a la prohibición de utilizar los activos sociales. Parece evidente que constituye una concreción del deber de lealtad pues, al tratarse de bienes de la sociedad, no deben poder ser utilizados por los administradores en provecho propio. Corrobora esa impresión el hecho de que se halle presente en los informes de gobierno corporativo y en la propuesta de Código de Sociedades Mercantiles así como, según la doctrina, en otras normas del Derecho societario español (arts. 135 Ccom. y 1695.2 Cc., *contrario sensu*)[29].

Sin embargo, su incorporación al precepto comentado se enfrenta con un importante argumento en contra. Constituyó el objeto de una enmienda que se presentó en el Congreso y que no se aprobó[30]. Aún así, creemos necesario corregir la omisión al tratarse de una hipótesis evidente de deslealtad en el gobierno societario. Y el carácter no exhaustivo de los supuestos del art. 127 ter LSA ayuda a defender esa interpretación. Además

con ella operaciones vinculadas; (iii) usar activos sociales, incluida la información confidencial y (iv) competir con la sociedad».

28 El Informe Olivencia recomendaba a las sociedades cotizadas regular la utilización de los activos sociales para impedir su aplicación a fines privados y prohibir el aprovechamiento de las ventajas patrimoniales. El art. 123 de la propuesta de Código de Sociedades Mercantiles recogió el testigo y prohibió la utilización de los activos sociales en beneficio propio así como utilizar el nombre la sociedad o invocar la condición de administrador por cuenta propia o de las personas vinculadas. El Informe Aldama entroncó con ambos al vetar la utilización de los activos sociales y aprovecharse de su condición de administrador en la empresa para obtener una ventaja patrimonial, salvo en caso de que hubiera contraprestación para la sociedad.

29 Así Llebot, «Deberes y responsabilidad de los administradores», cit., 36.

30 Nos referimos a la enmienda núm. 32 presentada por el Grupo Parlamentario Socialista, que justificó con las siguientes palabras: «El precepto, sorprendentemente, omite el deber de los administradores de no usar en beneficio propio los bienes de la sociedad. Ha de introducirse así expresamente tal obligación». Se volvió a proponer la misma enmienda en el Senado con el núm. 31.

debe subrayarse que la prohibición debe centrarse en los casos en que la utilización de los activos sociales es «indebida» por servir a la satisfacción de los intereses de los administradores o de las personas vinculadas y no contar con la autorización de la sociedad.

En segundo lugar, cabe criticar el supuesto de hecho tipificado en el apartado primero pues, a nuestro modesto entender, la invocación del nombre de la sociedad o de la condición de administrador no constituye tacha de deslealtad suficiente. Es más, puede considerarse obligatorio informar a la contraparte acerca del cargo ocupado y de la sociedad para la que normalmente se actúa. Por eso consideramos necesario interpretar que sólo está prohibida la actuación referida cuando genera un beneficio para el administrador a costa de la sociedad o cuando produce confusión en la contraparte[31]. El examen de los antecedentes del precepto ayuda a fundamentar la tesis. El Informe Olivencia aludía al «aprovechamiento» de las ventajas patrimoniales, lo que indicaba que el lucro de los administradores debía salir del perjuicio de la sociedad. Y el Informe Aldama prohibía la conducta cuando no hubiera contraprestación para la sociedad[32].

3.2. Oportunidades de negocio

El apartado segundo tiene por objeto las oportunidades de negocio y las inversiones que vayan destinadas a la sociedad o respecto de las que tenga interés, y prohíbe a los administradores aprovecharse de ellas. El supuesto de hecho se compone de cuatro elementos[33]. El primero es las

---

[31] En cuanto a la primera posibilidad, QUIJANO y MAMBRILLA, «Los deberes fiduciarios de diligencia y lealtad. En particular los conflictos de interés y las operaciones vinculadas», cit., 960; mantiene la segunda MATEU DE ROS CEREZO, Rafael: *La Ley de Transparencia de las sociedades anónimas cotizadas*, Thomson-Aranzadi, Pamplona, 2004, 148. Véase también SERRANO, *El conflicto de intereses en la administración de sociedades mercantiles*, cit., 345 ss., quien exige que el aprovechamiento del cargo induzca a error al tercero o cause desprestigio en la sociedad, razón por la cual considera que más que un problema de deslealtad es de falta de poder.

[32] Sin embargo, de nuevo los trabajos preparatorios aportan un argumento en contra. El Grupo Parlamentario de Senadores Nacionalistas Vascos (GPSNV) propuso introducir la coletilla «que pudieran ocasionar un perjuicio a la sociedad» en la enmienda núm. 11. Y la motivación resulta aleccionadora: «No tiene sentido que la Ley prohíba el uso del nombre social o de la condición de administrador por parte del consejero. Parece que tiene que ocultar su condición de tal como algo que sea vergonzante...» La enmienda no prosperó.

[33] QUIJANO y MAMBRILLA («Los deberes fiduciarios de diligencia y lealtad. En particular, los conflictos de interés y las operaciones vinculadas», cit., 961) afirman que se trata de una prohibición absoluta pues siempre genera perjuicios para la sociedad. Solamente se

«inversiones o cualquiera operaciones ligadas a los bienes de la sociedad». La doctrina ha centrado la atención en el significado de la expresión. Algunos autores han criticado su ambigüedad y falta de precisión[34]. Otros han propuesto una interpretación amplia basada en la literalidad del precepto[35]. Compartimos la última tesis ya que, además de la literalidad del apartado segundo, está prevista la posibilidad de que la sociedad autorice a sus administradores a aprovecharse de sus oportunidades de negocio. Por esa razón resulta preferible una exégesis amplia que obligue a los gestores de la compañía a requerir su consentimiento para aprovecharse de las inversiones y operaciones dirigidas a ella o que le interesen.

El segundo elemento es la vinculación de las inversiones y operaciones con la sociedad. El apartado segundo utiliza el criterio del destinatario o del interés[36]. Razones de seguridad y de transparencia exigen, de nuevo, una interpretación amplia que favorezca a la sociedad y obligue a los administradores a obtener su autorización para poder realizar las operaciones correspondientes. En tercer lugar, la disposición alude a que los administradores hayan tenido conocimiento de la operación «por razón de su cargo». A nuestro modesto entender este requisito resulta excesivo puesto que es indiferente la vía por la que el administrador trabe conocimiento de la inversión o de la operación[37]. También perjudican a la socie-

---

admiten los casos expresa y legalmente exceptuados. Por otra parte, el profesor Sánchez Calero (*Los administradores en las sociedades de capital*, cit., 195) subraya que es necesario que la sociedad sufra un daño.

34 Así por ejemplo Mateu de Ros Cerezo, *La Ley de Transparencia de las Sociedades Anónimas Cotizadas*, cit., 149 y Juste Mencía e Igartua Arregui, «Deberes de los administradores (Reforma de la LSA por la Ley de Transparencia)», cit., 80.

35 Embid, «Los deberes de los administradores de las sociedades cotizadas (El art. 114 de la Ley del mercado de valores)», cit., 17, quien subraya que el legislador ha querido huir de términos concretos y limitados así como el carácter dinámico del término «operación»; Quijano y Mambrilla, «Los deberes fiduciarios de diligencia y lealtad. En particular, los conflictos de interés y las operaciones vinculadas», cit., 962 y Serrano, *El conflicto de intereses en la administración de sociedades mercantiles*, cit., 348. Según Llebot (*Los deberes de los administradores de la sociedad anónima*, cit., 120), es la situación de los Estados Unidos.

36 Como explica Díaz Echegaray (*Deberes y responsabilidad de los administradores de sociedades de capital*, cit., 153), basta que concurra uno de los dos requisitos: bien que se ofrezca la oportunidad a la sociedad, bien que ésta tenga interés en ella. Además de la literalidad del precepto, los trabajos preparatorios confirman la interpretación: se desestimó una enmienda (núm. 72) del Grupo Parlamentario Catalán en el Congreso que proponía la sustitución de la conjunción «o» por la «y» al entender que si la sociedad no tenía interés en la oportunidad, aunque fuera dirigida a ella, el administrador podría aprovecharse.

37 En ese sentido, Juste Mencía e Igartua Arregui, «Deberes de los administradores (Reforma de la LSA por la Ley de Transparencia)», cit., 80; Díaz Echegaray, *Deberes y responsabilidad de los administradores de sociedades de capital*, cit., 152 e incluso con anterioridad

dad las oportunidades de las que se aprovecha el administrador y que conoció en su vida privada.

Por último, la sociedad puede renunciar a la inversión u operación propuesta, en cuyo caso el administrador tiene vía libre para realizarla. Surge la duda del órgano societario competente para desechar la operación, pues el art. 127 ter no lo concreta. Se ha afirmado que se trata del órgano de administración, ya que las operaciones e inversiones propuestas entran normalmente en el giro de la empresa[38]. Compartimos la tesis puesto que el apartado segundo aporta un argumento adicional al exigir que el acuerdo se haya tomado sin la influencia del administrador en cuestión. Aunque también podría incidir en la junta general, lo normal es que despliegue su ascendiente en el órgano de administración. Y este razonamiento fundamenta la excepción que la doctrina ha hecho a la tesis defendida: en el caso del administrador único la decisión compete al órgano soberano de la sociedad.

Otra duda que se plantea es si el administrador puede aprovecharse de la oportunidad en caso de que razones financieras impidan a la sociedad realizarla. Actualmente la doctrina incluye esta hipótesis dentro de la prohibición[39]. La razón es que compete al administrador esforzarse por sortear esos obstáculos. Si se le permitiera entrar en negocios que la sociedad no puede realizar por razones financieras se estaría incentivando la dejación de sus funciones.

3.3. Conflictos de intereses

El tercer apartado del art. 127 ter regula los conflictos de intereses entre la sociedad y los administradores e impone tres obligaciones: informar al consejo de administración, abstenerse de intervenir en la operación e

---

a la Ley de Transparencia PORTELLANO DÍEZ, Pedro: *Deber de fidelidad de los administradores de sociedades mercantiles y oportunidades de negocio*, Civitas, Madrid, 1996, 48. En cambio MATEU DE ROS CEREZO (*La Ley de Transparencia de las Sociedades Anónimas Cotizadas*, cit., 149) pone el acento en que normalmente serán los administradores ejecutivos los que cometan este ilícito desleal al ser los únicos que tienen acceso a la información relevante.

38 Por ejemplo, MATEU DE ROS CEREZO, *La Ley de Transparencia de las Sociedades Anónimas Cotizadas*, cit., 149 y DÍAZ ECHEGARAY, *Deberes y responsabilidad de los administradores de sociedades de capital*, cit., 154, quien añade que la competencia será de la junta general en el caso del administrador único.

39 EMBID, «Apuntes sobre los deberes de fidelidad y lealtad...», cit., 36 y PORTELLANO DÍEZ, *Deber de fidelidad de los administradores de sociedades mercantiles y oportunidades de negocio*, cit., 64 s.

incluir una referencia en el informe anual de gobierno corporativo[40]. Cabe empezar con el conflicto de intereses. No existe definición alguna en la disposición comentada y tampoco en sus antecedentes. Sin embargo debe mantenerse una interpretación amplia[41]. Dos argumentos la sustentan. En primer lugar, razones de seguridad y transparencia aconsejan incluir dentro del supuesto todas las hipótesis en que los intereses de los administradores puedan colisionar con los de la sociedad. Recuérdese que el art. 127 bis exige a los primeros fidelidad al interés social. El segundo argumento es la literalidad del apartado tercero, que incluye los conflictos directos y los indirectos, así como los potenciales («que pudieran tener») además de los reales. La amplitud de la exégesis permite salvar la omisión de la referencia a las personas vinculadas e interpretar que también quedan incluidos en el supuesto de hecho los conflictos de intereses entre la sociedad y las personas relacionadas con los administradores[42].

La primera obligación del administrador en conflicto es informar al consejo de administración. La falta de concreción sobre la comunicación obliga a interpretar de forma flexible el precepto y otorgar eficacia a las previsiones existentes en el interior de la sociedad, bien en los estatutos bien en el reglamento de régimen interno[43]. Empezando con el plazo de la comunicación, debiera hacerse con la antelación suficiente para que el consejo pudiera conocer del asunto y decidir acerca de la existencia de un conflicto. No obstante, es posible que las circunstancias del caso lo impidan. En cuanto a la forma, la falta de previsión obliga a mantener que el administrador dispone de libertad al respecto, siempre que sea adecuada para transmitir la información al consejo y dejando a salvo las exigencias de las normas internas de la sociedad. Tampoco existe previsión legal sobre el contenido. Ahora bien, a nuestro modesto entender no debe considerarse adecuada una comunicación general sino que debe transmitirse la información necesaria para que el consejo pueda valorar y

---

[40] Al respecto véase Serrano, *El conflicto de intereses en la administración de sociedades mercantiles*, cit., *passim*; pero en especial 363 ss.

[41] En cuanto al concepto de conflicto de intereses véase Serrano, *El conflicto de intereses en la administración de sociedades mercantiles*, cit., 56 ss. y sobre todo 363 ss. Mantiene que la Ley de Transparencia no contiene un concepto unívoco y distingue en función del deber impuesto: opta por un concepto amplio en relación con el deber de comunicación (págs. 367 s.) y uno estricto en cuanto al de abstención (págs. 368 s.

[42] En ese sentido, Juste Mencía e Igartua Arregui, «Deberes de los administradores (Reforma de la LSA por la Ley de Transparencia)», cit., 80.

[43] Véase Mateu de Ros Cerezo, *La Ley de Transparencia de las Sociedades Anónimas Cotizadas*, cit., 150.

decidir la existencia o no del conflicto[44]. En cuanto al destinatario de la comunicación, el apartado tercero se refiere exclusivamente al consejo de administración. Esa solución deviene criticable porque no tiene en cuenta la diversas formas que puede adoptar el órgano de administración. La referencia al consejo conduce a mantener que el destinatario de la información deben ser los demás administradores. La única excepción es la hipótesis del administrador único: dado que es él quien se halla en situación de conflicto, lo más razonable es que deba dirigir la comunicación al otro órgano necesario de la sociedad, la junta general, y que ésta decida acerca de la existencia del conflicto[45].

La segunda obligación del administrador es abstenerse de intervenir en la operación a que el conflicto se refiere. La falta de concreción de la disposición genera dos interpretaciones posibles. La restrictiva lleva a ceñir la prohibición a la votación, de modo que el administrador puede participar en la deliberación del consejo[46]. El principal argumento a favor es que el administrador podrá informar al consejo durante la reunión y aportar sus conocimientos y experiencia. La consecuencia es que no deberá tenerse en cuenta al administrador al determinar la mayoría absoluta que exige el art. 140 LSA[47]. La interpretación amplia identificaría la «operación» con la reunión del consejo, de modo que el administrador no podría participar ni en la deliberación ni en la votación[48]. Se apoya en la necesidad

---

44 SERRANO CAÑAS (*El conflicto de intereses en la administración de sociedades mercantiles*, cit., 369 ss.) justifica esta tesis en la necesidad de que todos los administradores dispongan de la misma información. El autor se plantea también el problema en que la información que debe proporcionar el administrador está amparada por el deber de secreto (págs. 372 s.
45 Así JUSTE MENCÍA e IGARTUA ARREGUI, «Deberes de los administradores (Reforma de la LSA por la Ley de Transparencia)», cit., 81 y DÍAZ ECHEGARAY, *Deberes y responsabilidad de los administradores de sociedades de capital*, cit., 156. SÁNCHEZ CALERO propone una interpretación parcialmente diversa. Defiende que debe informarse a la junta general cuando la sociedad haya optado por una forma de organizar su administración diversa del consejo. Véase SÁNCHEZ CALERO, *Los administradores en las sociedades de capital*, cit., 197 s.
46 Por ejemplo, SÁNCHEZ CALERO, *Los administradores en las sociedades de capital*, cit., 208 s., quien deriva la anulabilidad del acuerdo en caso de incumplimiento de la obligación de abstención.
47 Al respecto SÁNCHEZ ÁLVAREZ, «Art. 127 ter.3 LSA y quórums de constitución y votación», cit., 271 ss.
48 Por ejemplo RECALDE, «Del «Código Olivencia» a la aplicación de la Ley de Transparencia. (Un balance provisional -y decepcionante- sobre la reforma del «gobierno corporativo» en las sociedades cotizadas españolas)», cit., 1902, quien, no obstante, critica la previsión en cuanto que la mera obligación de abstención no garantiza que el consejo decida de forma independiente y SERRANO, *El conflicto de intereses en la administración de sociedades mercantiles*, cit., 390, quien trae a colación la recomendación 8.ª del Código Unificado de Buen Gobierno.

de evitar la influencia del administrador sobre los demás miembros del consejo durante la sesión. También en este caso deberá tenerse en cuenta la abstención del administrador al apreciar la concurrencia del quórum de asistencia del art. 139 LSA.

La prohibición de intervenir en la operación genera otra duda: la de si el consejo puede impedir al administrador participar en la deliberación y/o votación. La razón es que el apartado tercero configura la prohibición como una obligación personal del administrador y no como una facultad del consejo[49]. A nuestro modesto entender, la consecuencia es que la decisión final compete al administrador en cuestión[50]. Es decir, aunque el órgano de administración considere que existe conflicto de intereses, no podrá impedir que el administrador implicado participe en la deliberación y en la votación. Con todo, el acuerdo podrá ser impugnado y el administrador cesado en virtud del art. 131 LSA.

La tercera obligación del apartado 3.º es informar acerca de las situaciones de conflicto de intereses en el informe anual de gobierno corporativo[51]. Grava sobre el consejo de administración y no sobre el administrador en cuestión, dado que sólo al primero compete confeccionar el informe anual. El principal problema que genera es su aplicación a las sociedades no cotizadas, al no estar obligadas a presentar el informe anual de gobierno corporativo. Dada la finalidad del precepto y al paralelismo existente entre los apartados 3º y 4º del artículo 127 ter, una opinión autorizada ha mantenido que las sociedades no cotizadas deben informar sobre los conflictos de intereses en la memoria[52]. A pesar de la plausibilidad de la tesis, existe un importante argumento en contra. Durante los trabajos preparatorios se propuso que las situaciones de conflicto no sólo

---

[49] El art. 125.1 de la propuesta de Código de Sociedades Mercantiles se orientaba en esa dirección pues comenzaba con la fórmula siguiente: «Cada uno de los administradores deberá comunicar ...»

[50] En contra, SERRANO CAÑAS, *El conflicto de intereses en la administración de sociedades mercantiles*, cit., 396 ss., quien alega el principio *nemo iudex in causa propia*. En particular, mantiene que la competencia corresponde al presidente más que al consejo de administración. Igualmente, el autor deriva del deber de fidelidad la obligación del administrador en conflicto permanente de cesar en su cargo (págs. 406 ss.).

[51] El informe se halla regulado en el art. 116 LMV, desarrollado por la Orden del Ministerio de Economía 3722/2003, de 26 de diciembre y ésta a su vez por la Circular CNMV 1/2004, de 17 de marzo (BOE de 29 de marzo de 2004), actualizada por la Circular 4/2007, de 27 de diciembre (BOE núm. 12, de 14 de enero de 2008).

[52] En este sentido SÁNCHEZ CALERO, *Los administradores en las sociedades de capital*, cit., 199 y SERRANO, *El conflicto de intereses en la administración de sociedades mercantiles*, cit., 383. Véase una crítica a esta obligación por su escasa eficacia en MATEU DE ROS CEREZO, *La Ley de Transparencia de las Sociedades Anónimas Cotizadas*, cit., 151.

se publicarán en el informe anual sino también en la memoria. Pero las enmiendas no prosperaron[53].

3.4. Actividades competitivas

El objeto del apartado 4.º del art. 127 ter LSA es la competencia del administrador a la sociedad. Le obliga a informar cuando participe en una sociedad competidora o cuando desarrolle una actividad en concurrencia con su sociedad. Además, impone que se recoja la información correspondiente en la memoria. Cabe empezar por el supuesto de hecho, que tiene por objeto una actividad idéntica, análoga o complementaria a la que conforma el objeto social de la sociedad a la que el administrador pertenece. El desarrollo de la actividad competidora puede hacerse directamente o a través de la participación en otra sociedad. En efecto, la disposición en cuestión comprende en primer lugar la participación en el capital de una sociedad concurrente y el ejercicio en ella de algún cargo o función. Y en segundo término se contempla el desarrollo de una actividad competidora directamente por el administrador.

El aspecto más destacable del supuesto de hecho es su amplitud. En efecto, no se establece umbral alguno para la participación en el capital de la sociedad competidora ni calificación alguna respecto de las funciones o cargos que el administrador desarrolle en ella[54]. Aunque la amplitud resulta sorprendente, y ha sido matizada por algún autor, puede considerarse coherente con la consecuencia jurídica prevista por el apartado cuarto: la obligación de informar y de incluir una referencia en la memoria de la sociedad[55]. La interpretación debería ser necesariamente diversa si se

---

[53] Eran las enmiendas núm. 33 (Congreso) y 32 (Senado) del Grupo Parlamentario Socialista, en las que también se exigía que los estatutos de la sociedad previeran que la reiteración de situaciones de conflicto comportaran el cese de los administradores.

[54] Así lo ha subrayado, en relación a la participación en el capital, MATEU DE ROS CEREZO, *La Ley de Transparencia de las Sociedades Anónimas Cotizadas*, cit., 152. Aunque se refiere a la situación anterior a la Ley de Transparencia, presenta interés la lectura de GALLEGO LARRUBIA, Javier: *Prohibición de competencia de los administradores de las sociedades de capital. (Presupuestos y ámbito de aplicación*, Publicaciones del Real Colegio de España, Bolonia, 2003, 250 ss.

[55] Por ejemplo, el profesor EMBID («Apuntes sobre los deberes de fidelidad y lealtad de los administradores de las sociedades anónimas», cit., pág. 40) considera lógico que el administrador sólo esté obligado a informar cuando el cargo o la función que desarrolle en la sociedad competidora goce de estabilidad, excluyendo los que sean meramente puntuales. No obstante, como afirman PORTELLANO (*Deber de fidelidad de los administradores de sociedades mercantiles y oportunidades de negocio*, cit., 42 s.) y GALLEGO LARRUBIA (*Prohibición de com-*

prohibiera a los administradores participar en una sociedad competidora. En ese caso sería imprescindible establecer algún umbral mínimo respecto de la participación en el capital social o exigir una cierta relevancia o estabilidad en los cargos o funciones desarrollados en la sociedad competidora. En cambio, esas exigencias no son indispensables -aunque podrían ser adecuadas- cuando la obligación impuesta es la de informar, como prevé el art. 127 ter .4 LSA.

Por otra parte, la doctrina ha negado que pueda interpretarse restrictivamente la referencia a la participación en el «capital» de una sociedad competidora, en el sentido que el supuesto de hecho quede ceñido a las sociedades de capital[56]. La finalidad del precepto invita a interpretar la referencia al capital en sentido amplio, de modo que comprende todo tipo de sociedades, incluso las personalistas y las civiles, así como otras personas jurídicas que desarrollen una actividad empresarial. La razón es que el elemento realmente significativo es que tengan un objeto idéntico, análogo o complementario al de la sociedad en la que el administrador desarrolla sus funciones.

Igualmente la amplitud es puesta de relieve por la referencia a las actividades competidoras. El apartado 4.º no se ciñe a las actividades que coincidan plenamente con el objeto de la sociedad en que el administrador desarrolla sus funciones. Al contrario comprende no sólo las actividades idénticas y análogas sino también las que sean meramente complementarias. Por otra parte, sorprende que no exista referencia alguna a las personas vinculadas; por ejemplo, que no se haya incluido en el supuesto de hecho expresamente el desarrollo de actividades competidoras por parte de las personas vinculadas al administrador o la participación de éstas en sociedades competidoras. No obstante, como veremos, razones de seguridad y transparencia impelen a superar la literalidad del precepto e incluir en el supuesto de hecho a las personas vinculadas.

El apartado 4.º del art. 127 ter LSA establece dos obligaciones. La primera es la de comunicar la participación en una sociedad competidora o el desarrollo de una actividad en concurrencia con la sociedad. Recae

---

petencia de los administradores de las sociedades de capital. (Presupuestos y ámbito de aplicación), cit., 45 s.), también se produce un conflicto de intereses cuando el administrador realiza un acto puntual de gestión para un competidor de su sociedad. Por otra parte, en relación con la situación anterior a la Ley de Transparencia, LLEBOT (*Los deberes de los administradores de la sociedad anónima*, cit., 124 s.) mantenía que era necesario que la competencia generara algún perjuicio para la sociedad para que pudiera constituir un incumplimiento del deber de lealtad.

56 EMBID, «Apuntes sobre los deberes de fidelidad y lealtad de los administradores de las sociedades anónimas», cit., pág. 40.

sobre el administrador en cuestión. El principal problema que plantea es que no identifica al destinatario de la comunicación. La omisión resulta criticable debido a la comparación con el apartado 3.º, que -recordemos- establece que deberá dirigirse la comunicación al consejo de administración. El problema se agrava porque el artículo 65 LSRL otorga la competencia a la junta general para decidir si los administradores pueden hacer la competencia a la sociedad; por lo tanto, podría interpretarse que debe informarse al órgano soberano. Sin embargo, coincidimos con la doctrina en que resulta preferible considerar que el destinatario de la comunicación es el órgano de administración -o la junta general en caso de que la sociedad haya optado por un administrador único-[57]. Tres son los argumentos. El primero es que, al corresponder la decisión sobre la existencia de un conflicto de intereses al órgano de administración, es lógico convertirlo en el destinatario de la comunicación. En segundo lugar, el paralelismo con el apartado 3.º fundamenta la misma solución. Y por último, el art. 126 de la propuesta de Código de Sociedades Mercantiles, antecedente del apartado 4.º del art. 127 ter LSA, establecía que debía informarse a los demás administradores o, en caso del administrador único, a la junta de accionistas[58].

La segunda obligación es la de incluir la información en la memoria de la sociedad. Plantea dos cuestiones. La primera es la anulabilidad del acuerdo de la junta general que aprueba las cuentas anuales, y por lo tanto la memoria, en caso de omisión. En una sentencia de 13 de julio de 2005, la Audiencia Provincial de La Coruña se pronunció en sentido afirmativo porque el consejo de administración conocía la existencia del conflicto de intereses y no lo reflejó en la memoria[59].

---

[57] En ese sentido, EMBID, «Apuntes sobre los deberes de fidelidad y lealtad de los administradores de las sociedades anónimas», cit., 41, quien fundamenta la afirmación en razones de pura lógica jurídica; SÁNCHEZ CALERO, *Los administradores en las sociedades de capital*, cit., 201 y DÍAZ ECHEGARAY, *Deberes y responsabilidad de los administradores de sociedades de capital*, cit., 159.
Con todo, téngase en cuenta que se desestimaron dos enmiendas del Grupo Parlamentario Socialista (núms. 34 en el Congreso y 33 en el Senado) que exigían a los administradores informar a la junta y al consejo de administración acerca de la participación en empresas competidoras.

[58] «Cada uno de los administradores deberá comunicar a los demás, y el administrador único a la junta de socios, la participación que tuvieran en el capital de una sociedad con el mismo, análogo o complementario género de actividad al que constituya el objeto social así como los cargos o las funciones que en ella ejerzan. Una vez comunicada, la información se incluirá en la memoria».

[59] AC 2005\1774. La sentencia tiene su origen en la decisión del Juzgado de lo Mercantil número 1 de La Coruña, de 16 de enero de 2005 (AC 2005\146), en la que se especificaba

La segunda cuestión es si debe hacerse una referencia a la participación en una sociedad competidora o al desarrollo de una actividad competidora en el informe anual de gobierno corporativo. Existen tres argumentos en contra. El primero es la comparación con el apartado 3.º, que sí exige la inclusión de una referencia en el informe anual. No obstante, cabe recordar que no aludía a la memoria de la sociedad, lo que generaba el problema de las sociedades no cotizadas. El segundo argumento es que las normas que regulan el informe anual de gobierno corporativo no prevén expresamente la inclusión de una referencia a las situaciones concurrenciales previstas en el apartado 4.º Con todo, tampoco prevén la alusión a los conflictos de intereses y el apartado 3.º del artículo 127 ter LSA sí lo exige. En tercer lugar, las enmiendas núms. 34 (Congreso) y 33 (Senado) del Grupo Parlamentario Socialista ordenaban incluir información sobre los supuestos de competencia en la memoria y en el informe anual de gobierno corporativo. Pero no se aprobaron. A pesar de los argumentos anteriores, la doctrina ha mantenido que debe hacerse una referencia a las situaciones concurrenciales en el informe anual de gobierno corporativo en virtud del paralelismo entre los apartados 3º y 4º[60].

La principal crítica que debe hacerse al apartado 4.º es que no haya prohibido expresamente al administrador participar significativamente en una sociedad competidora o concurrir con su sociedad. Y existen importantes argumentos contrarios a poder deducir esa obligación negativa. En primer lugar la exégesis sistemática, pues los dos primeros apartados del art. 127 ter LSA prohíben determinados comportamientos, mientras que

---

que la información que debía incluirse en la memoria «debe ser por lo tanto actual, precisa e individualizada en cada administrador, sin que basten meras referencias genéricas a la participación de todos o alguno de los componentes del consejo en el capital de sociedades de objeto social análogo». El juez añadió que el incumplimiento de esa obligación generaba la responsabilidad del administrador pero no invalidaba el acuerdo social aprobatorio de las cuentas anuales. A pesar de compartir la argumentación del Juzgado, la Audiencia Provincial declaró la nulidad del acuerdo en virtud de las especiales connotaciones del caso; en particular, porque el consejo de administración conocía el conflicto de intereses y no lo reflejó en la memoria. En el sentido de la Audiencia, SÁNCHEZ CALERO, *Los administradores en las sociedades de capital*, cit., 203.

60 En ese sentido RECALDE, «Del «Código Olivencia» a la aplicación de la Ley de Transparencia. (Un balance provisional -y decepcionante- sobre la reforma del «gobierno corporativo» en las sociedades cotizadas españolas)», cit., 1902 s. Además, el autor subraya que la exigencia de incluir la información en la memoria puede resultar excesiva en los casos en que la participación del administrador en una sociedad competidora no sea significativa. Igualmente señala el riesgo de considerar suficiente cualquier información formal proporcionada por el informe de gobierno corporativo, de modo que excluya la existencia de incumplimiento del administrador.

el cuarto simplemente obliga al administrador a informar. En segundo término, el análisis de los antecedentes y de otros referentes de la disposición. Tanto el art. 125.2 de la propuesta de Código de Sociedades Mercantiles como el art. 65 LSRL prohíben a los administradores hacer la competencia a su sociedad; si bien el último precepto excluye la prohibición cuando la junta general lo autorice[61]. Por último, durante los trabajos preparatorios se propuso prohibir a los administradores hacer la competencia a la sociedad[62]. Sin embargo, las enmiendas fueron rechazadas. Esas razones han llevado a concluir que los administradores de la sociedad anónima no tienen prohibido hacer la competencia a la sociedad ni participar en otras empresas competidoras[63].

---

[61] El apartado 2.º del art. 125 PCSM reza: «Los administradores no podrán dedicarse, por cuenta propia o ajena al mismo, análogo o complementario género de actividad que constituya el objeto social, salvo autorización previa de la sociedad mediante acuerdo de la junta de socios».
En cuanto a la posibilidad de autorización por la junta general que prevé el art. 65 LSRL, véase la sentencia de la Audiencia Provincial de Barcelona de 2.7.2007 (www.laley.net, núm. 6954, de 27 de mayo de 2008). En ella se rechaza que sea suficiente la autorización tácita exigiendo que sea expresa y que se haya planteado formalmente el tema en la junta general.
PORTELLANO (*Deber de fidelidad de los administradores de sociedades mercantiles y oportunidades de negocio*, cit., 29 s.) mantiene que la prohibición de competencia se halla en todos los tipos societarios en el Derecho español. Y LLEBOT («Deberes y responsabilidad de los administradores», cit., 39) destaca la prohibición de los artículos 1683 Cc.; 136 I y 137 Ccom., que aunque referidos a los socios «son claramente aplicables a los administradores dado que en la inmensa mayoría de los casos son aquellos los encargados de la administración». Respecto de la prohibición de competencia antes de la Ley de Transparencia, véase GALLEGO LARRUBIA, *Prohibición de competencia de los administradores de las sociedades de capital (Presupuestos y ámbito de aplicación)*, cit.

[62] Se trata de las enmiendas núms. 34 (Congreso) y 33 (Senado), presentadas por el Grupo Parlamentario Socialista. La motivación resulta significativa: «El proyecto, inexplicablemente, parte del principio de compatibilidad del ejercicio por parte de los administradores, por cuenta propia o ajena, de actividades iguales, análogas o complementarias de aquellas que constituyen el objeto social de la entidad administrada. Dicho principio debe ser justamente el contrario, incompatibilidad. Excepcionalmente se prevé que la Junta pueda autorizar el ejercicio de las citadas actividades, debiendo constar tal circunstancia en la memoria y en el informe anual de gobierno corporativo».

[63] En el mismo sentido, sentencia de la Audiencia Provincial de La Coruña de 13 de julio de 2005 (AC 2005\1774) en la que se advierte del posible conflicto entre los arts. 127 ter .4 y 132.2 LSA pero se declara la legalidad del ejercicio de cargos y funciones en sociedades competidoras.
Por otra parte, LLEBOT («Deberes y responsabilidad de los administradores», cit., 49) se plantea el problema de la falta de imposición general de la obligación de abstención respecto del deber de lealtad y propone utilizar la impugnación de los acuerdos del consejo en que haya votado el administrador en conflicto. En cuanto a la relación entre el 127 ter y

Sin embargo, puede forzarse la interpretación y mantener la prohibición de los administradores de competir con la sociedad[64]. Se puede fundamentar la tesis en la cláusula general del deber de lealtad que se deriva de la conjunción del principio básico de los deberes de los administradores de actuar como un ordenado empresario y un representante leal con el deber de fidelidad, que obliga al administrador a anteponer los intereses de la sociedad sobre los del socio.

3.5. Dispensa

Uno de los aspectos más interesantes de los deberes de lealtad es la posibilidad de dispensar las prohibiciones que se imponen a los administradores. La razón reside en su eficacia, además de en la falta de regulacion. Las únicas previsiones puntuales existentes se hallan en el apartado segundo del art. 127 ter LSA, que permite a los administradores aprovecharse de las oportunidades de negocio de la sociedad cuando ésta haya desestimado la inversión o la operación, y en el art. 65 LSRL, que permite a la junta general autorizar al administrador a competir con la sociedad. Consecuentemente son múltiples las dudas que se generan. Cabe empezar por la validez de la dispensa. En efecto, la ausencia de previsión legal obliga a cuestionarse acerca de si es posible que se permita a los administradores actuar en caso de que sus intereses, o de personas vinculadas a ellos, choquen con los de la sociedad. Coincidimos con la doctrina que se ha pronunciado al respecto en que la respuesta debe ser afirmativa[65]. La razón es que nada impide que la sociedad renuncie a la primacía que la ley le confiere y permita al administrador realizar sus intereses en caso de conflicto. Y esta renuncia puede formularse con anterioridad (dispensa) o con posterioridad (ratificación) a la actuación del administrador. Con todo, debe tenerse en cuenta que durante los trabajos preparatorios se propuso la posibilidad de que los estatutos introdujeran excepciones a los deberes y prohibiciones del artículo 127 ter pero no cuajó[66].

Ahora bien, dado el carácter imperativo de la Ley de Sociedades Anónimas y la finalidad de los deberes de lealtad, creemos que sólo procede

---

el 132.2 LSA véase Mateu de Ros Cerezo, *La Ley de Transparencia de las Sociedades Anónimas Cotizadas*, cit., 154.
64 Compartimos así la propuesta de Serrano, *El conflicto de intereses en la administración de sociedades mercantiles*, cit., 322.
65 Así Serrano, *El conflicto de intereses en la administración de sociedades mercantiles*, cit., 412.
66 Se trata de la enmienda 11 del Senado, presentada por el Grupo Parlamentario de Senadores Nacionalistas Vascos.

la dispensa respecto de operaciones singulares pero no con carácter general[67]. En otras palabras, no debe considerarse válida la cláusula estatutaria que permita a los administradores incumplir los deberes de lealtad. Por otra parte, la dispensa puede perjudicar a los terceros. Entre los diversos medios de defensa de los que quizás puedan valerse se hallan la impugnación de los acuerdos sociales y la acción de responsabilidad. Por otra parte, la validez de la dispensa unida a la falta de regulación legal otorgan eficacia a las previsiones existentes en las normas internas de la sociedad. Es más, resulta plenamente recomendable que disciplinen este tema, especificando el órgano competente para decidir, los requisitos y el procedimiento.

Otro de los temas polémicos es el órgano competente para otorgar la dispensa, existiendo dos posibilidades: la junta general y el órgano de administración. A favor de la primera posibilidad se puede argumentar que la dispensa constituye una modificación puntual de la relación entre el administrador y la sociedad, por lo que la competencia sólo puede

---

[67] En ese sentido, QUIJANO y MAMBRILLA, «Los deberes fiduciarios de diligencia y lealtad. En particular, los conflictos de interés y las operaciones vinculadas», cit., 933. En sentido opuesto, SERRANO, *El conflicto de intereses en la administración de sociedades mercantiles*, cit., 421 ss. PORTELLANO (*Deber de fidelidad de los administradores de sociedades mercantiles y oportunidades de negocio*, cit., 91 ss.) mantiene una posición intermedia. Considera que es posible autorizar que el administrador compita con la sociedad pero no que realice actividades convenientes para la consecución de los fines sociales y tampoco las actividades respecto de las que la sociedad ha manifestado su interés.

Por otra parte, merece significarse que han sido diversos los fundamentos atribuidos a la imperatividad del artículo 127 ter LSA. Unos autores recurren a la ilicitud de los pactos que afectan a la esfera jurídica de terceros (art. 6.2 Cc.) y a la prohibición de los pactos de impunidad por dolo (art. 1102 *in fine* Cc. Es la tesis que LLEBOT defiende en *Los deberes de los administradores de la sociedad anónima*, cit. 131, donde pone el acento en la prohibición de los pactos de impunidad del dolo, y en «Deberes y responsabilidad de los administradores», cit., 32. Otros autores recuerdan la imperatividad de la Ley de Sociedades Anónimas. Así QUIJANO y MAMBRILLA, «Los deberes fiduciarios de diligencia y lealtad. En particular, los conflictos de interés y las operaciones vinculadas», cit., 934 s. Una tercera posición fundamenta la imperatividad en el orden público económico. Así, en la monografía titulada *El conflicto de intereses en la administración de sociedades mercantiles*, cit., 412, SERRANO CAÑAS afirma que existe un interés público a la buena gestión de las sociedades anónimas que convierte a los arts. 127 ss. LSA en normas imperativas. Por último, PAZ-ARES postula la contraposición entre una política de severidad frente a la deslealtad y una política de indulgencia frente a la diligencia y recuerda la necesidad de conferir carácter imperativo al régimen de responsabilidad derivado del deber de lealtad a fin de conseguir los fines perseguidos. Véase su artículo «La responsabilidad de los administradores como instrumento de gobierno corporativo», cit., 15.

recaer en el órgano soberano[68]. Dos argumentos cabe esgrimir a favor de la competencia del órgano de administración; tesis a la que modestamente nos sumamos[69]. El primero es la mayor agilidad de decisión; el segundo es que es el destinatario de la información relativa al conflicto de intereses y, por lo tanto, el que ha de pronunciarse al respecto, siendo posible que reconozca la existencia del conflicto pero permita al administrador actuar. Ahora bien, en el caso del administrador único la competencia debe recaer sobre la junta general. Igualmente, nada impide que las normas internas de la sociedad confíen la decisión al órgano soberano.

En cuanto a los requisitos y al procedimiento de dispensa, se ha mantenido la necesidad de que la actividad del administrador no dañe a la sociedad[70]. Los argumentos esgrimidos han sido la analogía con el artículo 159 LSA y la necesidad de no perjudicar a las minorías de accionistas. Por otra parte, creemos necesario exigir que el administrador solicite la dispensa con antelación suficiente y que proporcione la información necesaria para que el órgano competente pueda valorar la situación y pronunciarse con conocimiento de causa, siempre que ello sea posible. Cabe reiterar la importancia que tendrán las normas internas de la sociedad para estos extremos.

4. Personas vinculadas

El apartado 5.º del art. 127 ter enumera las personas vinculadas al administrador a los efectos del deber de lealtad. Empieza con una declaración general, considerando personas vinculadas a determinados parientes del administrador; en particular, al cónyuge y a las personas con una relación de afectividad análoga, a los ascendientes, descendientes y hermanos del administrador o de su cónyuge, así como al cónyuge de los ascendientes, de los descendientes y de los hermanos del administrador. Cierra esta declaración general la consideración de las sociedades respecto de las que el administrador se encuentre en alguna de las situaciones previstas en el artículo 4 de la Ley 24/1988, de 28 de julio, del Mercado de Valores

---

68 Portellano, *Deber de fidelidad de los administradores de sociedades mercantiles y oportunidades de negocio*, cit., 80 y Llebot, «Deberes y responsabilidad de los administradores», cit., 42.
69 Es la posición de Serrano, *El conflicto de intereses en la administración de sociedades mercantiles*, cit., 418 y Mateu de Ros Cerezo, *La Ley de Transparencia de las Sociedades Anónimas Cotizadas*, cit., 159 s.
70 Portellano, *Deber de fidelidad de los administradores de sociedades mercantiles y oportunidades de negocio*, cit., 85; Llebot, «Deberes y responsabilidad de los administradores», cit., 42 y Serrano, *El conflicto de intereses en la administración de sociedades mercantiles*, cit., 415.

(en adelante LMV). A continuación se centra en el administrador persona jurídica, estableciendo las personas que tienen la condición de vinculadas. Empieza con los socios de la persona jurídica que se hallen en alguna de las situaciones previstas en el art. 4 LMV. A continuación incluye a los administradores de derecho y de hecho, a los liquidadores y a los apoderados generales. En tercer lugar, considera vinculadas a las sociedades del mismo grupo, conforme al art. 4 LMV. Por último, extiende la misma condición a todas aquellas personas que merezcan esa calificación respecto del representante del administrador persona jurídica.

La enumeración de las personas vinculadas presenta serios defectos de técnica legislativa. En primer lugar, cabe criticar la remisión específica a una norma ajena pues está sujeta a los cambios legislativos[71]. Y es precisamente lo que ha pasado con el reenvío al art. 4 LMV, que después de la reforma de 2007 se limita a remitirse al art. 42 Ccom[72]. El segundo defecto es la falta de precisión. Así, el apartado quinto contiene una primera enumeración de personas vinculadas a los administradores, sin mayor calificación y a continuación una segunda enumeración relativa a los administradores personas jurídicas. Tanto la contraposición como el contenido de los tres primeros números del apartado quinto invitan a referir la primera enumeración al administrador persona física. Por otra parte tampoco se entiende que se incluyan entre las personas vinculadas

---

[71] En ese sentido, por ejemplo, Paz-Ares, «La responsabilidad de los administradores como instrumento de gobierno corporativo», cit., 50.

[72] En efecto, en el momento en que entró en vigor la Ley de Transparencia el art. 4 LMV consideraba pertenecientes al mismo grupo a todas las entidades que constituyeran una unidad de decisión; unidad determinada por el control de unas entidades sobre otras. Así, la disposición rezaba:

«A los efectos de esta Ley, se considerarán pertenecientes a un mismo grupo las entidades que constituyan una unidad de decisión, porque alguna de ellas ostente o pueda ostentar, directa o indirectamente, el control de las demás, o porque dicho control corresponda a una o varias personas físicas que actúen sistemáticamente en concierto.

Se presumirá que existe en todo caso unidad de decisión cuando concurra alguno de los supuestos contemplados en el número 1 del artículo 42 del Código de Comercio, o cuando al menos la mitad más uno de los consejeros de la dominada sean Consejeros o altos directivos de la dominante, o de otra dominada por ésta.

A efectos de lo previsto en los párrafos anteriores, a los derechos de la dominante se añadirán los que posea a través de otras entidades dominadas o a través de personas que actúen por cuenta de la entidad dominante o de otras dominadas, o aquellos de los que disponga concertadamente con cualquier otra persona.»

Tras la reforma introducida por la Ley 47/2007, de 19 de diciembre, el art. 4 LMV se limita a importar la definición de grupo de sociedades del art. 42 del Código de comercio. El precepto del cuerpo mercantil de 1885 utiliza el criterio del control para determinar el grupo de sociedades a efectos de la presentación de las cuentas consolidadas.

a los administradores-personas jurídicas determinadas hipótesis generales, que deberían ir referidas a todo tipo de administradores. Nos estamos refiriendo en particular a los administradores de hecho, a los liquidadores y a los apoderados generales. Por último, cabe también lamentar que no se hayan incluidos supuestos de personas vinculadas que se encuentran plenamente reconocidos, al menos en el ámbito doctrinal[73]. Es el caso del administrador oculto y de los accionistas significativos, a los que ya se refería el Informe Aldama[74].

El apartado quinto genera diversos problemas exegéticos, de los que abordamos cuatro. En primer lugar, las hipótesis a las que se aplica la enumeración de las personas vinculadas. La razón es que sólo los dos primeros apartados del art. 127 ter LSA contienen una referencia a ellas. En cambio no encontramos referencia alguna en el apartado 3.º, que regula los conflictos de intereses, ni en el 4.º, que disciplina la competencia del administrador a la sociedad, sin que exista justificación para la diferencia. Razones de transparencia y seguridad permiten superar la literalidad del artículo y extender la equiparación de las personas vinculadas a los administradores a todos los supuestos del precepto comentado[75]. De otro

---

[73] Así, Paz-Ares, «La responsabilidad de los administradores como instrumento de gobierno corporativo», cit., 51 y Mateu de Ros, *La Ley de Transparencia de las Sociedades Anónimas Cotizadas*, cit., 157. En cuanto al administrador de hecho, Latorre Chiner, Nuria: *El administrador de hecho en las sociedades de capital*, Comares, Granada, 2003 y Díaz Echegaray, José Luis: *El administrador de hecho de las sociedades*, Aranzadi, Cizur Menor, 2002. Específicamente respecto de la separación entre administrador de hecho y administrador oculto y de los apoderados generales véase Martínez Sanz, Fernando: «Ámbito subjetivo de la responsabilidad», en Rojo, Ángel y Beltrán, Emilio (Dir.): *La responsabilidad de los administradores*, Tirant Lo Blanch, Valencia, 2005, 60 ss. y 72 ss. y Perdices Huetos, Antonio: «Significado actual de «los administradores de hecho»: los administradores de hecho y los que de hecho administran. A propósito de la STS de 24 de septiembre de 2001 (RJ 2001, 7489)», *RdS*, 2002, núm. 18. En cuanto al accionista de control, véase Paz-Ares, «La responsabilidad de los administradores como instrumento de gobierno corporativo», cit., 18 y la crítica de Salvador Coderch, Pablo *et alii*: «Derecho de daños y responsabilidad ilimitada en las sociedades de capital. En torno a Meyer v. Holley et al. (537 U.S. 280 (2003))», www.indret.com, julio de 2003, *working paper* núm. 145, págs. 25 ss., donde lamentaban que el proyecto de Ley de Transparencia no recogiera las propuestas del Informe Aldama.

[74] Además, el Grupo Especial de Trabajo para asesorar a la CNMV en la armonización y actualización de las recomendaciones de los Informes Olivencia y Aldama sobre buen gobierno de las sociedades cotizadas sugiere al Ejecutivo que haga más severo y eficaz el régimen de responsabilidad civil de los administradores desleales. Entre otras medidas propone extender los deberes de lealtad a los accionistas de control y a los administradores ocultos.

[75] Coincidimos con el profesor Embid («Apuntes sobre los deberes de fidelidad y lealtad de los administradores de las sociedades anónimas», cit., 46) en que la imperatividad de

modo sería muy fácil sortear los deberes de lealtad. Además, la amplitud del supuesto de hecho del apartado tercero -que contempla los conflictos directos y los indirectos, así como los potenciales además de los actuales- permite llegar a la misma conclusión.

La segunda cuestión se nos presenta más complicada. Se trata de determinar la posibilidad de extender los deberes de lealtad de los administradores a las personas vinculadas. Aparentemente la respuesta es sencilla: al no existir relación jurídica alguna con la sociedad, no resulta posible imponer deberes de lealtad a las personas vinculadas. Y así lo confirman los dos primeros apartados del artículo en cuestión que incluyen la referencia a las personas vinculadas en el supuesto de hecho y no en la consecuencia jurídica. Sin embargo, razones de eficacia pueden aconsejar mantener la respuesta contraria respecto de algunos deberes[76]. En particular, utilizar el nombre de la sociedad, invocar la relación con el administrador y aprovecharse de las oportunidades de negocio que se hayan dirigido a la sociedad o en las que ésta tenga interés. El incumplimiento de estos deberes permitirá a la sociedad actuar contra los administradores en vía contractual y contra las personas vinculadas en la extracontractual.

En tercer lugar, cabe pronunciarse acerca de la consideración de *numerus apertus* o de *numerus clausus* de la lista del apartado quinto. Razones de seguridad jurídica han fundamentado la tesis del carácter cerrado de la enumeración[77]. Y a ellas cabe sumar que la doctrina más atenta ha predicado la misma calificación del art. 93 de la Ley 22/2003, de 9 de

---

la Ley de Sociedades Anónimas no puede imponer una interpretación restrictiva, sino que la exégesis debe estar presidida por la finalidad perseguida por la Ley de Transparencia (transparencia y defensa de la empresa social).

76 Más expeditivo se muestra Mateu de Ros (*La Ley de Transparencia de las Sociedades Anónimas Cotizadas*, cit., 158) quien propone extender todos los deberes de los administradores a las personas vinculadas, al existir el mismo riesgo con los demás deberes. Critica por eso la literalidad del precepto en cuanto prevé las personas vinculadas exclusivamente «a efectos del presente artículo».

Por otra parte, téngase en cuenta que durante los trabajos preparatorios ya se propuso extender los deberes de los artículos 127 ter LSA y 114 LMV a los administradores de hecho, a los que ostentaran de hecho o derecho cargos de dirección y a los accionistas de control. Se trataba de las enmiendas núms. 37 (Congreso) y 36 (Senado), a través de las que el Grupo Parlamentario Socialista proponía introducir un artículo 127 quinquies. Evidentemente, las enmiendas no prosperaron.

77 A favor del *numerus clausus* se manifiesta Díaz Echegaray, *Deberes y responsabilidad de los administradores de sociedades de capital*, cit., 161, quien fundamenta su posición en la literalidad de la disposición.

julio, Concursal[78]. Sin embargo, somos partidarios de la naturaleza ejemplificativa de la lista de las personas vinculadas. La finalidad del art. 127 ter LSA invita a mantener esa calificación. No se ve razón para prohibir que el administrador se aproveche de las oportunidades de negocio de la sociedad en beneficio de su hermano, por ejemplo, y permitirlo cuando actúa para favorecer a su primo. En cuanto al paralelismo con el art. 93 de la Ley Concursal, debe tenerse en cuenta que esta disposición contiene una presunción *iuris tantum* de carácter general que permite considerar relacionados con el concursado a los cesionarios o adjudicatarios de créditos pertenecientes a las personas vinculadas previstas en los apartados 1.º y 2.º del art. 93 que se hubieren producido dentro de los dos años anteriores a la declaración de concurso. La ausencia de una norma de cierre similar en el art. 127 ter LSA permite apartarse del precepto concursal.

Estrecha relación con la cuestión anterior guarda la determinación de las personas que presentan «análoga relación de afectividad» al cónyuge. La duda reside en si debe ceñirse la analogía a los supuestos en que la relación de afectividad tiene plasmación registral; *id est* a los casos en que la relación se ha inscrito en un registro[79]. A pesar de los problemas de seguridad exegética que se puedan plantear, a nuestro modesto entender es preferible una interpretación amplia que prescinda del dato registral. Al igual que en el dilema *numerus apertus vs. numerus clausus*, la finalidad del precepto apoya la tesis propuesta. Y la misma consideración cabe aplicar a la exclusiva referencia al cónyuge en el número 3 de la lista referida a los administradores en general. Es decir, que no se incluye a las personas con análoga relación de afectividad.

5. Conclusiones

1. El análisis del artículo 127 ter LSA confirma la crítica doctrinal a la defectuosa técnica legislativa. El legislador no ha sabido plasmar adecuadamente las propuestas del Informe Aldama, limitándose a realizar un

---

[78] José María GARRIDO en el comentario al artículo 93 de la Ley Concursal en ROJO, Ángel y BELTRÁN, Emilio (Dir.): *Comentario de la Ley Concursal. Tomo I*, Thomson-Civitas, Madrid, 2004, 1671.

[79] Plantea la cuestión FERNÁNDEZ PÉREZ, «El significado de la Ley de Transparencia en la modernización del derecho societario español», cit., 103, quien se manifiesta a favor de limitar la extensión a los casos en que la relación de afectividad conste en un registro en aras a la seguridad jurídica.

«limpieza de fachada»[80]. Empezando por la arquitectura de los deberes de los administradores, cabe lamentar que el legislador los haya situado en una relación horizontal, sin establecer categorización alguna. Tanto la historia como el contenido de los distintos deberes de los administradores evidencian que debe situarse en un plano superior a la fórmula general del art. 127 ter .1 y al deber de fidelidad (art. 127 bis), pues se trata de principios jurídicos que ordenan la actividad de los administradores. Los art. 127.2, 127 ter y 127 quáter no se limitan a enumerar meras obligaciones de los administradores sino que contienen reglas jurídicas de las que se derivan una pluralidad de obligaciones para los administradores.

2. El art. 127 ter se aplica a todo tipo de sociedades anónimas. De ahí que resulte criticable que acostumbre a referirse a una única forma de organizar la administración y que se haya incluido un artículo en la Ley del Mercado de Valores titulado «Deberes de los administradores» en el que se regula un deber de lealtad específico.

3. Los deberes tipificados en el artículo 127 ter también merecen una valoración negativa. En primer lugar son pocos los que se han recogido, faltando algunos de los que aparecían previstos en el Informe Aldama. En segundo término, reina la heterogeneidad entre los deberes impuestos a los administradores, existiendo omisiones lamentables, como la de prohibir hacer la competencia a la sociedad o participar significativamente en sociedades competidores. Y tercero, falta rigor en la redacción de los apartados del artículo 127 ter. Por ejemplo no tiene sentido referirse exclusivamente al consejo de administración, igual que tampoco se entiende porqué el apartado tercero se refiere exclusivamente al informe anual de gobierno corporativo y el cuarto solamente a la memoria. Y la misma crítica puede hacerse al apartado quinto pues la primera enumeración de personas vinculadas parece referida no al administrador en general sino al administrador persona física. Asimismo, se vinculan determinadas personas al administrador persona jurídica que deberían tener carácter general y se echa de menos la inclusión de otras que se hallan consolidadas doctrinalmente.

4. Por último, resulta hartamente decepcionante comprobar que buena parte de los defectos hubieran podido subsanarse durante los trabajos legislativos. Varias enmiendas presentadas durante los trámites parlamen-

---

80 Son palabras del profesor RECALDE, «Del «Código Olivencia» a la aplicación de la Ley de Transparencia. (Un balance provisional -y decepcionante- sobre la reforma del «gobierno corporativo» en las sociedades cotizadas españolas)», cit., 1874. En el mismo sentido, en relación al proyecto de Ley al que tacha de falta de rigor, PAZ ARES, «La responsabilidad de los administradores como instrumento de gobierno corporativo», cit., 47.

tarios hubieran corregido algunos de los defectos que la doctrina ha señalado. Lamentablemente sólo prosperaron las del partido en el Gobierno, por lo que parece que los intereses políticos triunfaron sobre los legislativos y se resintió el texto normativo.

Bibliografía

ALCALÁ DÍEZ, M.ª Ángeles: «El deber de fidelidad de los administradores: el conflicto de intereses administrador-sociedad», en ESTEBAN VELASCO, Gaudencio (Coor.): *El gobierno de las sociedades cotizadas*, Marcial Pons, Madrid, 1999, 447-496.

DÍAZ ECHEGARAY, José Luis: *Deberes y responsabilidades de los administradores de las sociedades de capital*, 2.ª ed., Thomson-Aranzadi, Cizur Menor, 2006.

– *El administrador de hecho de las sociedades*, Aranzadi, Cizur Menor, 2002.

EMBID IRUJO, José Miguel: «Apuntes sobre los deberes de fidelidad y lealtad de los administradores de las sociedades anónimas», en *Cuadernos de Derecho y Comercio*, 2006 (46), 9-48.

– «Los deberes de los administradores de las sociedades cotizadas (El art. 114 de la Ley del mercado de valores)», en *RDBB*, 2004 (96), 7-34.

– «La responsabilidad de los administradores de la sociedad anónima tras la ley de transparencia», en *RCDI*, 2004 (685), 2379-2413.

FERNÁNDEZ PÉREZ, Nuria: «El significado de la Ley de Transparencia en la modernización del derecho societario español», en *RdS*, 2004 (22), 87-114.

FONT GALÁN, Juan Ignacio: *El derecho de información de los administradores sociales (Fundamentación y disciplina)*, Eprinsa, Córdoba, 2002.

– «El deber de diligente administración en el nuevo sistema de deberes de los administradores sociales», en *RdS*, 2005 (2), núm. 25, 71-107.

GALLEGO LARRUBIA, Javier: *Prohibición de competencia de los administradores de las sociedades de capital (presupuestos y ámbito de aplicación)*, Publicaciones del Real Colegio de España, Bolonia, 2003.

JUSTE MENCÍA, Javier e IGARTÚA ARREGUI, Fernando: «Deberes de los administradores (Reforma de la LSA por la Ley de Transparencia)», en *RdS*, 2005 (24), 75-89.

LATORRE CHINER, Nuria: *El administrador de hecho en las sociedades de capital*, Comares, Granada, 2003.

LLEBOT MAJÓ, José Oriol: *Los deberes de los administradores de la sociedad anónima*, Civitas, Madrid, 1996.

– «Deberes y responsabilidad de los administradores», en ROJO, Ángel y BELTRÁN, Emilio (Dir.): *La responsabilidad de los administradores*, Tirant lo Blanch, Valencia, 2005, 23-54.

MARTÍNEZ SANZ, Fernando: «Ámbito subjetivo de la responsabilidad», en ROJO, Ángel y BELTRÁN, Emilio (Dir.): *La responsabilidad de los administradores*, Tirant Lo Blanch, Valencia, 2005.

MATEU DE ROS CEREZO, Rafael: *La Ley de Transparencia de las sociedades anónimas cotizadas*, Thomson-Aranzadi, Pamplona, 2004.

MORILLAS JARILLO, María José: *Las normas de conducta de los administradores de las sociedades de capital*, La Ley, Madrid, 2002.

MUÑOZ PAREDES, José María: *La información de los consejeros en la sociedad anónima*, Aranzadi, Pamplona, 1999.

PAZ-ARES, Cándido: «La responsabilidad de los administradores como instrumento de gobierno corporativo», en www.indret.com, *working paper* núm. 162, octubre 2003.

PERDICES HUETOS, Antonio: «Significado actual de «los administradores de hecho»: los administradores de hecho y los que de hecho administran. A propósito de la STS de 24 de septiembre de 2001 (RJ 2001, 7489)», *RdS*, 2002, núm. 18.

PORTELLANO DÍEZ, Pedro: *Deber de fidelidad de los administradores de sociedades mercantiles y oportunidades de negocio*, Civitas, Madrid, 1996.

QUIJANO GONZÁLEZ, Jesús y MAMBRILLA RIVERA, Vicente: «Los deberes fiduciarios de diligencia y lealtad. En particular los conflictos de interés y las operaciones vinculadas», en AA.VV.: *Derecho de sociedades anónimas cotizadas (Estructura de Gobierno y Mercados)*. Tomo II, Thomson-Aranzadi y RdS, Cizur Menor, 2006, 915-989.

RECALDE CASTELLS, Andrés: «Del «Código Olivencia» a la aplicación de la Ley de Transparencia. (Un balance provisional -y decepcionante- sobre la reforma del «gobierno corporativo» en las sociedades cotizadas españolas)», en *RCDI*, 2005 (692), 1861-1904.

RODRÍGUEZ ARTIGAS, Fernando: «El deber de diligencia», en ESTEBAN VELASCO, Gaudencio (Coor.): *El gobierno de las sociedades cotizadas*, Marcial Pons, Madrid, 1999, 419-445.

SALELLES CLIMENT, José Ramón: *El funcionamiento del consejo de administración*, Civitas, Madrid, 1995.

SALVADOR CODERCH, Pablo; CERDÀ ALBERÓ, Fernando; RUIZ GARCÍA, Juan Antonio; PIÑEIRO SALGUERO, José y RUBÍ PUIG, Antoni: «Derecho de daños y responsabilidad ilimitada en las sociedades de capital. En torno a *Meyer v. Holley et al.* (537 U.S. 280 (2003)», en www.indret.com, *working paper* núm. 145, julio 2003.

SÁNCHEZ ÁLVAREZ, Manuel María: «Art. 127 ter.3 LSA y quórums de constitución y votación», en *RdS* 2005 (1), núm. 24, 271-276.

SÁNCHEZ CALERO, Fernando: *Los administradores en las sociedades de capital*, 2.ª ed., Thomson-Civitas, Cizur Menor, 2007.

SÁNCHEZ-CALERO GUILARTE, Juan: «El interés social y los varios intereses presentes en la sociedad anónima cotizada», en *RDM*, 2002 (246), 1653-1725.

SERRANO CAÑAS, José Manuel: *El conflicto de intereses en la administración de sociedades mercantiles*, Publicaciones del Real Colegio de España, Madrid, 2008.

Resumen: Una de las principales manifestaciones del paulatino proceso de mercantilización de la actividad profesional, la constituye el creciente recurso por parte de los profesionales a instrumentos de naturaleza societaria, no sólo civil, sino también mercantil. La sociedad profesional supone la manifestación más intensa de integración, en cuanto la sociedad es utilizada por los profesionales como cauce de prestación de sus servicios en el mercado, convirtiéndose en el centro de imputación de los derechos y obligaciones surgidos de esa prestación. El presente trabajo está orientado al examen de la Ley española sobre sociedades profesionales de 2007, que supone el reconocimiento por vez primera en nuestro derecho de la admisibilidad del profesional persona jurídica.

Abstract: In the last years, professional activity has been subjected to a gradual process of commercialization. One of the most important manifestations of this process is the increasing use by professionals of mechanisms of a corporate nature. Professional corporations probably are the most intense way of integration, since the corporation appears in the market as the real professional, becoming the centre of imputation of rights and debts. The object of this article is the analysis of the Spanish Law of Professional Corporations, which approved in 2007, recognizes for the first time in our system the admissibility of the collective exercise of professional activity.

CARMEN HERRERO SUÁREZ*

El ejercicio colectivo de la actividad profesional: la ley española de sociedades profesionales de 2007

I. La tendencia a la societarización de la actividad profesional

En los últimos tiempos hemos venido asistiendo, tanto en España como en otros países, a un paulatino proceso de redefinición del papel que el profesional está llamado a desempeñar en el sistema productivo, evidenciado en una progresiva mercantilización de la actividad profesional. Una de las principales manifestaciones de este proceso de mercantilización lo constituye la utilización cada vez más frecuente, por parte de los profesionales de los instrumentos societarios, no sólo civiles, sino también mercantiles, para la prestación de sus servicios en el mercado. De la concepción tradicional del profesional como operador económico que actúa de forma individual o aislada, y sobre la base de una relación

* Professora de Direito Comercial da Universidade de Valladolid

personalísima con sus clientes basada en la confianza se ha pasado a una nueva percepción. Sin perjuicio de que aquélla siga existiendo, la agrupación y colaboración entre profesionales se impone en la prestación de los servicios profesionales.

Esta tendencia hacia la societarización de la actividad profesional ha venido propiciada por la concurrencia de varios factores de distinta naturaleza. Los cambios en las estructuras socioeconómicas y el nacimiento de necesidades más complejas se han traducido en una transformación cuantitativa y cualitativa de la actividad profesional. Por un lado, se ha producido una ampliación de la demanda de los servicios profesionales. Por otro, se han manifestado alteraciones cualitativas, al exigirse nuevos servicios y aumentar su complejidad, lo que ha hecho precisa la especialización profesional. La conjunción de ambos vectores: masificación y especialización ha conducido a la unión de fuerzas entre los profesionales, al trabajo en equipo y la asociación[1]. El profesional sale de su aislamiento y se une o colabora con otros profesionales en aras a una prestación más eficiente del servicio que ofertan al mercado[2]. Se recurre a formas de colaboración o cooperación que pueden revestir distinta intensidad, pero cuya difusión en la práctica evidencia, en cualquier caso, la superación del individualismo en el ejercicio de la profesión y están llamadas a reforzar el papel, en este terreno, del Derecho de sociedades, en cuanto normativa reguladora de la actuación conjunta en aras a la obtención de un fin común.

Las fórmulas de colaboración utilizadas por los profesionales pueden ser muy diversas, dependiendo de las finalidades perseguidas y, consiguientemente, del grado de integración pretendido. Desde la constitución de equipos profesionales[3], frecuentes, por ejemplo en el ámbito médico, hasta el recurso a formas jurídicas societarias, con mayor o menor intensidad. En este sentido, la utilización de la sociedad puede revestir meramente una función auxiliar, facilitando el ejercicio individual de la profesión, como en los casos de las sociedades de medios o las sociedades

---

[1] Vid. Delgado González: *Las sociedades profesionales. El ejercicio en común de las profesiones en España. Sus aspectos civiles, administrativos y tributarios*, Madrid, 1996, pp. 4 y ss.

[2] Sobre las ventajas asociadas al ejercicio colectivo de las profesiones, vid. Vázquez Albert: «Las sociedades profesionales» en Garrido/Estivill (Coord.): *El patrimonio familiar, profesional y empresarial. Sus protocolos*, Bosch, 2005, pp. 943 y ss.; Moreno-Luque Casariego: *Sociedades profesionales liberales*, Bosch, Barcelona, pp. 13 y ss. y, especialmente, Campins Vargas: *La sociedad profesional*, Civitas, Madrid, 2000, pp. 141 y ss.

[3] Sobre el concepto y caracteres de los equipos profesionales, vid. Leciñena Ibarra: «Concepto de sociedad profesional y ámbito de aplicación» en AA.VV.: *Estudios Sobre sociedades profesionales*, Marcial Pons, Madrid, 2009, pp. 82 y ss.; Campins Vargas: *La sociedad profesional, cit.*, pp. 51 y ss.

de comunicación de ganancias, es decir, posibilitándose a través del instrumento societario un reparto de los costes asociados a la prestación de los servicios en el primer caso, o de las pérdidas y ganancias derivadas de la profesión, en el segundo. Otra forma de ejercicio colectivo de la profesión viene constituida por la controvertida sociedad de intermediación de servicios profesionales, cuya función, en principio, se limita a la elección y coordinación de la labor de profesionales liberales a instancias de un cliente. Todos estos supuestos se engloban dentro de lo que la doctrina ha venido denominando sociedades «de» o «entre» profesionales, que presentan como rasgo común que, en todas ellas, la actividad profesional se ejerce de forma individual. Junto a ellas cabe distinguir la denominada sociedad profesional en sentido estricto, que supone la fórmula más intensa de integración, en cuanto la sociedad es utilizada por los profesionales como cauce de prestación de sus servicios en el mercado, convirtiéndose en el centro de imputación de los derechos y obligaciones surgidos de esa prestación.

Cabe adelantar ya, que si bien la viabilidad de las sociedades de profesionales en España no presenta grandes problemas desde una perspectiva jurídica, la sociedad profesional no ha sufrido idéntico trato. A pesar de que el Código Civil español (en adelante CC) reconoce expresamente en su artículo 1678, la posibilidad de crear sociedades civiles «para el ejercicio de una profesión», y de la regulación del fenómeno en otros ordenamientos jurídicos de nuestro entorno, hasta fechas recientes, la postura doctrinal e institucional mayoritaria miraba con enormes recelos la posibilidad de constitución de sociedades profesionales. Con la única excepción de la sociedades de auditoría, reguladas en la Ley 19/1988, de 12 de julio, de Auditoría de Cuentas, no será hasta la aprobación de la Ley 2/2007, de 15 de marzo, de Sociedades Profesionales (en adelante, LSP), cuando el profesional persona jurídica adquiera carta de naturaleza en nuestro derecho.

El presente trabajo está orientado al análisis de la sociedad profesional, examinándose los diversos obstáculos a los que se enfrentaba el reconocimiento del profesional persona jurídica y las soluciones arbitradas en la nueva ley para neutralizar o minimizar los mismos.

II. Las Sociedades Profesionales

A. Hacia la admisibilidad del profesional persona jurídica

El último paso en el proceso de societarización de los profesionales, lo constituye la admisión y regulación, con carácter general, de las sociedades profesionales, es decir, de la consideración de la sociedad como auténtico centro de imputación de los derechos y obligaciones derivados de la actividad profesional. Este reconocimiento pone de manifiesto la superación de las objeciones y obstáculos tradicionalmente esgrimidos para negar la posibilidad de ejercicio colectivo de la actividad profesional. Obstáculos que se vinculaban a las características habitualmente consideradas esenciales al estatuto jurídico del profesional liberal y cuyo conocimiento reviste interés, fundamentalmente en aras al entendimiento de las cautelas que se han previsto en la nueva regulación para evitar que la interposición del ente societario suponga una desvirtuación de estos principios concebidos para el profesional persona física. Entre otros argumentos, la postura doctrinal contraria al reconocimiento de legitimidad de la sociedad profesional, afirmaba que el ejercicio societario de la profesión era incompatible con: 1) el carácter personalísimo de la prestación profesional; 2) la exigencia de titulación y colegiación de los profesionales; 3) la independencia profesional y 4) la necesaria responsabilidad personal del profesional actuante[4].

1. *El carácter personalísimo de la actividad profesional*
Una de las notas que habitualmente han definido el ejercicio de la actividad profesional es la existencia de una relación personal, de especial confianza, entre profesional y cliente. Esta confianza deriva de la importante asimetría informativa existente entre ambas partes de la relación y de la necesidad de atender o ponderar las específicas circunstancias de cada caso para una adecuada prestación del servicio profesional. Se afirmaba que el carácter de persona jurídica del profesional podría llevar a una ruptura del *intuitus personae*, al venir ejercida la actividad por el conjunto de los profesionales, impidiendo la ejecución de la prestación por el profesional elegido y provocando, en consecuencia, la pérdida de confianza del cliente.

Ahora bien, esta eventual «despersonalización» de la actividad profesional no depende de la forma en la que se desarrolle el ejercicio profesional, sino que puede predicarse, con carácter general, del ejercicio profesional en sí mismo considerado, en atención al notable incremento de la demanda de servicios profesionales que se ha venido produciendo en los últimos años y la masificación inevitablemente derivada de la misma

---

[4] Estas objeciones han sido ampliamente analizadas por nuestra doctrina. Vid. especialmente: Campins Vargas: *La sociedad profesional, cit.* pp. 64 y ss.; Delgado González: *Las sociedades profesionales, cit.* pp. 31 y ss.; Moreno-Luque Casariego: *Sociedades profesionales liberales, cit.* pp. 44 y ss.

con la consiguiente estandarización, en mayor o menor medida de estos servicios.

Es más, y ya centrándonos de manera específica, en el problema de la posible fungibilidad de servicios profesionales, en los casos en que éstos sean desarrollados por sociedades profesionales, cabe afirmar que el carácter personal de las relaciones profesional-cliente no desaparece por el mero hecho de que la actividad sea imputada a una persona jurídica. No sólo es defendible la existencia de relaciones de confianza con un ente societario (*intuitus societatis*), sino que, además, en cualquier caso, la actividad será prestada por un profesional o grupo de profesionales concreto (que, puede ser seleccionado, si así se establece en el contrato, por el propio cliente), conservándose una estrecha relación personal entre éstos y el cliente.

2. *La falta de titulación y colegiación de las sociedades*

El ejercicio de la actividad profesional, dados los intereses generales vinculados al mismo, está sujeto al cumplimiento de una serie de requisitos, como son la tenencia de un título oficial, que permita presumir la existencia de determinados conocimientos específicos, y la colegiación obligatoria, como mecanismo de control del ejercicio de la actividad conforme a las reglas corporativas y deontológicas de la actividad correspondiente. Dado que las personas jurídicas, por su propia esencia, no pueden obtener dicha titulación, y tampoco adscribirse a un colegio profesional (en cuanto ello requiere necesariamente la previa titulación), se ha argumentado que no estarían legitimadas para prestar actividades profesionales.

Esta objeción es, en primer lugar, fácilmente rebatible y, en segundo lugar, fácilmente subsanable. Obviamente, una sociedad no es más que una ficción jurídica carente de entidad material real, tanto para el desempeño de actividades profesionales como de cualquier otro tipo de actividad económica. El problema real es si bastaría para poder imputar a una sociedad profesional la titularidad de una actividad profesional con que los ejecutores de la misma (socios o no, pero en cualquier caso, personas físicas) cumplan dichos requisitos de titulación y colegiación obligatoria. Las garantías de calidad del profesional buscadas a través del requisito de la titulación no se ven disminuidas si las personas que actúan en nombre y por cuenta de la sociedad están suficientemente habilitadas (de hecho, la calidad y la existencia de conocimientos específicos adquieren su relevancia en la propia ejecución de la actividad). Los profesionales actuantes habrán de estar igualmente colegiados y, por tanto, sujetos al control disciplinario del colegio profesional correspondiente. Es más, para evitar posibles resquicios o escapes de dicho control, puede reconocerse, en su caso, la necesaria inscripción en el colegio de la propia sociedad y su sujeción específica (además de la de sus socios o profesionales que actúan en su seno) a las normas deontológicas y corporativas correspondientes.

Esta ha sido la solución seguida por la reciente LSP que se muestra tajante respecto a la sujeción tanto de la sociedad profesional como de los distintos profesionales que actúan en su seno al régimen deontológico y disciplinario propio de la actividad profesional correspondiente. Así, en primer lugar, se va a reconocer la vinculación corporativa directa de la sociedad con el Colegio correspondiente, al exigirse la obligatoria inscripción de la sociedad en el Registro de Sociedades Profesionales del Colegio Profesional que corresponda a su domicilio (artículo 8.4). Pero, además, la LSP reconoce de forma inequívoca la responsabilidad deontológica y disciplinaria, tanto de los profesionales actuantes como de la propia sociedad. En este sentido, el artículo 9 en su apartado 1 establece que «la sociedad y los profesionales que actúan en su seno ejercerán la actividad que constituya el objeto social de conformidad con el régimen deontológico y disciplinario propio de la correspondiente actividad profesional» y en su apartado 2 precisa que «en ningún caso será obstáculo el ejercicio de la actividad profesional a través de la sociedad para la efectiva aplicación a los profesionales, socios o no, del régimen disciplinario que corresponda según su ordenamiento profesional».

3. Incompatibilidad del régimen societario con la independencia del profesional.

Una de las características estructuradoras del concepto de profesional es el ejercicio de la profesión con total libertad e independencia y con sujeción exclusivamente a las reglas de la *lex artis*. La actividad profesional no es una actividad mecanizada, sino una actividad de carácter intelectual cuyo ejercicio implica la elección entre diversas alternativas o posibilidades. Elección que deberá realizarse por el profesional de forma libre, en cuanto esta libertad de juicio es la que fundamenta, precisamente, la responsabilidad personal del profesional por los daños causados en el ejercicio de su actividad. Uno de los riesgos que se vinculaba a la sociedad profesional, era la afectación de esa independencia, que podía verse comprometida si el profesional debe someterse a las decisiones del grupo, viéndose obligado a llevar a cabos actos que no comparte.

Ahora bien, la independencia intelectual, es decir la capacidad de decidir libremente, no debe depender de la forma en la que se estructure la prestación de la actividad. El profesional que presta sus servicios en el seno de una sociedad, ya sea como contratado ya sea en calidad de socio, mantiene, sin perjuicio de las actividades de elección y coordinación de casos o clientes que realice el ente societario, su independencia o discrecionalidad técnica en la realización del servicio encomendado[5].

Junto a esta afirmación general, hay que señalar que en la articulación del régimen jurídico de las sociedades profesionales, como tendremos ocasión de examinar más adelante, se incorporan frecuentemente medidas tendentes a garantizar esa independencia frente al riesgo de intrusismo profesional que podría plantearse en los casos de sociedades multidisciplinares o en los casos de una fuerte presencia de socios capitalistas o no profesionales.

4. La responsabilidad personal del socio actuante

Uno de los obstáculos que con mayor intensidad se han opuesto al reconocimiento del profesional persona jurídica ha sido la posible pérdida de responsabilidad del profesional por los daños causados en el ejercicio de su actividad. Como será examinado más adelante con cierto detenimiento, este argumento puede ser rebatido atendiendo al fundamento de la responsabilidad del profesional actuante, que no se ve desvirtuado por la interposición de un ente societario. Es más, el ejercicio de la actividad profesional en sociedad no sólo no minora las garantías de los clientes o terceros que se relacionan con la sociedad, sino que, por el contrario, refuerza su posición frente a la de los clientes que contratan con profesionales que ejercen la profesión de forma aislada.

B. La Ley 2/2007, de 15 de marzo, de Sociedades Profesionales

La importancia creciente y el desarrollo de la societarización profesional pusieron de manifiesto la necesidad de contar con una regulación específica que tuviera en consideración los distintos intereses en juego. Tanto los de los profesionales, que demandaban una flexibilización del ordenamiento societario en determinados aspectos, a fin de poder dotar a su actividad de un marco organizativo adecuado, como los intereses de los terceros o clientes en contar con una actividad de calidad y unas reglas precisas y garantistas en materia de responsabilidad. En marzo de 2007 se aprueba la Ley de Sociedades Profesionales, que, autodefiniéndose en la Exposición de Motivos como una «norma de garantías», identifica sus dos finalidades básicas: dotar de certeza y seguridad jurídica a las relaciones

---

5 Lyon-Caen, citado por Delgado González: *Las sociedades profesionales, cit.*, p. 39, señala que «la verdadera independencia debe ser la de juicio» y ésta debe estar siempre presente en el profesional, incluido el que desarrolle su actividad en régimen de dependencia.

jurídico-societarias que tienen lugar en el ámbito profesional y establecer un adecuado régimen de responsabilidad a favor de los usuarios de los servicios profesionales que se prestan en el marco de una organización colectiva.

En los siguientes apartados serán objeto de análisis las principales aportaciones e innovaciones introducidas por la ley, partiendo naturalmente de la delimitación de su propio ámbito de aplicación y prestando particular atención a las distintas medidas previstas, tanto para satisfacer los intereses organizativos de los profesionales, como para eliminar o mitigar las objeciones, anteriormente analizadas, que han sido tradicionalmente esgrimidas contra la sociedad profesional.

1. *Ámbito de aplicación de la ley*

No toda agrupación de profesionales puede considerarse una sociedad profesional en sentido estricto. La LSP delimita su ámbito de aplicación en su artículo 1, estableciendo que sólo se considerarán profesionales, «aquéllas sociedades que tengan por objeto el ejercicio en común de una actividad profesional». El concepto legal de sociedad profesional requiere, por tanto, la concurrencia de dos requisitos: la agrupación de profesionales ha de revestir forma societaria y, además, ha de tener un objeto social específico y exclusivo. La Exposición de Motivos de la LSP complementa esta definición, partiendo de la consideración de la sociedad profesional como una *sociedad externa constituida para el ejercicio de actividades profesionales;* sociedad que *se constituye en centro subjetivo de imputación del negocio jurídico que se establece con el cliente o usuario, atribuyéndole los derechos y obligaciones que nacen del mismo y,* en la que, *además, los actos propios de la actividad profesional de que se trate son ejecutados o desarrollados directamente bajo la razón o denominación social.*

La Ley se aplica, exclusivamente, por tanto a las sociedades externas, o dotadas de personalidad jurídica, cuya actividad transciende del círculo de socios y se proyecta sobre el mercado. Consiguientemente, no se somete a las disposiciones de la ley, ni a las fórmulas colaborativas entre profesionales no societarias, ni a las sociedades internas, en las que el contrato societario no adquiere relevancia *ad extra,* sino que se concreta en el establecimiento de vínculos jurídicos entre los socios. La adquisición de la personalidad jurídica como tal sociedad profesional se hace depender de la inscripción de la escritura pública de constitución en el Registro Mercantil (artículo 8 LSP).

Las sociedades de profesionales, además, son sociedades especiales por razón o en función de su objeto social, que necesariamente ha de constituir en la prestación de una *actividad profesional.* Actividad que se define en este mismo artículo 1, como *aquélla para cuyo desempeño se requiere titulación universitaria oficial , o titulación profesional para cuyo ejercicio sea necesario acreditar una titulación universitaria oficial, e inscripción en el correspondiente Colegio Profesional.*

Esta actividad no sólo ha de constituir necesariamente el objeto de las sociedades profesionales, sino que, además, constituye su único objeto posible. La exclusividad del objeto social, recogida en el artículo 2 de la LSP, está orientada a garantizar que el ejercicio de la actividad profesional se desarrolle únicamente en atención a las reglas deontológicas y disciplinarias de la profesión, situación que podría ponerse en entredicho en el caso de coexistencia de actividades profesionales y no profesionales. Ello no implica que, sin desvirtuar el principio de exclusividad, puedan integrar el objeto social actividades conexas o accesorias respecto de la actividad profesional, como, *ad.ex.*, investigación, publicación de estudios o trabajos relacionados con la actividad profesional, comercialización de los propios servicios, etc.[6].

La única apertura del objeto social prevista deriva del reconocimiento en el artículo 3 de la posibilidad de constitución de sociedades multidisciplinares, es decir, de sociedades cuyo objeto abarque el ejercicio de distintas actividades profesionales. Esta posibilidad es el resultado de la ponderación conjunta de las ventajas e inconvenientes o peligros que generalmente se asocian a las sociedades interprofesionales. En este sentido, la solución legal adoptada parte de reconocer la legitimidad de estas sociedades, que permiten la consecución de eficiencias en la producción, de una división especializada, y, por tanto, más racional, del trabajo[7], favoreciendo además la prestación integral a un mismo cliente de un servicio complejo, integrado por prestaciones de distinta naturaleza[8]. Los posibles

---

[6] Vid. YANES YANES: *Comentario a la Ley de sociedades profesionales* Valencia, 2007. p. 47. Lo verdaderamente relevante para calificar a una sociedad como profesional (y, por tanto, exigir imperativamente su constitución como tal) es que su objeto principal, esencial sea precisamente la prestación de una actividad profesional, lo que permitiría excluir de este concepto aquellos casos en que la actividad profesional tiene un carácter auxiliar o meramente accesorio dentro del objeto social. Vid. CAMPINS VARGAS: «Consideraciones en torno a la delimitación del ámbito de aplicación de la Ley de Sociedades Profesionales. A propósito de algunas interpretaciones recientes», 33, *RdS*, 2009-2, pp. 141 y ss.

[7] CAMPINS VARGAS (*La sociedad profesional, cit.*, p.85) recoge otras eventuales ventajas de las sociedades multidisciplinares como la minoración del «sobreconsumo» de los servicios de una profesión concreta o un mejor aprovechamiento de la imagen de marca de la sociedad.

[8] Esta admisibilidad o permisividad general de las sociedades profesionales es contemplada, no obstante, con recelos por algunos autores, que temen que las mismas puedan conducir a una lesión de las reglas éticas y deontológicas de una determinada profesión. Vid. en esta línea: GARCÍA MAS: «Algunas consideraciones sobre la Ley 2/2007, de 15 de

inconvenientes, derivados fundamentalmente de las fricciones que pueda plantear la aplicación concurrente de normativas deontológicas y corporativas diversas, como, por ejemplo, el riesgo de incompatibilidades entre las obligaciones que se exigen a los diversos profesionales en el ejercicio de su actividad (ejemplo típico es el deber de secreto profesional que se impone a los abogados, no exigible, o incuso, en colisión, con los vigentes en otros cuerpos, como el de auditores) se intenta solucionar mediante una cláusula general que condiciona la posibilidad de constitución de sociedades multidisciplinares a que el desempeño conjunto de varias actividades profesionales «no se haya declarado incompatible por norma de rango legal o reglamentario».

2. Sociedad profesional y tipos sociales

Admitida la sociedad profesional, la ley no crea un tipo social específico ni impone el necesario recurso a alguna de las figuras sociales existentes en nuestro ordenamiento. Al contrario, parte de un planteamiento tipológico abierto, estableciendo en el apartado 2 del artículo 1 que «las sociedades profesionales podrán constituirse con arreglo a cualquiera de las formas societarias previstas en las leyes, cumplimentando los requisitos establecidos en esta Ley», añadiendo a continuación que «las sociedades profesionales se regirán por lo dispuesto en la presente ley y, supletoriamente, por las normas correspondientes a la forma social adoptada». Por tanto, sin prejuzgar la idoneidad de las formas de naturaleza personalista o capitalista, ni el carácter civil o mercantil, el legislador, sobre la base del principio de neutralidad funcional del Derecho de sociedades, abre a la voluntad de los profesionales todo el catálogo de tipos sociales. La concreción de este principio supone que los particulares son libres de elegir la forma social que más se adecue a sus necesidades e intereses, ya que las figuras societarias son susceptibles de aplicación, en principio, a cualquier finalidad. Las formas sociales carecen de valor en sí mismas, constituyendo meros instrumentos técnicos de organización cuyo estatuto legal puede ser adaptado por las partes, respetando el contenido mínimo inderogable, a fin de ajustarlo a sus necesidades específicas[9].

Por tanto, la posición legal en este terreno ha sido la creación de sociedades especiales dentro de los tipos generales. En principio, los profesio-

---

marzo, de Sociedades Profesionales», en AA.VV.: *Estudios Sobre sociedades profesionales*, Marcial Pons, Madrid, 2009, pp. 27 y ss.,

[9] Sobre el principio de neutralidad funcional de los tipos sociales, vid. PAZ-ARES: «Agrupación de interés económico y sociedades profesionales», en URÍA/MENÉNDEZ: *Curso de Derecho Mercantil*, I, Civitas, Madrid, 1999, p. 755.

nales son libres de elegir cualquiera de las formas sociales previstas en nuestro ordenamiento jurídico. Así nos podemos encontrar en el tráfico con sociedades civiles profesionales, sociedades colectivas profesionales, sociedades anónimas o limitadas profesionales, etc.[10].

Tradicionalmente, las formas sociales de conformación personalista, y especialmente, la sociedad civil, han sido consideradas las más adecuadas para el ejercicio colectivo de actividades profesionales. En este sentido el CC no sólo preveía expresamente la posibilidad de constituir una sociedad para el ejercicio de la profesión (artículo 1678), sino que, además, la flexibilidad del régimen jurídico de las sociedades civiles constituye uno de los principales atractivos o reclamos para su utilización por los profesionales. Tampoco se cuestiona la idoneidad de las estructuras societarias mercantiles personalistas, como la sociedad colectiva o la sociedad comanditaria simple. Superada la principal objeción a su utilización, basada en la limitación de estas figuras a actividades económicas de naturaleza mercantil[11], la estructura organizativa de estas formas sociales es fácilmente compatible con las exigencias específicas de la actividad profesional, como, *ad.ex.*, el auto organicismo; la posibilidad de aportación de industria, el carácter cerrado de estas sociedades, manifestado en las restricciones a la transmisión de la condición de socio o en las posibles causas de disolución de la sociedad; o la configuración del sistema de responsabilidad.

La viabilidad de las sociedades profesionales de conformación capitalista, como la comanditaria por acciones, la limitada y la anónima (especialmente, ésta última) ha sido más discutida. Las reticencias a su admisi-

---

10 Se ha cuestionado por algunos autores la posibilidad de utilización de la forma Sociedad Limitada Nueva Empresa para constituir una sociedad profesional, sobre la base de del artículo 132.2 LSRL relativo al objeto social de estas formas empresariales, que impide que puedan incluirse en el objeto social aquellas actividades cuyo ejercicio implique objeto *único* y exclusivo. Vid. Calvo Vidal: «Constitución de la sociedad profesional» en AA.VV.: *Estudios Sobre sociedades profesionales*, Marcial Pons, Madrid, 2009, pp. 99 y ss.; Vega Vega: *Sociedades profesionales de capital*, Aranzadi- Thomson Reuters, Navarra, 2009, p. 33. La instrumentalidad característica de las agrupaciones de interés económico o las cooperativas de servicios también hace inadecuadas estas formas sociales para dar cobertura jurídica a la sociedad profesional (Yanes Yanes: *Comentario a la Ley de Sociedades Profesionales, cit.*, pp. 40-41).

11 No sólo la frontera delimitadora de lo profesional y lo mercantil se está haciendo cada vez más tenue, sino que la reserva de las formas societarias en función de la naturaleza de la actividad desarrollada ha venido siendo progresivamente cuestionada. Ya el artículo 1670CC permitía a las sociedades civiles –en función de su objeto- acogerse a formas sociales mercantiles, pero, además, la aprobación del TRLSA abrió la puerta a la utilización de los tipos capitalistas a actividades de cualquier naturaleza, contribuyendo así a la consolidación de este principio de neutralidad funcional de los tipos sociales.

bilidad descansaban en dos tipos de argumentos, centrados, a su vez, en dos categorías de intereses diversos. Por un lado, desde el punto de vista de la protección de los clientes, se argüía la eventual confrontación que la adopción de una forma social capitalista podría entrañar con las exigencias características de la actividad profesional, como la independencia y la responsabilidad personal del profesional. Por otro, la inadecuación de las sociedades de capital se planteaba como un problema de incompatibilidad general del régimen jurídico típico de estas sociedades con las necesidades organizativas de los profesionales (el propio interés de los profesionales sería, por tanto, el que no resultaría adecuadamente tutelado)[12]. La LSP consciente de estas dificultades, recoge una serie de previsiones orientadas a la eliminación de los distintos obstáculos esgrimidos, que intentan que la libertad de elección del tipo social no sea un mero reconocimiento formal, sino que pueda ser ejercitada de forma real y coherente.

Dentro de las objeciones basadas en consideraciones deontológico corporativas, y al margen de los argumentos generales examinados en apartados anteriores, la más significativa se centraba en la incompatibilidad del régimen de limitación de responsabilidad característico de las sociedades de capital con la responsabilidad personal del profesional. Si bien, en puridad no hubiera sido preciso una atención específica del legislador societario al respecto, en cuanto responsabilidad societaria y profesional descansan sobre fundamentos de distinta naturaleza, la LSP, no obstante, y en aras a la seguridad jurídica ha sancionado expresamente en su artículo 11, junto a la responsabilidad societaria determinada con arreglo a las normas del tipo correspondiente, la responsabilidad personal del socio actuante frente al cliente.

En segundo lugar, se aducía la pretendida incompatibilidad consustancial del marco típico de las sociedades de capital con las necesidades organizativas de los profesionales liberales. Partiendo de la configuración de la anónima como una sociedad de carácter abierto en la que las características personales de los socios carecen de relevancia, desplazadas por la importancia de las aportaciones de capital, es fácilmente comprensible el difícil anclaje de esta forma social en el ámbito del ejercicio colectivo de una profesión. No sólo desde esta perspectiva de enfoque general se cuestionaba la viabilidad de estas formas sociales en el ámbito profesional. Se añade que el régimen jurídico de estos tipos sociales, fundamentalmente, de la sociedad anónima, presenta determinadas rigideces que casan mal con las necesidades de los profesionales especialmente con ciertos tipos

---

12 Vid. CAMPINS VARGAS: *La sociedad profesional, cit.*, pp. 126 y ss.; ROMERO FERNÁNDEZ: *Las sociedades profesionales de capitales*, Marcial Pons, Madrid, 2009, pp. 28 y ss.

de profesionales, como *ad.ex.*, los grandes despachos de abogados, en los que determinados intereses específicos, como el diseño de una carrera profesional, pueden verse obstaculizados. A título ejemplificativo, cabe destacar las facilidades de transmisibilidad de las acciones y consiguiente condición de socio; la disponibilidad reducida del derecho de suscripción preferente por la sociedad, la forma de cálculo de la cuota de liquidación, la forma de distribución de beneficios, las limitaciones a la separación y exclusión de socios, etc.

Esta pretendida incompatibilidad no puede ser defendida con carácter general, ya que si bien es cierto que el modelo típico de sociedad anónima obedece a las características apuntadas, no lo es menos, que el propio Texto Refundido de la Ley de Sociedades Anónimas de 1989 introduce elementos de flexibilización que permiten una cierta «personalización» del tipo vía estatutaria, como, *ad.ex.*, la posibilidad de imponer condiciones a la libre transmisibilidad de las acciones; de exigir la condición de socio para el desempeño de cargos en la administración social, de incorporar industria o trabajo a la sociedad a través del sistema de prestaciones accesorias, etc. En el caso de objeciones de carácter imperativo, la solución de la LSP ha sido recurrir a disposiciones especiales que permiten, salvando los inconvenientes apuntados, una flexibilización mayor de los tipos capitalistas[13].

3. *Composición subjetiva de la sociedad profesional*

Una de las cuestiones más interesantes que plantea el nuevo régimen de las sociedades profesionales es la referida a su sustrato personal o composición subjetiva. Diversos problemas se articulan a partir de una primera pregunta básica: ¿quiénes pueden –o deben- ser socios de una sociedad profesional? En principio, las sociedades profesionales suelen tener como socios únicamente a personas habilitadas para realizar la profesión que constituye el objeto social (sociedades puras integradas exclusivamente

---

[13] En este sentido, la LSP contiene en su artículo 17 una serie de normas especiales para las sociedades de capitales, en las que contempla, entre otras cuestiones, la eliminación del derecho de suscripción preferente en los aumentos orientados a la promoción profesional o la obligación de configurar la prestación de la actividad profesional por parte de los socios como prestación accesoria vinculada a las acciones o participaciones correspondientes. Los elementos de flexibilización no se limitan a las disposiciones contenidas en este precepto, sino que, como tendremos ocasión de examinar más adelante, se van desgranando a lo largo del texto legal, afectando también a las sociedades de conformación personalista, lo que supone en la práctica, recogiendo las palabras de Yanes Yanes (*Comentario a la Ley de Sociedades Profesionales, cit.*, p. 39), la configuración de tipos «flexibilizados e hibridados».

por *socios profesionales*). Es decir, un grupo de profesionales decide recurrir a la forma societaria para prestar sus servicios en el mercado. Ahora bien, cabe preguntarse si serían posibles configuraciones alternativas a este esquema: ¿podríamos encontrarnos con sociedades profesionales en las que ninguno de los profesionales tiene la consideración de socio, sino que presta sus servicios a la sociedad mediante otros vínculos, de naturaleza civil o laboral? ¿Son admisibles en nuestro ordenamiento las sociedades *mixtas*, integradas por socios profesionales y no profesionales?, y, en este caso, ¿qué estatuto jurídico posee cada una de estas dos categorías de socios? Analicemos estas cuestiones separadamente.

Las principales reglas en materia de composición subjetiva se contienen en el artículo 4 de la LSP1. De la lectura de este precepto se desprende que la sociedad profesional *regularmente constituida* necesariamente ha de contar con socios profesionales, es más, necesariamente ha de contar con un *porcentaje mínimo* de socios profesionales. Éstos se definen en la propia ley como «aquéllas personas físicas que reúnan los requisitos exigidos para el ejercicio de la actividad profesional que constituye el objeto social y que la ejerzan en el seno de la misma». Igualmente tendrán esa consideración (y aquí se manifiesta la coherencia de la ley con la voluntad de posibilitar el surgimiento de un profesional societario a todos los efectos), «las sociedades profesionales debidamente inscritas en los respectivos colegios profesionales, que, constituidas con arreglo a lo dispuesto en la presente ley, participen en otra sociedad profesional». La presencia de socios profesionales aparece así como un requisito de constitución y no como un elemento estructural o consustancial. En principio, la delimitación de la sociedad profesional en cuanto supuesto de hecho al que la norma se aplica, se realiza exclusivamente en atención al objeto o actividad social, sin mención alguna, ni en el artículo 1 ni en la Exposición de Motivos, a la necesaria condición profesional de los socios (*supra*). Serán profesionales las sociedades que tengan por finalidad el ejercicio en común de una actividad profesional. Las sociedades que respondan a esta finalidad, deberán constituirse en sociedades profesionales conforme a los requisitos previstos en la LSP, entre los que se incluyen determinadas normas sobre composición subjetiva[14]. Si no lo hacen, no podrán acceder al Registro Mercantil y, por tanto, adquirir la *personalidad jurídica de sociedad profesional* y consiguientemente, tampoco podrán acceder al estatuto de personal colegiado mediante su inscripción en el Registro del Colegio Profesio-

---

14 Vid. en este sentido Perez Millan: «En torno al objeto de las sociedades profesionales», 32 RdS, 2009-1, pp. 188 y ss. No obstante, en sentido contrario, Leciñena Ibarra: «Concepto de sociedad profesional y ámbito de aplicación», *cit.*, p. 69.

nal correspondiente. Nos encontraríamos en presencia de una sociedad irregular, a la que, junto a las normas al respecto del tipo social elegido, sería de aplicación la Disposición adicional 2ª de la Ley sobre extensión de responsabilidad aplicable en los supuestos de ejercicio de una actividad profesional bajo forma societaria diversa de la sociedad profesional.

Otro problema que se plantea en relación con el sustrato personal de las sociedades profesionales es la legitimidad de las sociedades mixtas, es decir, la posible convivencia de socios profesionales y no profesionales. La participación ajena en sociedades profesionales puede obedecer a razones de diversa naturaleza[15]. Una de las principales ventajas de la apertura de la sociedad a socios no profesionales, es de naturaleza económica, al facilitarse la autofinanciación de la sociedad mediante las aportaciones de valor económico (bienes de equipo, patentes, aportaciones dinerarias, etc.) de socios meramente inversores. En otras ocasiones, los profesionales pueden estar interesados en contar con la participación de terceras personas, que no pueden o desean figurar como socios profesionales (*ad.ex.* profesionales que desarrollan una actividad distinta a la comprendida en el objeto social, profesionales de prestigio temporalmente incapacitados para el desempeño de la profesión, etc.)[16]. Junto a la existencia innegable de estas ventajas, las sociedades mixtas también presentan una serie de riesgos, principalmente, la posible vulneración de la independencia de los profesionales que actúan por cuenta de la sociedad, independencia que podría verse cuestionada o contaminada como consecuencia de interferencias procedentes de personas ajenas a la profesión, movidas por intereses preponderantemente económicos.

Para resolver este balance de intereses, la LSP vuelve a acoger una solución conciliadora. Se reconoce la posibilidad de sociedades de composición mixta, pero se relega a los socios no profesionales a una posición secundaria, al exigirse que tanto la propiedad como el control de la sociedad recaigan mayoritariamente en los socios profesionales[17]. Se requiere,

---

15 Vid. ALBIEZ DOHRMANN: «Las sociedades profesionales con participación ajena» en AA.VV.: *Estudios Sobre sociedades profesionales*, Marcial Pons, Madrid, 2009, pp. 121 y ss.; VAZQUEZ ALBERT: «Las sociedades profesionales», *cit.*, pp. 979 y ss.

16 En este sentido, ALBIEZ DOHRMANN: «Las sociedades profesionales con participación ajena», *cit.*, pp. 130 y ss. distingue dentro de la categoría de socios no profesionales en sentido amplio, dos tipos diversos: socios capitalistas y otros socios no profesionales.

17 El artículo 4 de la LSP, en su apartado 2 y tercero establece que «las tres cuartas partes del capital y de los derechos de voto, o las tres cuartas partes del patrimonio social y del número de socios en las sociedades no capitalistas, habrán de pertenecer a socios profesionales». «Igualmente habrán de ser socios profesionales las tres cuartas partes de los miembros de los órganos de administración, en su caso, de las sociedades profesionales. Si

por tanto, una mayoría cualificada de tres cuartos de socios profesionales tanto en la junta como en los órganos de administración. La mayoría exigible ha sido tachada de excesiva y desproporcionada por un sector doctrinal, que defiende que una mayoría simple hubiera sido suficiente para garantizar la independencia de los profesionales y que la solución adoptada, al limitar como máximo (la mayoría legal puede reforzarse estatutariamente) a una cuarta parte la participación de los socios no profesionales en la propiedad y gestión de la sociedad puede desincentivar la inversión en las mismas[18]. En cualquier caso, esta proporcionalidad habrá de mantenerse durante toda la vida de la sociedad, ya que, de lo contrario, la sociedad que no regularice dicha situación en el plazo máximo de tres meses desde que se produjo el incumplimiento, incurrirá en causa de disolución obligatoria (artículo 4.5)[19].

4. Denominación social

La regulación de la denominación social en las sociedades profesionales exigía atender a dos problemas concretos. En primer lugar, a la admisibilidad o no de denominaciones objetivas y, en segundo lugar, en materia de denominaciones subjetivas, a la posibilidad de conservar en la razón social el nombre de los socios que hubieren causado baja en la sociedad[20].

---

el órgano de administración fuere unipersonal o si existieren consejeros delegados, dichas funciones habrán de ser desempeñadas necesariamente por un socio profesional». Ello implica que la administración, en la generalidad de los casos, deberá ser llevada por los socios profesionales pues sólo a partir del tercer miembro del órgano de administración, podrá existir un administrador no socio profesional. Por tanto, si se trata de administrador único, de hasta tres solidarios o mancomunados, todos ellos serán socios profesionales. Sólo en el caso de Consejo de administración se podrá dar cabida a socios no profesionales o a personas que no ostenten la cualidad de socio.

18 Vid. VÁZQUEZ ALBERT: «Las sociedades profesionales», *cit.* pp. 980 y ss.; ALBIEZ DOHRMANN: «Las sociedades profesionales con participación ajena», *cit.*, pp. 123 y ss. , quienes sugieren, entre otras posibles causas, que el hecho de que el legislador se decantara finalmente por la mayoría cualificada y no por la mayoría simple (tal y como preveía el Anteproyecto de LSP) pudo obedecer a las presiones recibidas por parte del colectivo de abogados, tradicionalmente reacio a la participación ajena en sociedades profesionales dedicadas a la abogacía.

19 Al limitarse la LSP a regular el estatuto de los socios profesionales, pueden plantearse algunas cuestiones relativas a la posición de los socios no profesionales dentro de la sociedad, entre otras, el alcance de su derecho de información; su participación en los beneficios sociales o en la cuota de liquidación de la sociedad, o el alcance de su responsabilidad por las deudas sociales. El examen de estas cuestiones excede de los objetivos del presente trabajo. Para ello remitimos a las consideraciones recogidas en ALBIEZ DOHRMANN: «Las sociedades profesionales con participación ajena», *cit.*

20 Vid. CAMPINS VARGAS: *La sociedad profesional, cit.* pp. 187 y ss.

Por lo que al primer asunto se refiere, el artículo 6 de la LSP acoge el principio de libre configuración de la denominación social, permitiendo a los socios optar por denominaciones subjetivas u objetivas. La ley se hace eco así de las nuevas tendencias en materia de composición de la razón social que buscan una superación de las normas del Cdec reguladoras de las sociedades personalistas[21] y, más concretamente, del carácter esencial que en ellas se atribuye a las denominaciones subjetivas como mecanismo de protección de los intereses informativos de terceros sobre la estructura societaria. No sólo existen instrumentos alternativos –y más seguros- de información sobre la composición de la sociedad (y, por tanto, del alcance de la responsabilidad de los socios), como, el acceso al contenido de los registros, Registro Mercantil y Registros profesionales correspondientes, sino que, además, la denominación puede revestir un valor en sí misma[22]. Valor que se puede ver afectado por la eventual necesidad de realizar cambios en la denominación en función de las alteraciones del sustrato personal de la sociedad. La ley impone como único límite a esta libertad de composición, la obligación de expresar, junto a la denominación societaria, el tipo social adoptado cualificándolo con el adjetivo «profesional» (o utilizando una denominación abreviada, formada por las siglas del tipo social elegido seguidas de la letra «p»). Exigencia que se justifica en la necesidad de dar a conocer a terceros que se trata de una sociedad especial, y, por tanto, de la presencia de determinadas particularidades en su régimen jurídico.

En segundo lugar, la Ley se ocupa de regular determinados aspectos relacionados con la adopción de una denominación subjetiva, previsiblemente la más frecuente, por parte de una sociedad profesional. Conviene tener en cuenta, antes de proceder a una valoración de los mismos, que si bien existen analogías formales con las normas que se ocupan de la firma personal en las sociedades de personas, desde un punto de vista

---

[21] Vid. *ad. ex.* el artículo 6 de la Ley de Agrupaciones de Interés Económico. La LSP supone un paso más allá, ya que va a posibilitar, en un ámbito económico concreto: el profesional, la modificación del régimen de firma subjetiva imperativa previsto en la regulación general sobre sociedades de conformación personalista. En este sentido, Yanes Yanes: *Comentario a la Ley de sociedades profesionales, cit.* p. 86. El RRM flexibiliza el carácter subjetivo de las denominaciones de las sociedades personalistas en el artículo 400.2, permitiendo que se incluya en la denominación «alguna expresión que haga referencia a una actividad que esté incluida en el objeto social».

[22] Vid. Fernández de la Gándara/Gallego Sánchez: *Fundamentos de Derecho Mercantil I*, Tirant lo Blanch, Valencia, 2000,. quien señala como una de las causas del proceso de objetivización de la denominación social la importancia de proteger «los activos intangibles» asociados a la denominación.

sustantivo, obedecen a finalidades diversas y a una distinta concepción de la función de la firma subjetiva en ambos tipos de sociedades. Mientras la regulación del Cdec persigue la resolución de problemas en materia de responsabilidad, el valor de la firma social en las sociedades profesionales se reconduce a factores reputacionales y de fidelización de la clientela.

Así, en relación con la composición de dicha denominación, la ley exige que se forme «con el nombre de todos, de varios o de alguno de los socios profesionales». Solución coherente desde el momento en que es la personalidad de estos profesionales la que, en principio, delimita el crédito o reputación de la sociedad frente a terceros. Los socios no profesionales, por tanto, tienen vedado el acceso de sus nombres a la razón social. ¿Qué consecuencias jurídicas tendría el incumplimiento de esta disposición? No cabría extender de forma analógica la solución de imputación de responsabilidad personal del Cdec, para los casos en que un socio comanditario consiente la inclusión de su nombre en la razón social. La conformación de la firma social en las sociedades profesionales no tiene trascendencia en la responsabilidad externa de los socios. Ahora bien, a fin de evitar la eventual confusión de terceros sobre la posición efectiva que ocupa el socio en la sociedad, tanto los notarios como registradores deberían estar especialmente atentos e impedir que se produjeran este tipo de situaciones[23].

La ley también regula los eventuales efectos que puede tener en la conformación de la razón social, la eventual baja de alguno de los socios cuyo nombre figura en la misma. La resolución de este problema exige la ponderación de diversos intereses o exigencias enfrentadas. En primer lugar, el interés del tráfico y la protección de la confianza de terceros sobre la efectiva composición subjetiva de la sociedad, en segundo lugar, el interés del socio saliente sobre un bien de naturaleza personalísima como es su nombre civil y, finalmente, el interés del resto de socios y de la propia sociedad en la estabilidad de la razón social, y en la protección de la reputación social que esta inmodificabilidad, en principio, asegura[24]. La LSP introduce algunas innovaciones frente a las soluciones generales previstas para las sociedades personalistas y de capital. En este sentido, el legislador va a permitir la utilización del nombre de un antiguo socio en la razón

---

23 Vid. YANES YANES: *Comentario a la Ley de sociedades profesionales, cit.* pp. 89 y ss.
24 CAMPINS VARGAS: *La sociedad profesional, cit.* pp. 200 y ss., en unas interesantes consideraciones sostiene que el conflicto de intereses en los términos expuesto, está mal planteado, ya que obedece a una confusión entre las funciones que cumplen la denominación social y el nombre comercial. La reputación en el mercado de una sociedad de prestación de servicios se vincula más al nombre comercial que a la denominación registral. Consiguientemente, dicha reputación no tendría que verse afectada si, modificada la razón social, se permite el mantenimiento de la antigua como nombre comercial.

social, siempre que éste preste su consentimiento. Por tanto, en ausencia de pacto al respecto, el socio saliente (o sus herederos) tiene un derecho a solicitar la retirada de su nombre civil de la razón social. Es más, aún en el caso de que medie el consentimiento, éste podrá ser libremente revocado, sin perjuicio de la necesidad de indemnizar a la sociedad por los daños que la ruptura del pacto pueda provocarle. Finalmente, la ley aclara que el mantenimiento en la razón social del nombre de un socio que causa baja no supone, en ningún caso, su responsabilidad personal por deudas contraídas con posterioridad a su salida de la sociedad.

5. Régimen de aportaciones y participación de los socios en los resultados sociales

Como en cualquier otra sociedad, la principal obligación de los socios y además presupuesto jurídico para adquirir tal condición, es la contribución al fin común mediante una aportación. En las sociedades profesionales, en atención a su específico objeto social, y sin perjuicio de otras eventuales contribuciones[25], la principal aportación consistirá frecuentemente, en la prestación de actividades profesionales. La LSP no regula de forma expresa la aportación de dichos servicios profesionales, por lo que la articulación de su régimen jurídico habrá de construirse conforme a las normas generales previstas para cada tipo societario. La prestación de trabajo personal, en las sociedades personalistas, se estructura mediante la aportación de industria, mientras que en las sociedades capitalistas, habrá que recurrir al mecanismo de las prestaciones accesorias, dado que el trabajo personal no reúne los requisitos de aportabilidad exigidos por la función de garantía asociada al capital social[26].

La regulación de la participación de los socios profesionales en los resultados prósperos o adversos de la sociedad planteaba mayores problemas, desde el momento en que las soluciones previstas en algunos tipos societarios no eran fácilmente conciliables con las características y expectativas de las sociedades profesionales. Concretamente, las previsiones

---

[25] Otras posibles aportaciones son la cartera de clientes o el propio nombre civil del profesional. Además, es preciso recordar que junto a los socios profesionales, la LSP admite la posible coexistencia de socios no profesionales, que contribuyen a la consecución del fin social mediante otro tipo de aportaciones distintas del trabajo personal. Sobre los distintos problemas y cuestiones que suscita la aportación de los socios en las sociedades profesionales, vid. in extenso, CAMPINS VARGAS: La sociedad profesional, cit. pp. 203 y ss.

[26] En este sentido, la LSP establece en su artículo 17.2 que «las acciones y participaciones correspondientes a los socios profesionales llevarán aparejadas la obligación de realizar prestaciones accesorias relativas al ejercicio de la actividad profesional que constituya el objeto social».

legales supletorias (artículo 1689 CC y 140 del Código de Comercio) que, en el marco de las sociedades personalistas, equiparan a efectos retributivos, en los casos de silencio convencional, a los socios industriales con el socio capitalista de menor aportación, tienen difícil anclaje en sociedades, como las profesionales, cuyo principal activo lo constituye precisamente los conocimientos y actividad profesional de sus miembros. De hecho, la importancia de las aportaciones de actividad en relación con las aportaciones de capital exige la adopción de principios específicos para las sociedades profesionales que permitan una ponderación adecuada de la contribución de cada una de ellas a la consecución del objeto social.

La LSP dedica a esta cuestión el artículo 10, partiendo de un principio general de libre determinación de la participación de los socios en el resultado de la sociedad, análogo al previsto en la regulación de las sociedades de personas. Consciente de que, en la mayoría –sino totalidad– de los casos, los socios harán uso de esta posibilidad de autorregulación, el legislador especifica que los sistemas convencionales de distribución de resultados podrán basarse tanto en criterios de naturaleza cuantitativa como cualitativa, que ponderen la contribución efectuada por cada socio a la buena marcha de la sociedad (*ad.ex.*, reparto igualitario, criterios de antigüedad, resultados efectivos, etc.)[27].

El sistema se completa mediante la fijación de una regla legal supletoria, operativa en ausencia de pactos, que fija la distribución de beneficios y la imputación de las pérdidas en función de la participación de los socios en el capital social.

6. *Responsabilidad patrimonial*

Una de las cuestiones nucleares de la LSP es la relativa a la regulación del régimen de responsabilidad patrimonial derivada de la actuación en el tráfico de la sociedad profesional[28]. Es preciso recordar que uno de los principales argumentos contra la admisibilidad de las sociedades profesionales era la posible «desresponsabilización» del profesional derivada de la prestación de los servicios profesionales a través de un ente societario. Argumento que se desarrollaba con arreglo a la siguiente lógica. Los profesionales responden personalmente de las deudas y obligaciones

---

27 *In extenso*, sobre las ventajas e inconvenientes de las distintas modalidades convencionales de retribución, vid. CAMPINS VARGAS: *La sociedad profesional, cit.* pp. 267 y ss.

28 Al margen de la responsabilidad civil o patrimonial, los profesionales también están sujetos en el ejercicio de la profesión a responsabilidad disciplinaria (administrativa), derivada de su necesaria sujeción a las reglas y principio deontológico profesionales y, en su caso, a responsabilidad.

que se deriven de los contratos de prestación de servicios celebrados con sus clientes. En cuanto deudores contractuales, les serán de aplicación las reglas generales en materia de responsabilidad contractual previstas en el CC, sin que quepa apreciar ninguna especialidad. Ahora bien, la constitución de una sociedad profesional supone un desplazamiento del centro de imputación de los efectos jurídicos. La persona jurídica va a pasar a asumir la posición contractual que antes ocupaba el profesional. Se produce una disociación, por tanto, entre la figura del deudor contractual, que ahora será la sociedad, y la del profesional que ejecuta materialmente la prestación objeto del contrato. La aplicación de las reglas generales del Derecho societario –y, en general, las normas sobre personalidad jurídica- determinan que el patrimonio sobre el que se proyectan las deudas y obligaciones sea el patrimonio social, y no los patrimonios personales de los socios. Con arreglo a este razonamiento, y a fin de preservar la responsabilidad personal del profesional persona física, sólo se considerarían admisibles para el desempeño de la actividad profesional las sociedades de estructura personalista en las que existe una comunicación entre el patrimonio social y los patrimonios de los socios, al mantenerse la responsabilidad personal e ilimitada de los socios, si bien con carácter subsidiario, por las deudas sociales.

Pese a la fuerza aparente del argumento, compartimos los argumentos de un sector doctrinal[29] de que hubiera sido posible salvarlo sin necesidad de una regulación expresa, defendiendo el mantenimiento de la responsabilidad personal del profesional persona física que ejercita materialmente la actividad sobre la base de un principio general que contrapone independencia a responsabilidad. Como hemos examinado en apartados anteriores, al margen de la estructura o forma jurídica en la que el profesional actuante se inserte, ha de mantenerse su independencia técnica (rasgo inherente al concepto de profesional), en la prestación de la actividad. Esta independencia en su actuación es la que justifica, en último término, la responsabilidad por las deudas y obligaciones que se deriven de resultas de la misma[30].

---

29 Vid. CAMPINS VARGAS: *La sociedad profesional*, cit. pp. 304 y ss. Parece que esta idea también está presente en ROMERO FERNÁNDEZ: *Las sociedades profesionales de capitales*, cit. p. 72, quien califica el reconocimiento de responsabilidad personal del profesional actuante en la LSP, sólo como «aparentemente novedoso».

30 Vid. CAMPINS VARGAS, pp. 305 y ss. «(...) el mantenimiento de la responsabilidad personal del profesional cuando actúa como miembro de una sociedad se justifica como imprescindible para restaurar los incentivos que proporciona el régimen general de responsabilidad contractual cuando el profesional actuante era también, deudor contractual, incentivos que se ven muy disminuidos por el hecho de que el profesional continúa

La especialidad de la actividad profesional permite, consiguientemente, superponer a las reglas societarias en materia de responsabilidad, un régimen de responsabilidad personal por las deudas sociales del profesional actuante, con un fundamento autónomo. La LSP con la doble finalidad de dotar de una mejor ordenación sistemática y seguridad jurídica a la materia y de reforzar las garantías de los clientes de servicios profesionales, contempla expresamente en su artículo 11, estos dos niveles de responsabilidad patrimonial: la que se produce en el plano societario y la que resulta de los actos profesionales (que opera al margen de la naturaleza del vínculo del profesional con la sociedad, societario, laboral o civil). En primer lugar, se establece que «de las deudas sociales responderá la sociedad con todo su patrimonio. La responsabilidad de los socios se determinará de conformidad con las reglas de la forma social adoptada». Primer pilar de responsabilidad que no supone ninguna novedad, al limitarse a recoger los principios societarios básicos en materia de responsabilidad. Esta responsabilidad societaria se complementa seguidamente al establecerse que: «no obstante, de las deudas sociales que se deriven de los actos profesionales propiamente dichos responderán solidariamente la sociedad y los profesionales, socios o no, que hayan actuado, siéndoles de aplicación las reglas generales sobre la responsabilidad contractual o extracontractual que correspondan»[31].

Como vemos, la solución acogida en la LSP, permite afirmar que no sólo la constitución de una sociedad profesional no debilita las garantías de los clientes de servicios profesionales, sino que, por el contrario, su posición se ve reforzada, al aumentar el número de patrimonios vinculados por las deudas derivadas del ejercicio de la profesión, frente a los clientes de profesionales que ejercen de manera individual. Examinemos separadamente cada uno de estos dos niveles de responsabilidad.

En relación con la responsabilidad patrimonial en el plano societario, ésta va a extenderse a todas las deudas sociales con independencia de su origen, es decir, se trate de deudas derivadas estrictamente de la realización de actos profesionales o de deudas no profesionales (*ad.ex.* adquisición de equipos informáticos, pago de salarios, etc.). Por lo que a los sujetos responsables se refiere, en todo caso, responderá por dichas deudas

actuando con independencia técnica cuando ejecuta la prestación debida por cuenta de la sociedad (…)».
31 Este sistema de reconocimiento expreso de una responsabilidad bifronte tenía ya un reflejo positivo en el marco de la auditoría de cuentas donde se prevé que «cuando la auditoría de cuentas se realice por un auditor que pertenezca a una sociedad de auditoría, responderán solidariamente tanto el auditor que haya firmado el informe de auditoría como la sociedad» (artículo 11.2 de la Ley 19/1988, de 12 de julio, de Auditoría de Cuentas).

la propia sociedad. Esta afirmación supone simplemente la reiteración de la regla general de responsabilidad patrimonial universal contenida en el artículo 1911 CC, con arreglo a la cual «del cumplimiento de sus obligaciones responde el deudor con todos sus bienes, presentes y futuros» y una consecuencia lógica de la personificación jurídica de la sociedad (artículo 8.1 LSP) que la convierte en el centro de imputación de los derechos y obligaciones derivados de la actividad profesional (artículo 5.2 LSP). Esta responsabilidad podrá hacerse extensible a los socios, en su condición de tales, es decir se trate o no de socios profesionales, en función de la forma social elegida por la sociedad profesional. El principio de libertad de elección de tipo que consagra la ley posibilita, como hemos visto, la existencia de sociedades profesionales de estructura personalista (sociedad civil, sociedad colectiva, sociedad comanditaria simple) o capitalista (sociedad comanditaria por acciones, sociedad limitada, sociedad anónima). En el primer supuesto, los socios responderán subsidiariamente de las deudas sociales (si es una sociedad civil de forma mancomunada entre ellos, si es colectiva de forma solidaria). Por lo que a las sociedades en comandita se refiere, la responsabilidad por las deudas sociales está en función del tipo de socio. Los socios colectivos responden de igual manera que en las sociedades colectivas ordinarias y los socios comanditarios tienen limitada su responsabilidad al valor de su aportación. En el caso de que se haya optado por un tipo social de estructura capitalista, los socios no responderán personalmente por las deudas sociales, su responsabilidad está limitada al importe de la aportación comprometida al capital social.

Más interesante, en lo que puede tener de novedoso, resulta la regla de responsabilidad derivada de los actos profesionales, ya que junto a la responsabilidad de la sociedad (y en su caso, de los socios) por las deudas profesionales (en cuanto se encuentran comprendidas dentro de las deudas sociales), la ley añade, en relación de solidaridad, la responsabilidad del **profesional actuante**, ya se trate de un socio profesional, ya de un profesional carente de tal condición y vinculado a la sociedad por una relación laboral o civil. La finalidad de tutela de los intereses del cliente-acreedor se manifiesta no sólo en el aumento de los sujetos obligados por las deudas profesionales, sino además en el carácter solidario de la relación existente entre ellos. El cliente podrá dirigirse indistintamente contra la sociedad o contra cualquier profesional que intervino en el acto profesional que origino la deuda.

La determinación del alcance de esta responsabilidad del profesional o los profesionales actuantes suscita una serie de cuestiones. La primera de ellas se refiere a la identificación del sujeto o sujetos responsables en los casos en los que en la ejecución de la actividad profesional concurran varios profesionales, es decir, que esta se realice por un equipo y no por un único profesional. La doctrina suele distinguir al respecto dos situaciones: equipos horizontales, en los que sus miembros se encuentran en condiciones de paridad o igualdad, y equipos verticales, en los que los profesionales se organizan conforme a una estructura jerárquica. En el primer caso, parece lógico concluir que todos los integrantes del equipo habrán de responder por la deuda derivada del acto profesional ejercitado conjuntamente. La determinación del profesional o profesionales responsables puede revelarse más compleja en el segundo supuesto. ¿Responde sólo el profesional que materialmente realizó la actividad que causó el daño? ¿Responde también –o exclusivamente- el profesional encargado de la dirección y coordinación del equipo? ¿Responden todos los miembros de dicho equipo con independencia de su posición dentro del mismo? La solución mayoritariamente defendida por la doctrina, mantiene la responsabilidad solidaria frente a terceros de todos los profesionales que participaron en el acto dañoso, sin perjuicio del posterior ejercicio de acciones de repetición en función de la culpa real –o, del grado de culpa-efectivamente imputable a cada uno de los integrantes del grupo[32].

De las deudas derivadas de actos profesionales responde el profesional actuante y **sólo** el profesional actuante. Esta regla excluye la extensión de la responsabilidad a aquellos otros profesionales que no hayan participado en el acto o conducta que causó el daño. No se ha acogido en nuestro Derecho, la conocida en su terminología anglosajona como *vicarious liability*, que hace extensible la responsabilidad por los daños derivados de los actos profesionales a todos los socios profesionales, con independencia de su implicación o no en dicho acto. Esta medida, muy criticada por la doctrina, por desproporcionada y carente de fundamento jurídico, se contempló durante un tiempo, en el ámbito de la auditoría de cuentas, donde se establecía que, con independencia de la forma social adoptada, el resto de socios auditores debían responder personal e ilimitadamente, de forma subsidiaria y con carácter solidario, de las consecuencias dañosas del informe que causó el daño. Esta responsabilidad general y subsidiaria, que convertía a los socios de una sociedad de auditoría, en socios «colectivos» con independencia de la forma social adoptada, fue suprimida en

---

32 Vid. Botana Agra: «La responsabilidad patrimonial en el contexto de las sociedades profesionales» en AA.VV.: *Estudios Sobre sociedades profesionales*, Marcial Pons, Madrid, 2009, pp. 216 y ss.; Campins Vargas: *La sociedad profesional, cit.*, pp. 332 y ss.; Romero Fernández: *Las sociedades profesionales de capitales, cit.* pp. 83 y ss.

2002 por la Ley de medidas de reforma del sistema financiero[33]. Actualmente, en nuestro ordenamiento, los socios profesionales no responden de forma directa, por la mala *praxis* del profesional que causa el daño, sin perjuicio de que, obviamente, puedan verse afectados, en cuanto socios, por el ejercicio de las acciones indemnizatorias contra la sociedad (especialmente, si se trata de una sociedad personalista).

También puede plantear algún problema interpretativo la valoración de la naturaleza de la responsabilidad del profesional. Ésta podrá, tal y como expresamente establece la LSP, tener carácter contractual o extracontractual, dependiendo de la previa existencia o no de una relación jurídica del profesional con la víctima del daño. La aplicación estricta de este criterio de delimitación llevaría a considerar aplicables las reglas de responsabilidad extracontractual contenidas en los artículos 1902 y siguientes del CC, a la relación existente entre el profesional actuante y el cliente para el que ha realizado la prestación, en cuanto entre ambos no existe un vínculo contractual (el contrato ha sido celebrado con la propia sociedad profesional). Ahora bien, es claro que esta situación no puede equipararse a los casos en los que no media ningún tipo de relación jurídica entre el causante y el afectado del daño. Entre cliente y profesional existe una relación personal estrecha, generalmente, basada en fuertes lazos de confianza que, tal y como señala un autorizado sector doctrinal presenta muchas similitudes con una relación contractual y justificaría, por tanto, la aplicación de las reglas en materia de responsabilidad contractual[34]. Obviamente, la responsabilidad del profesional frente al cliente no deriva del incumplimiento de un contrato, sino del daño producido como consecuencia de

---

[33] En el ámbito de la auditoría de cuentas se está llevando a cabo, por exigencia del Derecho europeo (Directiva 2006/43/CE del Parlamento Europeo y del Consejo, de 17 de mayo de 2006, relativa a la *auditoría legal de las cuentas anuales y de las cuentas consolidadas* y Recomendación de la Comisión de 5 de junio de 2008 *sobre la limitación de la responsabilidad civil de los auditores legales y las sociedades de auditoría*) un proceso de limitación de la responsabilidad del auditor, que sustituye la regla general de solidaridad por la responsabilidad en función del daño efectivamente causado (vid. párrafo 10 del artículo 1 del *Anteproyecto de Ley por la que se modifica la Ley 19/1988, de 12 de julio de Auditoría de Cuentas,* para su adaptación a la normativa comunitaria, en el que se establece que: «La responsabilidad civil del auditor de cuentas o de la sociedad de auditoría será exigible en forma personal e individualizada, con exclusión del daño o perjuicio causado por la propia entidad auditada o por un tercero. Sólo se exigirá solidariamente la responsabilidad cuando no pudiera individualizarse la causa de los daños y perjuicios o quedase debidamente probada la concurrencia de culpas sin que pudiera precisarse el grado de intervención de cada agente en el daño producido).

[34] Vid. Paz Ares: *Comentario al Código Civil II*, p. 1407; Romero Fernández: *Las sociedades profesionales de capitales*, cit., pp. 85 y ss.; Campins Vargas: *La sociedad profesional*, cit. pp. 328 y ss.

una actuación negligente o contraria a la ética profesional, adoptada de forma independiente y discrecional. Daño que está obligado a resarcir.

El sistema de responsabilidad por los actos profesionales contemplado en la ley se cierra con una cláusula bastante oscura en su redacción, contenida en la Disposición adicional 2ª de la LSP que prevé la extensión de este sistema, de forma idéntica o similar, a determinados casos de ejercicio colectivo de la actividad profesional no acogidos al marco jurídico de la sociedad profesional. Consciente de que el estricto régimen de responsabilidad descrito podría llevar a los profesionales a buscar vías de escape o fórmulas alternativas a la constitución de una sociedad profesional, el legislador, en un afán tutelar de los intereses de los clientes o terceros que se relacionan con los profesionales, extiende su aplicación tanto a los casos de ejercicio colectivo de una actividad profesional bajo una forma societaria distinta de la sociedad profesional como a los agrupaciones o colectivos de hecho de profesionales que no llegan a constituir una sociedad. En el primer supuesto, el régimen de responsabilidad será idéntico al previsto en el artículo 11 LSP, es decir, responsabilidad de la sociedad (y, en su caso de los socios, dependiendo de la forma social elegida) y del profesional actuante por los daños derivados del ejercicio profesional. En el segundo escenario, ante la ausencia de un centro unificado de imputación de los derechos y obligaciones, se establece la responsabilidad solidaria de todos los profesionales (por tanto, con independencia de la posibilidad de identificación efectiva del profesional actuante que causó el daño) por todas las deudas que tengan su origen en el ejercicio de la actividad profesional[35].

7. *Cambios en la composición personal de la sociedad*

En las sociedades profesionales, con independencia de la forma social adoptada, es lógico presuponer la presencia de fuertes lazos personales entre los socios. Este *intuitus personae* acusado resulta de su configuración como comunidades de trabajo, en las que las particulares cualidades y capacidades de sus integrantes están especialmente presentes en la decisión de constituir una sociedad. Por ello, el establecimiento de un régimen jurídico claro y preciso sobre las posibilidades de alteración de la composición subjetiva originaria, que permita amoldar los intereses de los socios, tanto en los casos de estructuras personalistas como capitalistas, adquiere, en las sociedades profesionales, una especial relevancia.

---

[35] Para un desarrollo e interpretación crítica de este mecanismo de extensión de responsabilidad por los actos profesionales, vid. BOTANA AGRA: «La responsabilidad patrimonial en el contexto de las sociedades profesionales», *cit*. pp. 219 y ss.

Las alteraciones del sustrato personal inicial pueden reconducirse a alguno de los siguientes escenarios: entrada de nuevos socios; salida de socios, ya sea de forma voluntaria ya sea a causa de su expulsión de la sociedad, y, finalmente, transmisión de la posición de socios y consiguiente sustitución de unos socios por otros. A su regulación atienden los artículos 12 a 17 de la LSP.

a) *Ingreso de nuevos socios*
Durante la vida de las sociedades profesionales es frecuente que éstas tengan que hacer frente a la creación de nuevos puestos de socios, bien porque se busque la entrada de un profesional externo, bien porque se pretenda la promoción, mediante la adquisición de la condición de un socio, de un profesional que ya prestaba sus servicios a la sociedad en el marco de una relación laboral o de arrendamiento de servicios. En el ámbito de las sociedades de capital, el principal mecanismo para arbitrar el reclutamiento o la promoción de los profesionales, lo constituye el aumento del capital social. Ahora bien, tal y como apuntábamos en apartados anteriores, la regulación general de esta técnica de modificación del capital, presentaba determinados obstáculos que dificultaban tanto la promoción profesional como el acceso de profesionales externos. Las principales dificultades radicaban en la imposibilidad de exclusión estatutaria del derecho de suscripción preferente y en la imposición del valor real como regla de cálculo del precio de las nuevas acciones o participaciones emitidas[36].

La ley remueve estos obstáculos estableciendo la supresión del derecho de suscripción preferente en los casos en que el aumento de capital sirva de cauce para la incorporación o promoción de profesionales en la sociedad y concediendo plena libertad, con el único límite mínimo del valor nominal, a la sociedad para determinar el valor de emisión de las nuevas participaciones.

b) *Transmisión de la condición de socio*
Probablemente, donde se ejemplifica de forma más evidente, la dificultad de conciliar el *intuitus personae* de las sociedades profesionales con el principio de libre elección de la forma social, y, consiguientemente con la apertura de las sociedades profesionales a formas de configuración capitalista, sea en el ámbito de la circulación de las posiciones de socio. Si bien el régimen jurídico de las sociedades de personas, tanto de la sociedad civil

---

[36] Vid. Campins Vargas: *La sociedad profesional, cit.* pp. 355 y ss.; Yanes Yanes: *Comentario a la Ley de sociedades profesionales, cit*, pp. 218 y ss.

como de la sociedad colectiva y comanditaria simple, parte de la importancia de la identidad y caracteres personales de los socios, a la hora de establecer las reglas básicas en materia de transmisibilidad de dicha posición, las normas en las sociedades de conformación capitalista, especialmente en el caso de la anónima y sin perjuicio de la existencia de mecanismos convencionales de «cierre» de la sociedad, se fundamentan en principios radicalmente distintos. Se hacía preciso, por tanto, la adopción de medidas jurídicas que permitieran atender a los intereses de la sociedad y los socios profesionales en controlar las posibles alteraciones de la estructura personal de la sociedad, con independencia del tipo adoptado. La ley se hace eco de esta necesidad, recogiendo en su artículo 12 una regla general de intransmisibilidad de la condición de socio profesional, salvo que medie el consentimiento de todos los socios profesionales. Esta norma introduce un importante elemento de especialización en los tipos societarios, fundamentalmente en los tipos capitalistas (ya utilizado en el caso de las sociedades anónimas laborales), para que puedan ser utilizados por las sociedades profesionales, en cuanto posibilita la adopción de restricciones a la libre circulación de la condición de socio que van mucho más allá de la flexibilización permitida con carácter general y, obviamente, de las posibilidades de restricción convencional mediante pactos parasociales.

Este principio de instransmisibilidad se establece con carácter dispositivo. La propia ley posibilita la sustitución de la autorización por unanimidad por acuerdos mayoritarios (siempre de los socios profesionales).

El régimen de transmisión de la condición de socio en las sociedades profesionales, se completa en el artículo 15 de la LSP que atiende a las transmisiones no voluntarias de dicha participación: transmisiones *mortis causa* y transmisiones *inter vivos* forzosas. La redacción actual de este precepto es el resultado de una serie de enmiendas presentadas al Anteproyecto de LSP. Enmiendas no excesivamente afortunadas, en cuanto, junto a la escasa claridad de la redacción actual, parece acogerse un principio diverso en materia de transmisibilidad al contemplado con carácter general en el artículo 12 LSP, que, como acabamos de examinar, presume la intransmisibilidad voluntaria de la condición de socio, a menos que expresamente (ya de forma unánime ya mayoritaria) se establezca lo contrario. El artículo 15 LSP se configura como una norma autorizatoria, en el sentido de que los socios habrán de manifestarse expresamente sobre la transmisibilidad de la condición de socio en estas situaciones, sin que quepa presumir la intransmisibilidad en caso contrario y, deviniendo necesario atender a las soluciones previstas en los distintos regímenes societarios. El diferente carácter de las reglas en estos supuestos frente a la que regula la transmisión voluntaria es criticable, desde el momento en que no se apoyan o sustentan en diferencias sustantivas reales. En ambos casos, el *intuitus personae* de las sociedades profesionales se puede ver vulnerado si se produce la entrada de nuevos socios (adquirentes, herederos, adjudicatarios, etc.) que no gozan de la confianza del resto de socios[37].

c) *Salida de socios: separación y exclusión*

El último escenario de alteración de la composición subjetiva de la sociedad lo constituye la salida de socios (sin su sustitución simultánea por otro como ocurre en las transmisiones), bien de forma voluntaria por parte del socio saliente, bien por decisión del resto de los socios. Salidas que se arbitran jurídicamente a través de los mecanismos de separación y exclusión de socios, respectivamente. La configuración de estos supuestos de salida voluntaria o forzosa de los socios de la sociedad, presenta diferencias sustanciales en las sociedades personalistas y capitalistas. En este sentido, en las primeras, el derecho a resolver unilateralmente el vínculo de los socios con la sociedad, se instrumenta a través de la denuncia del contrato social, que determina la disolución no sólo del vínculo societario del socio denunciante, sino de la propia sociedad. En las sociedades capitalistas, y especialmente, en la sociedad anónima, si bien se reconoce la posibilidad de separación y exclusión de socios, sin que ello afecte a la pervivencia de la sociedad, estos derechos se configuran de forma restrictiva, al existir cauces más flexibles para que el socio que lo desee pueda abandonar la sociedad, como la transmisión de sus acciones o participaciones (configurada de forma amplia, y especialmente en relación con la anónima) en estos tipos. Las soluciones generales encontraban un difícil anclaje en las sociedades profesionales, cuyas especiales características requerían el establecimiento de un régimen uniforme y flexible en materia de separación y exclusión de socios profesionales. Se hacía preciso proteger, en primer lugar, la persistencia de los lazos de confianza entre los socios, y facilitar, tanto la expulsión de los socios que han provocado una ruptura de dicha confianza, como la salida voluntaria de aquéllos que la han perdido. Como hemos visto, la participación de los socios profesionales implica importantes exigencias, en cuanto éstos se comprometen a prestar su actividad profesional (vía aportación o vía prestaciones accesorias) y generalmente en régimen de exclusiva, a la sociedad. A esto se

---

37 Para una valoración crítica del régimen especial del artículo 15 LSP, vid. Trigo García: «La sociedad profesional, ¿una sociedad cerrada? (A propósito de la transmisión de la condición de socio profesional), en AA.VV.: *Estudios Sobre sociedades profesionales*, Marcial Pons, Madrid, 2009, pp. 145 y ss. Una visión más conciliadora en Yanes Yanes: *Comentario a la Ley de sociedades profesionales*, cit. pp. y ss.179 y ss.

añade, la configuración de la sociedad profesional como una sociedad cerrada, en la que se dificulta el abandono de la sociedad mediante la transmisión de la posición de socio a un tercero.

La ley ha optado por facilitar enormemente la salida, tanto voluntaria como forzosa, de los socios profesionales, estableciendo un régimen especial que intenta superar los principales inconvenientes de los regímenes generales (disolución de la sociedad, en el caso de las sociedades personalistas y restricciones al ejercicio de estos derechos, en las capitalistas)[38]. El derecho de separación se contempla en el artículo 13 de la LSP, que reconoce una mayor o menor amplitud a esta facultad de ruptura unilateral voluntaria del vínculo societario en función de la duración de la sociedad. Así, en los casos de sociedades de duración indeterminada, el derecho se configura de forma amplia, posibilitándose la desvinculación del socio *ad nutum*, es decir, sin necesidad de alegar ni probar la existencia de causa o motivo que la justifique, y sin más límite que el que rige el ejercicio de cualquier derecho: el respeto a las exigencias de la buena fe. La libertad conferida por la ley es total, en el sentido de que ni siquiera se contempla un plazo de preaviso o un marco temporal mínimo para el ejercicio del derecho desde el momento de adquisición de la condición de socio, lo que, en la práctica, puede conducir a salidas intempestivas con la consiguiente lesión en el funcionamiento de la sociedad[39]. Posiblemente, estas situaciones podrían, en función de las circunstancias del caso, ser consideradas un ejercicio del derecho contrario a la buena fe. Ahora bien, la infracción de este estándar de conducta no impediría la efectiva separación del socio, sin perjuicio de que de probarse la mala fe, éste deviniera obligado a indemnizar a la sociedad por los daños y perjuicios causados. Finalmente, la ley condiciona la eficacia de la separación a la notificación a la sociedad, sin exigir la utilización de una forma precisa, por lo que, en principio, y a falta de previsión estatutaria, podrá ser usada cualquiera, si

---

[38] El régimen especial contenido en la LSP en materia de separación y exclusión de socios afecta exclusivamente a los socios profesionales. Por tanto, en relación con los socios no profesionales (al igual que en la mayoría de las cuestiones que afectan a su estatuto jurídico) habrá que atender a las disposiciones generales de la sociedad correspondiente.
[39] Así, García Pérez: «La salida voluntaria y forzosa del socio profesional y su reflejo en las cláusulas estatutarias de separación y exclusión» en AA.VV.: *Estudios Sobre sociedades profesionales*, Marcial Pons, Madrid, 2009, pp. 183 y ss. y García Valdecasas Butrón: *Sobre la Ley de Sociedades Profesionales. Aspectos prácticos*, Fundación Registral, Madrid, 2007, pp. 106 y ss., quienes sugieren la introducción de cláusulas estatutarias que impidan o dificulten este tipo de situaciones. Yanes Yanes: *Comentario a la Ley de sociedades profesionales, cit.* p. 148, si bien también critica el carácter excesivo de la norma, se muestra más escéptico sobre las posibilidad de introducir medidas correctoras vía estatutaria.

bien es conveniente el recurso a un medio que acredite la recepción de la comunicación por la sociedad[40].

En los casos en los que la sociedad se hubiere constituido por tiempo determinado, se restringe el derecho de separación, que ya no se configura como un derecho libremente ejercitable por el socio, sino vinculado a la presencia de determinados causas o motivos. En este sentido, el apartado 2 del artículo 13 de la LSP establece que: «si la sociedad se ha constituido por tiempo determinado, los socios profesionales sólo podrán separarse, además de en los supuestos previstos en la legislación mercantil para la forma societaria de que se trate, en los supuestos previstos en el contrato social o cuando concurra justa causa». En principio, por tanto, se distinguen tres grupos de causas de separación: las legales, basadas en alteraciones esenciales del contrato social o los estatutos, las voluntarias o convencionales[41] y, finalmente, el caso que más problemas interpretativos y de aplicación puede plantear, en atención a su carácter indeterminado lo constituye la separación «por justos motivos o justa causa». El legislador va a elevar a norma escrita una posibilidad ya defendida por la doctrina para determinadas formas societarias[42]. A diferencia de los supuestos anteriores, que concretan *ex ante* los motivos que facultan a los socios el abandono voluntario de la sociedad, en este caso, habrá de valorarse a posteriori, bien por un acuerdo entre las partes o, en defecto del mismo, por un tercero (árbitro o juez) la procedencia de las razones alegadas para justificar la separación.

Si la separación permite a un socio minoritario desvincularse del resto del grupo social cuando su permanencia en el mismo resulte indeseable, la exclusión va a cumplir la función simétrica, al permitir a la mayoría

---

[40] La ley parece vincular la notificación con la inmediata salida del socio. La doctrina ha señalado la posibilidad de atemperar dicha inmediatez mediante cláusulas estatuarias que prevean, *ad.ex.*, la continuación de la prestación de los servicios profesionales del socio durante un periodo máximo, a fin de resolver los asuntos en curso. GARCÍA PÉREZ: «La salida voluntaria y forzosa del socio profesional y su reflejo en las cláusulas estatutarias de separación y exclusión», *cit.*, p. 191.

[41] GARCÍA PÉREZ: «La salida voluntaria y forzosa del socio profesional y su reflejo en las cláusulas estatutarias de separación y exclusión», *cit.*, p. 192, señala, como ejemplos de causas voluntarias de separación, determinadas circunstancias subjetivas que afecten a los socios, tal y como, desavenencias personales graves entre los socios, cumplimiento de una determinada edad, desestimación de la exclusión de un socio cuando hubiere incurrido en causa suficiente para ello, etc.

[42] Vid. ALFARO ÁGUILA-REAL: «Conflictos intrasocietarios (los justos motivos como causa legal no escrita de exclusión y separación de un socio en la sociedad de responsabilidad limitada) en AA.VV.: *Estudios de Derecho Mercantil. Homenaje al profesor Justino Duque Domínguez*, vol. I, Universidad de Valladolid, 1998, pp. 89 y ss.

deshacerse de un socio cuya conducta o circunstancias personales perturba el correcto desarrollo de la actividad social. La exclusión, al igual que la separación, constituye un instrumento de resolución de conflictos intra-societarios, que permite la disolución del vínculo del socio conflictivo sin que ello afecte a la continuidad de la propia sociedad. Opera, por tanto, como un mecanismo, no disciplinario, sino protector de los intereses sociales frente a una posible lesión de los mismos por parte de un socio minoritario. A la exclusión de los socios profesionales se dedica el artículo 14 de la LSP que ha optado por configurar las posibilidades de actuación de este instrumento de forma amplia. A este respecto, se distinguen dos modalidades de exclusión en función de las causas que la desencadenen: facultativa y obligatoria. Por lo que a la primera se refiere, el apartado 1 del artículo 14 señala que: «todo socio *podrá* ser excluido, además de por las causas previstas en el contrato social, cuando infrinja gravemente sus deberes para con la sociedad o los deontológicos, perturbe su buen funcionamiento o sufra una incapacidad permanente para el ejercicio de la actividad profesional». Vemos, por tanto, que las cláusulas facultativas de exclusión pueden tener su origen en el contrato o en los estatutos sociales o en la propia Ley. La amplitud e indeterminación con la que se fijan estas últimas, resta parte de su utilidad a la posibilidad de apertura del catálogo legal mediante cláusulas convencionales, sin perjuicio de que se pueda, a través de esta vía, -y siempre dentro de los límites generales a la libertad de pactos- personalizar o adaptar el régimen legal a las circunstancias o intereses propios de la sociedad. Las cláusulas legales de exclusión atienden tanto a la conducta del socio como a la concurrencia en el mismo de determinadas circunstancias que le impiden cumplir con la prestación profesional comprometida. La sociedad tiene la facultad de expulsar al socio cuyo comportamiento dificulte o ponga en peligro la consecución del fin común, bien como resultado de la infracción grave de sus deberes como socio (*ad.ex.* incumplimiento de la obligación de realizar la prestación profesional o del deber de fidelidad y no concurrencia con la sociedad) o, bien como consecuencia de cualquier circunstancia que perturbe el buen funcionamiento de la sociedad.

Dado que la contribución al fin común de los socios profesionales se articula principal, cuando no exclusivamente, mediante la prestación de su actividad profesional para la sociedad, la ley configura como válidos motivos de expulsión determinadas circunstancias que impiden al socio cumplir con dicha obligación: como son la inhabilitación penal o disciplinaria para el ejercicio de la profesión y la incapacitación profesional. Ahora bien, mientras en este segundo supuesto, se mantiene la libertad de la sociedad para decidir si seguir o no un procedimiento de expulsión, en el caso de la inhabilitación, la ley exige la expulsión del socio inhabilitado, o, al menos, la pérdida de la condición de socio profesional.

Con independencia de cuales sean las causas que motivan la expulsión de un socio profesional, la decisión habrá de adoptarse en junta general o asamblea de socios, requiriéndose además, el pronunciamiento favorable a la expulsión por parte de la mayoría del capital y de la mayoría de los derechos de voto de los socios profesionales.

Examinada la operatividad de los mecanismos de separación y exclusión de socios profesionales, resta comentar dos problemas comunes a ambas instituciones: la subsistencia de responsabilidad del socio separado o excluido y, la determinación o cálculo de la cuota de liquidación.

Aunque la ley trata la subsistencia de responsabilidad en el artículo referido a la exclusión (artículo 14.4), de la redacción, por otra parte bastante confusa, de la norma se deduce su aplicación a todos los casos de pérdida de la condición de socio. La ley se refiere en este precepto a la responsabilidad en cuanto **profesional actuante** del socio que sale de la sociedad, manteniendo dicha responsabilidad por todos aquellos actos profesionales en los que hubiere intervenido con anterioridad a la fecha de baja. Como hemos tenido ocasión de examinar la responsabilidad en el ámbito de la sociedad profesional, se estructura en dos niveles: societario y profesional. Consiguientemente, la regla del artículo 14.2 opera sin perjuicio de la posible extensión en el tiempo de la responsabilidad del socio saliente, en aplicación de las normas generales de los distintos tipos societarios (responsabilidad societaria)[43].

Finalmente, la ley contempla como cierre de la regulación sobre modificaciones en la composición subjetiva de la sociedad, la forma de proceder al reembolso de la cuota de liquidación en los casos de separación, exclusión y rescate por la sociedad de la participación del heredero o adjudicatario en los supuestos de transmisiones forzosas. La solución adoptada pasa de nuevo por conferir, amplia libertad a las partes tanto sobre los criterios de cálculo de la cuota de liquidación como sobre el destino ulterior de las participaciones reembolsadas (artículo 16 LSP).

---

43 Vid. YANES YANES: *Comentario a la Ley de sociedades profesionales, cit.* pp. 175 y ss.

Bibliografía

Albiez Dohrmann: «Las sociedades profesionales con participación ajena» en AA.VV.: *Estudios Sobre sociedades profesionales*, Marcial Pons, Madrid, 2009, pp. 119 y ss.

Alcover Garau: «Comentarios a la Resolución de la Dirección General de los Registros y del Notariado de 28 de enero de 2009. *Sociedades profesionales y sociedades de intermediación*», 32, *Revista de Derecho de Sociedades (RdS)*, 2009-1, pp. 169 y ss.

Botana Agra: «La responsabilidad patrimonial en el contexto de las sociedades profesionales» en AA.VV.: *Estudios Sobre sociedades profesionales*, Marcial Pons, Madrid, 2009, pp. 205 y ss.

Calvo Vidal: «Constitución de la sociedad profesional» en AA.VV.: *Estudios Sobre sociedades profesionales*, Marcial Pons, Madrid, 2009, pp. 87 y ss.

Campins Vargas: *La sociedad profesional*, Civitas, Madrid, 2000.
– «Consideraciones en torno a la delimitación del ámbito de aplicación de la Ley de Sociedades Profesionales. A propósito de algunas interpretaciones recientes», 33, *Revista de Derecho de Sociedades (RdS)*, 2009-2, pp. 141 y ss.

Delgado González: *Las sociedades profesionales. El ejercicio en común de las profesiones en España. Sus aspectos administrativos, civiles y tributarios*, Edersa, Madrid, 1996.

Fernández de la Gándara/Gallego Sánchez: *Fundamentos de Derecho Mercantil I*, Tirant lo Blanch, Valencia, 2000.

García Más: «Algunas consideraciones sobre la Ley 2/2007, de 15 de marzo, de Sociedades Profesionales» en AA.VV.: *Estudios Sobre sociedades profesionales*, Marcial Pons, Madrid, 2009, pp. 9 y ss.

García Pérez: «La salida voluntaria y forzosa del socio profesional y su reflejo en las cláusulas estatutarias de separación y exclusión» en AA.VV.: *Estudios Sobre sociedades profesionales*, Marcial Pons, Madrid, 2009, pp. 183 y ss.

García Valdecasas Butrón: *Sobre la Ley de Sociedades Profesionales. Aspectos prácticos*, Fundación Registral, Madrid, 2007.

Leciñena Ibarra: «Concepto de sociedad profesional y ámbito de aplicación» en AA.VV.: *Estudios Sobre sociedades profesionales*, Marcial Pons, Madrid, 2009, pp. 61 y ss.

Marcos: «La transformación del sector profesional» en Garrido/Estivill (Coord.): *El patrimonio familiar, profesional y empresarial. Sus protocolos*, Bosch, 2005, pp. 837 y ss.

Melero Bosch: «¿Debe adaptarse una sociedad de auditoría a la Ley de Sociedades Profesionales?», 31, *Revista de Derecho de Sociedades (RdS)*, 2008-2, pp. 259 y ss.

Moreno-Luque Casariego: *Sociedades profesionales liberales*, Bosch, Barcelona, 1994.

Paz-Ares: «Las Agrupaciones de interés económico y las sociedades profesionales», en Uría/Menéndez: *Curso de Derecho Mercantil, I*, Civitas, Madrid, 1999.

- *Comentario al Código Civil, tomo II,* artículos 1665 -1704, Ministerio de Justicia, Madrid, 1991.

Pérez Millán: «*En torno al objeto de las sociedades profesionales*», 32, *Revista de Derecho de Sociedades (RdS),* 2009-1, pp. 175 y ss.

Rodríguez Díaz: «Incidencia de la Ley de Sociedades Profesionales en el régimen constitutivo de las sociedades colectivas y comanditarias simples», 31, *Revista de Derecho de Sociedades (RdS,* 2008-2, pp. 271 y ss.

Romero Fernández: *Las sociedades profesionales de capitales,* Marcial Pons, Madrid, 2009.

Trigo García: «La sociedad profesional, ¿una sociedad cerrada? (A propósito de la transmisión de la condición de socio profesional), en AA.VV.: *Estudios Sobre sociedades profesionales,* Marcial Pons, Madrid, 2009, pp. 145 y ss.

Vázquez Albert: «Las sociedades profesionales» en Garrido/Estivill (Coord.): *El patrimonio familiar, profesional y empresarial. Sus protocolos,* Bosch, 2005, pp. 941 y ss.

Vega Vega: *Sociedades profesionales de capital,* Aranzadi- Thomson Reuters, Navarra, 2009.

Yanes Yanes: *Comentario a la Ley de Sociedades Profesionales,* Tirant lo Blanch, Valencia, 2007.

Resumo: Em 16.12.2008, o Tribunal de Justiça da União Europeia proferiu o acórdão *Cartesio*, relativo à liberdade de estabelecimento das sociedades. Neste estudo, a decisão é apresentada e analisada, defendendo-se que um exame cuidado do *âmbito teleológico* das normas comunitárias que consagram a liberdade de estabelecimento, bem como das relevantes normas nacionais de direito das sociedades, constituiria a mais correcta abordagem para a resolução do caso, abandonando-se assim a *tese da criação nacional* das sociedades. Não obstante, na perspectiva das sociedades *portuguesas*, certos ditos do Tribunal parecem garantir a sua plena mobilidade no espaço europeu.

Abstract: This paper deals with the *Cartesio* decision of the Court of Justice of the European Union, given on the 16th December 2008. After its presentation and analysis, it is argued that a more careful examination of the *teleological scope* of the Community rules conferring the right of establishment, as well as of the relevant national rules of Company law, would be the most proper approach to solve the case, therefore abandoning the thesis of companies as *national creatures*. Notwithstanding, in what concerns Portuguese companies, certain *dicta* of the Court seem to guarantee their full mobility within the European Union.

RUI M. PEREIRA DIAS*

O acórdão *Cartesio* e a liberdade de estabelecimento das sociedades

Em 16 Dezembro de 2008, foi proferida pelo Tribunal de Justiça da União Europeia[1] uma decisão que ficou conhecida como o acórdão *Cartesio*[2]. Trata-se de um marco relevante na jurisprudência do Tribunal de Justiça acerca da liberdade fundamental de estabelecimento das sociedades, conquanto não tenha ido no sentido por muitos desejado e proposto – inclusivamente o Advogado-Geral, cujas conclusões foram no essencial contrariadas pelo Tribunal.

A problemática em que toca este aresto é desdobrável em aspectos que respeitam ao direito comunitário[3], ao direito internacional privado e ao

Assistente da Faculdade de Direito da Universidade de Coimbra

---

1 Hoje, após a entrada em vigor do Tratado de Lisboa (1.12.2009), é essa a sua designação, e não mais *Tribunal de Justiça das Comunidades Europeias* – nome que ainda ostentava aquando do proferimento do acórdão.
2 Processo n.º C-210/06.
3 Ou «direito da União», uma vez que, desde 1 de Dezembro de 2009, a União Europeia é dotada de personalidade jurídica própria e assumiu as competências anteriormente

direito das sociedades (essencialmente; mas também o direito fiscal[4] está intimamente ligado a estas questões, desde logo na perspectiva das consequências da fixação da residência, num ou noutro Estado-membro, ou da definição do estatuto do não residente).

Se é verdade que os diversos ramos da ciência jurídica não são estanques, também não deixa de ser acertado dizer que a perspectiva com que se aborda um problema pode variar consoante a maior ou menor importância dada a algum ou alguns dos seus múltiplos aspectos. Pois bem: neste contexto, importará pensar no que o direito das sociedades português, em especial, terá a receber desta evolução jurisprudencial mais recente em matéria do direito de estabelecimento, previsto hoje nos arts. 49.º e 54.º do Tratado sobre o funcionamento da União Europeia[5] (e, àquela data, nos arts. 43.º e 48.º TCE). Para tal, cumpre dar a conhecer o caso, o conteúdo e os fundamentos da decisão, para *a final* fazer um breve confronto com o quadro jurídico-societário português. Pelo caminho, vamos procurar sublinhar, com recurso a um ou outro exemplo que parte de uma perspectiva portuguesa, como as decisões jurisprudenciais comunitárias ganhariam em solidez se tomassem em devida consideração o *âmbito teleológico* das normas de direito das sociedades em causa, de fonte comunitária e interna, que estiveram na base da intervenção de tais instâncias.

1. O caso

O acórdão em análise debruça-se sobre uma decisão que recusou à sociedade *Cartesio* (assim doravante designada, de modo abreviado), uma sociedade comercial de direito húngaro e com sede em Baja (Hungria), de tipo homólogo a uma sociedade em comandita do direito português, o pedido de inscrição no registo comercial húngaro da transferência da sua sede para Itália.

A sociedade, que explora uma empresa no sector dos serviços[6], formulou um pedido de alteração da inscrição registal relativa à localização da

---

atribuídas à Comunidade Europeia. Não obstante, utilizaremos aqui indistintamente as expressões *direito comunitário* e *direito da União*.

4 Sobre as interligações entre aspectos *societários* e *fiscais* da muito falada *concorrência entre legislações* (regulatory competition, charter competition), v. com muito interesse MITCHELL A. KANE / EDWARD B. ROCK, «Corporate Taxation and International Charter Competition», in *Michigan Law Review*, vol. 106, n.º 7, Maio de 2008, pp. 1229 ss..

5 A que de ora em diante nos referiremos em abreviatura como «TFUE».

6 «A sociedade exerce a sua actividade, nomeadamente, no domínio dos recursos humanos, do secretariado, da tradução, do ensino e da formação» (n.º 22).

sua sede, de modo a que como tal passasse a constar um concreto local em Gallarate, na Itália. Tal pedido foi indeferido, em Janeiro de 2006, com o fundamento de que «*a lei húngara em vigor não permite que uma sociedade constituída na Hungria transfira a respectiva sede para o estrangeiro continuando, ao mesmo tempo, a estar sujeita ao direito húngaro como lei pessoal*» (n.º 24)[7].

Nos termos do direito húngaro, conforme descrito no acórdão, a lei das sociedades comerciais aplica-se a «*sociedades comerciais com sede no território*» magiar (n.º 11). A lei pessoal da sociedade (aliás, de toda a pessoa colectiva) é «*a lei do Estado onde foi registada*», sendo que o tribunal competente para o registo de uma sociedade é «*o do foro do território em que está situada a sede da referida sociedade*» (n.os 15 e 20). É esclarecido na lei relativa ao registo comercial que por «*sede*» deve entender-se o «*local onde se encontra a sede principal e efectiva da sua administração*» (n.º 17), razão pela qual se deu por assente que o elemento de conexão relevante para o direito internacional privado das sociedades húngaro é o da *sede real* da sociedade (n.os 101 e 102).

Por conseguinte, o órgão jurisdicional de reenvio (o tribunal de recurso de Szeged, na Hungria) apresentou em Maio de 2006 ao Tribunal de Justiça um pedido de decisão prejudicial[8] que veio a culminar no acórdão em análise. O tribunal húngaro levantou quatro questões prejudiciais, sendo apenas a última, por sua vez desdobrada em quatro alíneas, a que interessa ao direito das sociedades:

> 4) A. *Caso uma sociedade, constituída na Hungria nos termos do direito húngaro das sociedades e inscrita no registo comercial húngaro, queira transferir a sua sede social para outro Estado-Membro da União Europeia, essa transferência é regulada pelo direito comunitário ou, uma vez que não existe harmonização das legislações, é exclusivamente regulada pelo direito nacional?*
> B. *A transferência da sede social de uma sociedade húngara para outro Estado-Membro da União Europeia pode ser pedida invocando directamente o direito comunitário (concretamente artigos 43.º e 48.º do Tratado de Roma [CE])? Em caso de resposta afirmativa, o «Estado de origem» ou o «Estado de acolhimento» podem sujeitar essa transferência a algum tipo de requisito ou de autorização?*
> C. *Os artigos 43.º e 48.º do Tratado de Roma [CE] devem ser interpretados no sentido de que, segundo o disposto nos mesmos, são incompatíveis com o direito comunitário uma regulamentação ou prática nacionais que, no que respeita ao exercício dos*

---

[7] Sempre que doravante citarmos o n.º de um acórdão, desacompanhado de outra menção, estamos a referir-nos ao ac. *Cartesio*.
[8] Publicado em JOUE, 15.7.2006, C 165/17-18.

direitos relativos às sociedades comerciais, estabelecem distinções entre essas sociedades consoante o Estado-Membro onde tenham a sede social?
D. Os artigos 43.º e 48.º do Tratado de Roma [CE] podem ser interpretados no sentido de que, segundo o disposto nos mesmos, são incompatíveis com o direito comunitário uma regulamentação ou a prática nacionais que impeçam uma sociedade húngara de transferir a sua sede social para outro Estado-Membro da União Europeia?

2. A decisão

Nos n.ᵒˢ 99 a 124 do acórdão, o Tribunal de Justiça responde conjuntamente a estas questões, considerando que elas se reconduzem no essencial ao seguinte (n.º 99): é ou não compatível com a liberdade de estabelecimento uma legislação nacional que «*impede que uma sociedade constituída ao abrigo do direito nacional desse Estado-Membro transfira a respectiva sede para outro Estado-Membro, conservando ao mesmo tempo a sua qualidade de sociedade de direito nacional do Estado-Membro em conformidade com o qual foi constituída*»?

Sigamos o trilho da argumentação expendida no acórdão.

O Tribunal de Justiça recorda-nos aquilo que, afirmado em 1988 e reiterado em vários arestos ulteriores, resulta da chamada jurisprudência *Daily Mail*[9]: é a lei nacional que *cria* a sociedade, determinando as regras da sua constituição e funcionamento; o direito comunitário não inteveio na definição dos «*vínculos de dependência*» com os Estados para efeitos de determinação da lei que lhes é aplicável, como o próprio legislador comunitário já teve oportunidade de sublinhar[10] – a dita «*neutralidade conflitual*» do direito da União nesta matéria[11]. Também os Tratados, ao definirem os beneficiários da liberdade de estabelecimento, referem em idêntico plano os distintos «*vínculos de dependência*»: a *sede social* (no sentido de sede esta-

---

9 O ac. *Daily Mail* é de 27.09.1988 (81/87).
10 V. o muito citado considerando n.º 27 do Regulamento (CE) n.º 2157/2001 do Conselho, de 8 de Outubro de 2001, relativo ao estatuto da sociedade europeia (SE): «*Dada a natureza específica e comunitária da SE, o regime da sede real escolhido para a SE pelo presente regulamento não prejudica as legislações dos Estados-Membros nem antecipa as opções a fazer quanto a outros textos comunitários em matéria de direito das sociedades*».
11 A situação poderá alterar-se em face da aprovação pelo Conselho da União Europeia, em Dezembro de 2009, do *Programa de Estocolmo* para 2010-2014 (cfr. o correspondente documento da Comissão Europeia – COM(2009) 262 final, Bruxelas, 10.6.2009): com efeito, segundo informa o sítio da Presidência Sueca do semestre passado, é feita referência expressa à possibilidade de virem a ser adoptadas *regras de conflitos uniformes* em *matéria de direito das sociedades*. Cfr. as pp. 24 e 33 do documento disponível em: http://www.se2009.eu/polopoly_fs/1.26419!menu/standard/file/Klar_Stockholmsprogram.pdf.

tutária), a *administração central* e o *estabelecimento principal* (n.os 104-106; cfr. arts. 48.º TCE / 54.º TFUE).

É, pois, assumida como um dado plenamente aceite a *disparidade das legislações nacionais* neste assunto, que só poderia ser resolvida – mas ainda não foi – pela via legislativa-comunitária ou convencional (n.º 108).

O Tribunal de Justiça trata, de seguida, de estancar liminarmente uma possível linha de argumentação contrária que pudesse basear-se no seu anterior acórdão *Überseering*[12]. Com efeito, aí decidiu-se que o «Estado de acolhimento» não poderá colocar entraves ao reconhecimento da *capacidade jurídica* (e, portanto, da *capacidade judiciária*, que estava concretamente em causa) de uma sociedade validamente constituída em conformidade com a lei de um outro Estado-membro, mas que, na perspectiva daquele, transferiu a sua sede efectiva para o seu território. Porém, pôs-se aí em evidência – tal como nos outros acórdãos da *trilogia* composta ainda por *Centros*[13] e *Inspire Art*[14] – um outro enunciado, que vem também do acórdão *Daily Mail*, e importava aqui frisar: «*um Estado-Membro tem a possibilidade de impor a uma sociedade constituída nos termos da sua ordem jurídica restrições à deslocação da respectiva sede efectiva para fora do seu território, a fim de que a mesma possa conservar a personalidade jurídica de que beneficia nos termos do direito desse Estado-membro*».

Assume-se, deste modo, a adesão a uma *tese da criação nacional*[15] (alguns alemães chamam-lhe *Geschöpftheorie*): isto é, uma sociedade só tem existência através da legislação nacional que lhe determina a constituição e o funcionamento.

Ora, com esta citação do acórdão *Daily Mail* (nos n.os 104-106), do acórdão *Überseering* (n.º 107) e uma referência aos termos literais do art. 48.º TCE (n.º 108), o TJUE encaminha-nos para a sua conclusão de que o problema é resolvido ao nível da apreciação da noção de *sociedade* elegível para efeitos de benefício da liberdade de estabelecimento dos Tratados.

Assim, determinar se uma sociedade beneficia ou não dessa liberdade «*constitui uma questão prévia que, no estado actual do direito comunitário, apenas pode encontrar resposta no direito nacional aplicável*». Cabe, ainda e sempre, ao Estado-membro definir o «*vínculo de dependência*» necessário, num primeiro momento, para considerá-la constituída em conformidade com

---

12 Ac. de 05.11.2002 (C-208/00).
13 Ac. de 09.03.1999 (C-212/97).
14 Ac. de 30.09.2003 (C-167/01).
15 Dizia o Tribunal de Justiça no ac. *Daily Mail*, n.º 19, na versão inglesa: «*In that regard it should be borne in mind that, unlike natural persons, companies are creatures of the law and, in the present state of Community law, creatures of national law. They exist only by virtue of the varying national legislation which determines their incorporation and functioning*».

a sua lei, e, num segundo momento, para «*manter essa mesma qualidade posteriormente*». Ora, este poder ou faculdade «*engloba a possibilidade de esse Estado-Membro não permitir a uma sociedade constituída ao abrigo do seu direito nacional conservar essa qualidade quando decida reorganizar-se noutro Estado-Membro mediante a deslocação da sua sede para o território deste último, rompendo dessa forma o vínculo de dependência previsto pelo direito nacional do Estado-Membro de constituição*» (v. n.os 109 e 110).

Isto é, por outras palavras: cada Estado é livre de definir as características das suas «sociedades» que são elegíveis como beneficiárias da liberdade de estabelecimento. Primeiro, enquanto «*questão prévia*», temos que verificar se estamos perante «*sociedades*» que mantêm o «*vínculo de dependência*» exigido pelo Estado para que ela se mantenha válida e existente para esse Estado, segundo o «*direito nacional aplicável*»; nesse caso, e só nesse caso, haverá uma sociedade efectivamente beneficiária do direito de estabelecimento *ex vi* art. 48.º TCE; e só então se colocará o problema de saber se a legislação estadual está ou não a restringir ilegitimamente tal direito (n.º 109).

O Tribunal de Justiça passa de seguida a sublinhar uma distinção fulcral para a decisão tomada: no n.º 111, separa-se a transferência internacional de sede *sem* e *com* «*alteração do direito que lhe é aplicável*».

Com efeito, para a hipótese em que há alteração da lei aplicável, entende o Tribunal que, estando aquela faculdade estadual de definir os elementos de conexão societariamente relevantes «*longe de implicar qualquer imunidade da legislação nacional em matéria de constituição e de dissolução de sociedades à luz das regras do Tratado CE relativas à liberdade de estabelecimento*, [essa faculdade] *não pode, em particular, justificar que o Estado-Membro de constituição, ao impor a dissolução e a liquidação dessa sociedade, a impeça de se transformar numa sociedade de direito nacional de outro Estado-Membro, desde que este o permita*». Um obstáculo dessa natureza, sim, seria uma restrição à liberdade de estabelecimento proibida pelo Tratado – salvo se imposta por razões de interesse geral, nos termos conhecidos da jurisprudência anterior do Tribunal[16] (n.os 112-113)[17].

Quase a terminar o acórdão, o Tribunal de Justiça alude à posição tomada neste processo pela Comissão Europeia (n.os 115-120): esta sus-

---

16 V. por todos o ac. *Centros*, n.º 34.
17 Aqui está uma afirmação que, aparecendo como um *obiter dictum* e não para a decisão do caso, foi motivo de perplexidade para alguma doutrina, por aparentemente caminhar em sentido diverso do da decisão propriamente dita. V. p. ex., desvalorizando este *dictum* (refira-se que o Autor concorda com o acórdão e uma visão menos ampla – ou menos «liberal», nas suas palavras – da liberdade de estabelecimento), Peter Kindler, «Ende der Diskussion über die sogenannte Wegzugsfreiheit», in *NZG*, 2009, Heft 4, p. 131.

tentou que a ausência de regras que colmatem a disparidade de leis nacionais ao nível societário haveria sido suprida pelas normas sobre transferências de sede contidas em regulamentos comunitários (relativos à SE, ao AEIE e à SCE), bem como pela legislação nacional – no caso húngara – adoptada na sequência destes regulamentos. No entender da Comissão, estas normas poderiam ser aplicadas *mutatis mutandis* à transferência intra-comunitária de sede efectiva de uma sociedade constituída em conformidade com o direito de um Estado-membro. O Tribunal não poderia ter sido mais prudente quanto à avaliação do acerto desta interpretação, que se escusou a fazer. Antes se escudou no referido entendimento (n.º 111) de que importa separar as transferências internacionais de sede *sem* e *com* alteração da lei aplicável, sendo que na espécie estaria em causa a primeira hipótese (*sem*), ao passo que a interpretação proposta pela Comissão se refere à segunda (*com*).

A finalizar (n.os 121-123), o Tribunal refere-se ao acórdão SEVIC[18], para nos dizer, em suma, que dele se não extraem subsídios para a solução do caso decidendo. Esta asserção surge em virtude de uma alegação expressamente feita pela sociedade Cartesio perante o tribunal de recurso, ao afirmar a desconformidade da lei húngara com os arts. 43.º e 48.º TCE *«na medida em que distingue as sociedades comerciais consoante o Estado-Membro onde está situada a respectiva sede»*. Na sua opinião, resultaria daqueles artigos que *«a lei húngara não pode impor às sociedades húngaras que elejam a Hungria para aí instalarem a sua sede»* (n.º 26). Já o Tribunal de Justiça entendeu, replicando em boa medida a resposta dada à posição tomada pela Comissão, que se trata de uma *«situação estruturalmente diferente»* da que é colocada nesse outro caso, pois aí é um dado assente o de que estamos perante uma sociedade de direito nacional de um Estado-membro, beneficiária do direito de estabelecimento, ao passo que no caso em análise se coloca em acréscimo, e a montante, a aludida *«questão prévia»* (n.º 109) de saber se estamos perante uma sociedade que, à luz do direito nacional do Estado-membro, tem com ele o *«vínculo de dependência»* exigido e goza por isso do direito de estabelecimento.

3. Uma outra abordagem: a superação da *tese da criação nacional*...

3.1. Na verdade, este mesmo acórdão SEVIC seria à partida o «precedente» sobre o qual poderia repousar com propriedade uma expectativa

---

18 Ac. de 13.12.2005, no processo n.º C-411/03.

de reversão da jurisprudência *Daily Mail*. Evocando brevemente o caso[19], tratava-se de uma fusão *internacional* por incorporação de uma sociedade com sede no Luxemburgo (que assim se extinguia) na sociedade SEVIC Systems AG, com sede na Alemanha. Seguindo-se a opinião dominante neste último país, a inscrição no registo comercial foi negada com o argumento de que a lei alemã (a *Umwandlungsgesetz*) regularia apenas as fusões *internas*. Mas o Tribunal viu na fusão uma daquelas operações societárias que «*dão resposta às necessidades de cooperação e de agrupamento entre sociedades sedeadas em diferentes Estados-Membros*», constituindo por isso uma das «*formas particulares de exercício da liberdade de estabelecimento, importantes para o bom funcionamento do mercado interno, fazendo, assim, parte das actividades económicas cuja liberdade de estabelecimento, prevista no artigo 43.º CE, os Estados-Membros têm que respeitar*» (n.º 19 do ac. SEVIC). Sobre essa base, decidiu o Tribunal que esta recusa de registo da fusão internacional (intra-comunitária) era inadmissível, pela circunstância de que, em idênticas condições mas perante uma situação puramente interna, tal inscrição registal seria admitida.

Em resposta ao argumento de que faltaria ainda, a essa data, uma harmonização material comunitária do direito das sociedades relativo às fusões internacionais, enquanto justificação para o tratamento diferenciado em face das internas, o Tribunal foi peremptório ao «*lembrar que, embora as regras de harmonização sejam sem dúvida úteis para facilitar as fusões transfronteiriças, a existência dessas regras não pode ser transformada em condição prévia para a aplicação da liberdade de estabelecimento consagrada nos artigos 43.º CE e 48.º CE*» (n.º 26 do ac. SEVIC).

É verdade que, como repetidamente sublinhado pela jurisprudência comunitária, os Estados-membros podem tomar medidas legislativas de *restrição* do direito de estabelecimento, desde que (*i*) sejam aplicadas de modo não discriminatório, (*ii*) se justifiquem por razões de interesse geral, (*iii*) sejam adequadas para garantir a realização do objectivo que prosseguem e (*iv*) não ultrapassem o que é necessário para o atingir[20]. O Tribunal elenca a «*protecção dos interesses dos credores, dos sócios minoritários e dos trabalhadores*», bem como «*a preservação da eficácia das inspecções fiscais e da lealdade nas transacções comerciais*», entre os exemplos de «*razões imperiosas de interesse geral*» que, em tese, podem justificar uma tal medida restritiva (n.º 28 do ac. SEVIC). Mas, concomitantemente, lembra que os

---

19 Para uma sua descrição e análise do caso (concordante com a decisão), v. Stefan Leible / Jochen Hoffmann, «Grenzüberschreitende Verschmelzungen im Binnenmarkt nach ,Sevic'», in *RIW*, 2006, Heft 3, pp. 161-168.
20 V. o já citado n.º 34 do ac. *Centros* (e já o ac. *Gebhard*, de 30.11.1995, C-55/94, n.º 37).

testes da adequação e da necessidade, acima aludidos, têm que ser postos em prática. No caso, uma recusa genérica da inscrição no registo comercial, como a descrita, não passou no teste porque teria como resultado uma restrição à liberdade de estabelecimento *mesmo quando aqueles interesses não estão ameaçados* (n.º 30 do ac. *SEVIC*).

3.2. Parece-nos particularmente feliz a atenção aqui prestada aos «*interesses*» que estão em causa. Em rigor, uma análise cuidada das valorações subjacentes à consagração da liberdade de estabelecimento, por um lado, e às normas estaduais de direito das sociedades que potencialmente a coloquem em causa, por outro lado, afigura-se-nos insusceptível de ser ignorada, para que possamos chegar a uma boa decisão. Nem sempre encontramos essa abordagem, levada a cabo do modo devido, na resolução dos casos que se colocam ao Tribunal de Justiça. E um primeiro desvirtuamento dessa valoração está no pressuposto, que nos parece no mínimo artificial, de que a sociedade é uma pura criação do direito nacional.

3.3. Como vimos, o Tribunal de Justiça afirmou em algumas ocasiões que a sociedade é uma *criação estadual*, só existindo por determinação de uma lei nacional que fixa as regras da sua constituição e funcionamento. Esta ideia foi central para *Cartesio*: a circunstância de a sociedade pretender reorganizar-se, instalando a sua sede real noutro Estado-membro, pôs em causa o «*vínculo de dependência*» exigido para se manter uma sociedade com o mesmo estatuto pessoal, o que fez com que deixasse de ser beneficiária da liberdade de estabelecimento (no entendimento do Tribunal). Isto é: saber se há uma restrição a esta liberdade – e se houver, se ela é justificável ou não – é uma tarefa a que cabe às normas de *direito comunitário* dar resposta; já determinar se uma sociedade *o é* para efeitos de elegibilidade como beneficiária da mesma liberdade, dada a falta de uniformidade de critérios ao nível europeu, seria uma tarefa a cargo de *cada legislação nacional* que *cria* a sociedade.

Mas a jurisprudência do TJCE, desde *Daily Mail* (1988) até aos nossos dias, foi dando *sinais contraditórios* no que respeita à análise da conformidade do direito das sociedades nacional com a liberdade de estabelecimento comunitária[21]. Se, por um lado, aquele primeiro aresto se fundava amplamente na ideia de um respeito quase absoluto da sociedade como

---

21 V. as conclusões do Advogado-Geral MIGUEL POIARES MADURO, no ac. *Cartesio*, apresentadas em 22.05.2008, n.º 27.

criação estadual, já a chamada trilogia *Centros-Überseering-Inspire Art*[22], por outro lado, confluiu para que se impusesse a ideia de que o direito comunitário, e em especial as disposições do Tratado relativas à liberdade de estabelecimento, não vê a sua aplicação excluída em matérias relativas à constituição e ao funcionamento dessas sociedades de direito nacional.

No caso *Cartesio*, a *tese da criação nacional* parecia efectivamente o único caminho para o Tribunal de Justiça poder justificar a admissibilidade de medidas que tenham como efeito prático algo de semelhante a uma restrição da liberdade de estabelecimento, depois de ter ido tão longe na afirmação desta liberdade[23]. O caminho foi o de dizer que, por muito *restritiva* que a medida legislativa nacional até aparente ser, a entidade que invoca a liberdade de estabelecimento não é dela beneficiária – e assim se resolve liminarmente o problema. Ora, com estes termos, o que se afirma no n.º 109 do acórdão é, em essência, que, no «*estado actual do direito comunitário*», conforme aí interpretado, qualquer entrave à mobilidade da sociedade para o exterior, que resulte de normas societárias internas, poder ser arvorado em *pressuposto* ou *pré-condição* do *reconhecimento do direito de estabelecimento*.

Assim, mais uma vez resulta de uma decisão do TJUE que, sob o ponto de vista do alcance da liberdade de estabelecimento, *a natureza do «vínculo de dependência»* exigido por cada Estado para as *suas* sociedades – em suma, a *sede* ou a *constituição* – *não é indiferente*. Isto é: as sociedades regidas por um direito nacional que consagre o critério da sede real e seja restritivo na perspectiva da *emigração* das sociedades (como, no caso, o direito húngaro), conquanto *a priori* beneficiárias da liberdade de estabelecimento de modo idêntico às demais sociedades (nomeadamente as originárias de países que adoptam a tese da incorporação), estão *na realidade* mais limitadas no exercício desse direito, em virtude da opção legislativa que foi tomada pelo respectivo Estado.

---

22 Por referência aos três acórdãos assim conhecidos e já citados, objecto de amplíssima análise e discussão pela doutrina europeia. V. Catherine Barnard, *The Substantive Law of the EU – The Four Freedoms*, Oxford University Press, Oxford, 2004, pp. 320 ss. Pode também encontrar-se um resumo e a referência a análises mais detalhadas em Rui Dias, «As Sociedades no Comércio Internacional (Problemas Escolhidos de Processo Civil Europeu, Conflitos de Leis e Arbitragem Internacional)», in IDET, Misceláneas, n.º 5, Almedina, Coimbra, 2008, pp. 74-77.

23 Como é também visível, por exemplo, no ac. *CaixaBank France*, de 05.10.2004, n.º 11: «*O artigo 43.º CE impõe a supressão das restrições à liberdade de estabelecimento. Devem ser consideradas como tais restrições todas as medidas que proíbem, perturbam ou tornam menos atractivo o exercício desta liberdade*».

Pois bem: será isso ainda aceitável ou compatível com o direito comunitário, ou caberia dar mais um passo clarificador do sentido e alcance da liberdade de estabelecimento?[24]

3.4. O Tribunal confrontou-se com a realidade normativa em que, de um lado, há o direito de estabelecimento previsto *no Tratado* e a *jurisprudência* que sobretudo desde 1999 (*Centros*) o foi densificando, e, do outro lado, a omissão de uma tomada de posição *legislativa* das instituições da União, ou *convencional* dos Estados-membros, quanto aos critérios de determinação da lei aplicável às sociedades, de tal modo que se não considerou ajustado afirmar, em letra de forma, que é o critério de constituição que vale, no espaço europeu, para as sociedades beneficiárias da liberdade de estabelecimento.

Mas em coerência com o que foi estabelecido nos acórdãos *Centros*, *Überseering* e *Inspire Art*, não pode ser a ausência de normas jurídicas comunitárias expressas acerca da transferência da sede social[25] a impedir

---

[24] Parece que este passo se subentende como necessário, ou pelo menos aconselhado, nas entrelinhas do texto jurisprudencial em análise, vindo à tona no advérbio a que se recorre no final do n.º 114: «*a actividade legislativa e convencional no domínio do direito das sociedades* (...) *não se debruçou, até à data, sobre a disparidade das legislações nacionais sublinhada nesses acórdãos e, portanto*, ainda *não lhe pôs termo*».

[25] Com efeito, não se conhecem ainda sinais de avanço do processo legislativo relativo à Décima Quarta Directiva sobre a transferência internacional da sede social (cfr. MARIA ÂNGELA COELHO BENTO SOARES, «A Transferência Internacional da Sede Social no Âmbito Comunitário», in J. M. Coutinho de Abreu et al., *Temas Societários*, IDET, Colóquios, n.º 2, Almedina, Coimbra, 2006, pp. 73 ss.). Em Outubro de 2007, foi o seguinte o discurso oficial do então responsável pelo Mercado Interno e Serviços, o Comissário CHARLIE MCCREEVY: «*The Commission had also suggested that a further means of improving mobility might be a directive stipulating the conditions for transfer of registered office in the EU (the so-called "14th Company Law" directive). As I informed the European Parliament, in reply to the oral question tabled by Mr Gargani, the results of the economic analysis of the possible added value of a directive were inconclusive. Companies already have legal means to effectuate cross-border transfer. Several companies have already transferred their registered office, using the possibilities offered by the European Company Statute. Soon the Cross-border Merger directive, which will enter into force in December, will give all limited liability companies, including SMEs, the option to transfer registered office. They could do so by setting up a subsidiary in the Member State to which they want to move and then merging the existing company into this subsidiary. To my mind it is only if this framework is found wanting, that further legislative action in the shape of a 14th Company Law directive would be justified. Therefore, I have decided not to proceed with the 14th Company Law Directive*». V. http://europa.eu/rapid/pressReleasesAction.do?reference=SPEECH/07/592. Criticamente, entre muitos, STEFAN LEIBLE / JOCHEN HOFFMANN, «Cartesio – fortgeltende Sitztheorie, grenzüberschreitender Formwechsel und Verbot materiellrechtlicher Wegzugsbeschränkungen», in BB, 2009, p. 63; KLAUS J. HOPT, «Desenvolvimentos recentes da *Corporate Governance* na Europa. Perspectivas para o Futuro», in IDET, Miscelâneas, n.º 5, Almedina, Coimbra, 2008, p. 12.

a produção, a esse nível, de efeitos derivados da liberdade de estabelecimento – algo que resultou com evidência do acórdão *Überseering*[26]. É isso que sucede em todos aqueles arestos em que se negou a possibilidade de impor restrições à *imigração societária*; seria congruente que se equiparasse à mesma a perspectiva sobre a *emigração societária*[27] – mas isso foi travado pela adesão à *tese da criação nacional*.

No acórdão *Überseering*, foi mais «fácil» impor ao Estado-membro que *recebe* a sociedade, *i.e.*, que considera a sede efectiva transferida para o seu território, o reconhecimento da sociedade validamente constituída em conformidade com a legislação de outro Estado-membro: é que este segue a teoria da constituição, sendo por isso desprovida de relevo, a este nível (de determinação da lei aplicável), a localização da sede da sociedade. O mesmo não se pode dizer quando é a Hungria o Estado de «origem» desta sociedade, visto que se supõe adoptada a teoria da sede real.

Uma das questões está em saber se, indo mais longe, o Tribunal estaria a pôr irremediavelmente em causa a teoria da sede real conforme adoptada *em geral* pelo legislador húngaro. Aqueles que, p. ex. na Alemanha, vinham dizendo pacificamente que está já hoje em vigor o critério da constituição[28], no que respeita ao tratamento de sociedades de outros Estados-membros beneficiárias da liberdade de estabelecimento, vê-lo-iam como um passo natural. Mas, diferentemente, entendeu o Tribunal negar esse passo ao agarrar-se à ideia da *criação nacional* das sociedades, impondo um respeito pelas suas regras societárias e de direito internacional privado das sociedades que visivelmente não impôs quando analisou o problema do lado da *imigração societária*.

---

26 Cfr., bem explícito, o n.º 52 deste acórdão: «*há que esclarecer que, quando uma sociedade, legalmente constituída num primeiro Estado-Membro onde tem a sua sede social, é considerada, nos termos do direito de um segundo Estado-Membro, como tendo transferido a sua sede efectiva para este Estado na sequência da cessão de todas as suas quotas a cidadãos do referido Estado e que nele residem, as normas que o segundo Estado-Membro aplica a esta sociedade não escapam, no estado actual do direito comunitário, ao âmbito de aplicação das disposições comunitárias relativas à liberdade de estabelecimento*».

27 V. as conclusões do então Advogado-Geral Antonio Tizzano no processo *SEVIC*, já citado, n.º 45; Maria Ângela Bento Soares, «A Transferência Internacional»..., cit., p. 73. Argumentando com base nas regras aplicáveis às liberdades de circulação de pessoas e de capitais, em que se considera estarem cobertas pelas disposições do Tratado tanto a *entrada* como a *saída* dos Estados-membros, Eddy Wymeersch, «The Transfer of the Company's Seat in European Company Law», in *CMLRev.*, 40.º, 2003, p. 677.

28 Mas também entre nós: v. Jorge Manuel Coutinho de Abreu, *Curso de Direito Comercial – Volume II (Das Sociedades)*, 3.ª ed., Almedina, Coimbra, 2009, p. 108. Para mais referências, cfr. Rui Dias, «As Sociedades no Comércio Internacional»..., cit., p. 77, n. 68.

Em virtude das incongruências detectadas, esta não nos pareceu, na verdade, a melhor abordagem.

Ademais, assumir *todas* as sociedades como uma pura *criação nacional*, com o argumento de que as respectivas normas de constituição e funcionamento são ditadas pelo Estado-membro, é talvez temerário no actual estádio do direito comunitário. Na realidade, vários requisitos de constituição e funcionamento de uma sociedade *resultam do direito comunitário*, em virtude da harmonização imposta sobretudo por meio de directivas. De entre vários, o exemplo mais flagrante será porventura a Segunda Directiva em matéria de direito das sociedades[29], que foi adoptada pelo então Conselho das Comunidades Europeias justamente considerando que «*a actividade destas sociedades* [anónimas] *é predominante na economia dos Estados-membros e estende-se, frequentemente, para além dos limites do seu território nacional*»; e «*para assegurar uma equivalência mínima da protecção dos accionistas e dos credores destas sociedades, é necessário, sobretudo, coordenar as legislações nacionais respeitantes à sua constituição, bem como à conservação, ao aumento e à redução do seu capital*». Se nos recordarmos de como o nosso Código das Sociedades Comerciais está impregnado de influência europeia em inúmeras regras baseadas nos textos comunitários – e não só em relação às sociedades anónimas, uma vez que o legislador português transpôs muitas das normas das directivas para a Parte Geral do Código[30] – teremos dificuldade em sancionar os tipos societários da lei nacional como *puramente* portugueses.

Além disso, a esfera jurídica de uma sociedade de direito nacional de um Estado-membro, ainda que haja uma «criação» por esse Estado-membro[31], é composta por direitos e deveres que lhe resultam, não só dessa legislação nacional, como também – e cada vez mais – do direito comunitário. Assim, o *selo estadual* da sociedade não parece suficiente para que continuemos a atribuir uma tal preponderância ao legislador nacional na regulamentação das *suas* sociedades – uma vez que, por outras palavras, elas não são mais *só suas*, dados os direitos de que beneficiam *directamente* por via comunitária – *maxime*, a própria liberdade de estabelecimento consagrada no Tratado.

---

29 Directiva 77/91/CEE do Conselho, de 13 de Dezembro de 1976, por último alterada pela Directiva 2009/109/CE do Parlamento Europeu e do Conselho, de 16.09.2009.
30 E também porque certas directivas abrangem, no respectivo âmbito pessoal de aplicação, não apenas as sociedades anónimas mas também as sociedades em comandita por acções e as sociedades por quotas (p. ex., a Primeira e a Quarta Directivas).
31 Nos termos do art. 5.º do CSC, é a inscrição definitiva em registo comercial que lhe atribui a personalidade jurídica.

4. ... e o enfoque no *âmbito teleológico* das normas

4.1. Ao fim e ao cabo, há uma ténue linha, que cada intérprete desenhará no local que se lhe antolhe mais apropriado pelo jogo das suas sensibilidades jurídicas para as diversas valorações envolvidas, entre o que é *ainda* a legítima aplicação do direito societário nacional, incluídas as regras que definem o seu âmbito de aplicação espacial, e o que é *já* a postergação da liberdade fundamental de estabelecimento.

Pela nossa parte, é verdade que a afirmação pelas instâncias comunitárias da *neutralidade conflitual* dos Tratados aponta para a necessidade de respeitarmos, formalmente, as conexões – *v.g.*, sede ou constituição – instituídas pelo direito internacional privado das sociedades nacional de cada um dos Estados-membros. Contudo, esse respeito não pode colocar entraves à mobilidade das sociedades, contrários à liberdade de estabelecimento. E aqui terá de traçar-se a tal linha ténue: a aceitação do pedido da sociedade Cartesio de que seja inscrita a sua nova sede em Itália no registo comercial húngaro, mas «*conservando ao mesmo tempo a sua qualidade de sociedade de direito nacional*» da Hungria, será contrariada pela legítima aplicação das regras de conflitos húngaras – ao exigirem como conexão o estabelecimento de *sede real* no território nacional húngaro? Ou será antes imposta pela sua livre mobilidade no espaço europeu, assim se comprimindo a validade da teoria da sede real, que não poderia então ser aceite – ao menos não em toda a sua extensão?

É esta leitura que é decisiva para determinarmos se há ou não um *abuso* na invocação das regras sobre o direito de estabelecimento.

Ganhar-se-ia em clareza se o Tribunal de Justiça, abandonando a ideia da *teoria da criação*, se incumbisse de distinguir com clareza o que considera ser, neste contexto, o *uso* e o *abuso* do direito comunitário (em especial da liberdade de estabelecimento). Por outras palavras, o papel central deveria ser dado à busca da melhor interpretação do direito da União, através da determinação do *âmbito teleológico das normas comunitárias* na sua interacção criativa com o caso, para o que seria essencial também apercebermo-nos do *âmbito teleológico* das *normas nacionais de direito das sociedades* cuja aplicação está em jogo. Vejamos.

Vem sendo afirmada, pela jurisprudência e doutrina, a existência de um *princípio de proibição de abuso* como princípio geral que preside à interpretação das normas comunitárias[32], no sentido de que «*os sujeitos da rela-*

---

[32] V. n.º 69 das conclusões do Advogado-Geral POIARES MADURO no processo *Halifax* (C-255/02), de 07.04.2005; o acórdão é de 21.02.2006. Cfr. ANTÓNIO FRADA DE SOUSA, *Company's Cross-border Transfer of Seat in the EU after* Cartesio, Jean Monnet Working Paper

ção jurídica não poderão abusiva ou fraudulentamente prevalecer-se das normas comunitárias»[33]. E em matéria de direito das sociedades, o TJUE reconheceu já, p. ex. no acórdão *Kefalas*, que não deve ser permitido a um accionista prevalecer-se de uma disposição de direito comunitário para «*obter, em detrimento da sociedade, vantagens ilegítimas e manifestamente alheias ao objectivo da referida disposição*»[34].

Muito embora o TJUE reconheça em abstracto a possibilidade de *abuso*[35] de direitos conferidos por disposições comunitárias, a leitura jurisprudencial desse abuso é frequentemente apelidada de francamente *minimalista*. Foi a impressão com que em geral foi recebido acórdão *Centros*, mas já antes isso sucedera – porventura com acerto menos indiscutível – em outros casos.

Tomemos o acima mencionado acórdão *Kefalas*, especialmente interessante neste contexto por tratar justamente de matéria jussocietária.

07/09, NYU School of Law, New York, 2009, pp. 23 ss.; RITA DE LA FERIA, «Prohibition of Abuse of (Community) Law: The Creation of a New General Principle of EC Law Through Tax», in *CMLRev.*, 45.º, 2008, pp. 395 ss..

33 N.º 33 do ac. *Diamantis*, de 23.03.2000 (C-373/97), num caso relacionado com a invocação de uma norma da Segunda Directiva em matéria de direito das sociedades, à semelhança do que sucedeu no ac. *Kefalas*, de seguida analisado em texto.

34 N.º 28 do ac. *Kefalas*, de 12.05.1998 (C-367/96). O caso afigura-se bem distinto do que originou o ac. *Centros*, pois neste último é o exercício do próprio direito de estabelecimento que se afirma, sendo improcedente a alegação da existência de «*ab-uso*» quando o que está em causa é precisamente o «*uso*» do direito de estabelecimento, isto é, o exercício de uma das faculdades em que esse direito se desentranha. V. por todos RUI MANUEL MOURA RAMOS, «O Tribunal de Justiça das Comunidades Europeias e a teoria geral do direito internacional privado. Desenvolvimentos recentes», in Rui Manuel de Moura Ramos et al. (org.), *Estudos em Homenagem à Professora Doutora Isabel de Magalhães Collaço*, vol. II, Almedina, Coimbra, 2002, pp. 455 ss.; tb. DÁRIO MOURA VICENTE, «Liberdades Económicas e Direito Internacional Privado», in *Direito Internacional Privado – Ensaios*, III, Almedina, Coimbra, 2010, p. 29; em sentido diverso, LUÍS DE LIMA PINHEIRO, «Concorrência entre sistemas jurídicos na União Europeia e Direito Internacional Privado», in *O Direito*, 139.º, 2007, II, p. 274.

35 Como sublinha POIARES MADURO nas suas conclusões em *Halifax*, é no ac. *Emsland-Stärke* (14.12.2000, C-110/99) que o TJUE apresenta um teste mais claro para aferir a existência de um abuso, distinguindo um elemento *objectivo* e um outro *subjectivo*, a saber: (i) «*um conjunto de circunstâncias objectivas das quais resulte que, apesar do respeito formal das condições previstas na legislação comunitária, o objectivo pretendido por essa legislação não foi alcançado*»; e (ii) a «*vontade de obter um benefício que resulta da legislação comunitária, criando artificialmente as condições exigidas para a sua obtenção*» (n.os 52 e 53 do ac. *Emsland-Stärke*). Diferentemente, o então Advogado-Geral defende um critério apenas *objectivo*, segundo o qual não é decisiva a intenção para a apreciação do abuso, antes «*a própria actividade, objectivamente considerada*»: v. n.os 70 e 71 das suas conclusões no processo *Halifax*.

O Tribunal entendeu que não era abusiva a invocação do art. 25.º da Segunda Directiva de direito das sociedades – que prevê: «*Qualquer aumento de capital deve ser deliberado pela assembleia geral.* (...)» –, feita por um conjunto de accionistas de uma sociedade anónima em que o Estado grego, devido às «*dificuldades financeiras graves*» da empresa, interveio. O TJUE começa por esclarecer que «*não poderá considerar-se contrário à ordem jurídica comunitária que os órgãos jurisdicionais nacionais apliquem uma norma nacional, tal como o artigo 281.º do Código Civil grego* [equiparável ao nosso art. 334.º do Código Civil português], *para apreciar se um direito decorrente de uma disposição comunitária é exercido de forma abusiva*»[36]. Mas, porque «*a aplicação dessa norma nacional não pode atentar contra o pleno efeito e a aplicação uniforme das disposições comunitárias nos Estados-Membros*», acaba por concluir: «*o direito comunitário não se opõe a que os órgãos jurisdicionais nacionais apliquem uma disposição de direito nacional a fim de apreciar se um direito decorrente duma disposição comunitária é exercido de maneira abusiva. Todavia, quando dessa apreciação, não poderá ser imputado a um accionista que se prevalece do artigo 25.º, n.º 1, da Segunda Directiva um exercício abusivo do direito decorrente dessa disposição pelo simples motivo de o aumento de capital que ele contesta ter remediado dificuldades financeiras que punham em perigo a sociedade em causa e lhe ter trazido vantagens económicas evidentes ou de não ter feito uso do seu direito de preferência, previsto no artigo 29.º, n.º 1, da Segunda Directiva, sobre as novas acções emitidas por ocasião do aumento de capital controvertido*»[37].

Olhando a decisão «com olhos societários», não deixam de levantar-se alguns pontos questionáveis.

Desde logo, no caso, era sabido que a sociedade «*tinha importantes dívidas vencidas aos bancos e a outros credores, conhecia um grave problema de liquidez e já não dispunha de capitais próprios, de forma que o seu activo já não bastava para cobrir as suas obrigações e o valor das suas acções era nulo*»; e «*além disso, o aumento de capital efectuado pelo OAE* [a entidade pública grega] *bem como a conversão subsequente das dívidas em acções conduziram à recuperação dos negócios da Chartopoiïa* [a sociedade anónima em questão]. *Os accionistas, por isso, ficaram garantidos pelo valor económico das suas participações, o risco de despedimento de milhares de trabalhadores foi evitado e a cooperação com um grande número de fornecedores pôde prosseguir no interesse da economia nacional. Em contrapartida, na ausência do aumento de capital efectuado, a Chartopoiïa teria sido declarada em falência e os seus bens teriam sido liquidados a pedido dos credores, arrastando assim a perda da totalidade dos bens em detri-*

---

[36] Ac. *Kefalas*, n.º 21.
[37] *Idem*, n.º 29.

mento dos accionistas, o despedimento dos trabalhadores e o desaparecimento de uma empresa importante para a economia nacional»[38] (n.º 16).

Esta longa citação do acórdão visa facilitar-nos a demonstração de que a intervenção do Estado grego bem parece poder qualificar-se como mais próxima de um contexto de *insolvência* do que propriamente *societário*, sendo por conseguinte diversas as valorações que entram em jogo. Provando, aliás, o contexto mais falimentar que puramente societário da intervenção da entidade controlada pelo Estado grego, repare-se como esta podia, nos termos da lei grega, «*decidir, durante a administração provisória da sociedade em causa, aumentar o capital social dessa sociedade em derrogação de disposições em vigor em matéria de sociedades anónimas*»[39]. Ora, uma leitura teleologicamente orientada do art. 25.º da Segunda Directiva apontaria para a sua verdadeira *não aplicabilidade* ao caso. Dizemo-lo porque a afirmação solene que nele é feita sobre a *competência da assembleia geral* para o aumento de capital visa sobretudo a delimitação desse poder *em face do órgão de administração*, a quem pode – nos termos do art. 25.º, n.º 2, da Segunda Directiva, em que se baseia designadamente o art. 456.º do CSC português – ser atribuída essa competência, mas apenas *limitadamente*[40].

Para reforçar esta ideia, pensemos numa outra hipótese por alguns momentos: imagine-se uma sociedade portuguesa que se encontrava em insolvência mas conseguiu recuperar plenamente, graças a um aumento de capital social mediante a conversão de créditos em participações sociais, com ou sem respeito pelo direito de preferência dos accionistas, tudo nos termos de um *plano de insolvência* devidamente aprovado pela *assembleia de credores* (cfr. arts 198.º, n.º 2, *b*), e 209.º ss. do CIRE). Imaginemos agora que um accionista dessa mesma sociedade, que então não colocou qualquer objecção ao plano, intenta hoje uma acção em termos semelhantes aos do accionista Kefalas. Numa leitura descontextualizada do art. 25.º, n.º 1, da Segunda Directiva, bem como do art. 85.º, n.º 1, do CSC português[41], estaríamos perante um aumento de capital que não foi, conforme supostamente deveria ser, aprovado em assembleia geral de accionistas (mas antes em assembleia de credores). Ora, numa hipótese como esta, parece-nos que poucos argumentos restariam para justificar uma invoca-

---

[38] *Idem*, n.ºs 15 e 16.
[39] *Idem*, n.º 8.
[40] V. Raúl Ventura, *Alterações do Contrato de Sociedade*, Almedina, Coimbra, 1986, pp. 38 ss.; Manuel Nogueira Serens, «Direito de Preferência dos Accionistas em Aumentos de Capital – Apontamento sobre o modo do seu exercício», in *DSR*, n.º 1, 2009, p. 156.
[41] Que reza: «*A alteração do contrato de sociedade, quer por modificação ou supressão de alguma das suas cláusulas quer por introdução de nova cláusula, só pode ser deliberada pelos sócios, salvo quando a lei permita atribuir cumulativamente essa competência a algum outro órgão*».

ção não *abusiva* das disposições comunitárias por parte deste accionista hipotético. Pelo contrário, o *âmbito teleológico da norma comunitária* – para usar a expressão de Poiares Maduro[42] – cinge-se a um contexto verdadeiramente *societário*; não abarca a constelação de factos descrita, visto que esta espraia-se para lá da intersecção com os interesses ou valorações típicos das *normas de insolvência*.[43]

Pois bem: isto mesmo seria mais facilmente detectável se, na apreciação das normas comunitárias invocadas, houvesse sido prestada atenção mais detida à preocupação normativa que lhes subjaz, à função sócio-jurídica que as mesmas desempenham no contexto do próprio direito comunitário. Reiteramos, pois, a importância de neste contexto se atender ao *âmbito teleológico*, não só *das normas comunitárias* invocadas, como também das *normas nacionais* – no caso de *direito das sociedades* – para chegarmos à decisão mais justa.

Bem melhor no resultado nos pareceu a abordagem do TJUE no já citado acórdão *Diamantis*, em hipótese não muito diferente da que originou o acórdão *Kefalas*. Aí, conquanto reitere em grande medida o que decidiu nesse outro aresto, o Tribunal toma uma interessante posição ao defender que, não obstante a admissibilidade da invocação da base legal do art. 25.º da Segunda Directiva, em si mesma *não abusiva*, há que tomar em consideração o facto de que a acção judicial intentada pelo accionista, com vista a declarar nulo um aumento de capital, vários anos após a sua realização e já após uma ulterior fusão, afectaria incontestavelmente «*direitos de terceiros de boa fé*»[44]. Por esse motivo, olhando aos diversos meios judiciais que estão à disposição do accionista, a escolha de entre eles torna-se relevante numa perspectiva de *abuso de direito*. Assim, o Tribunal de Justiça vê como perfeitamente compatível com o direito comunitário a aplicação das normas estaduais sobre esse instituto «*se um accionista, para remediar uma situação ocorrida em violação da directiva, escolhe entre os meios de acção ao seu dispor, o que causa um prejuízo de tal modo grave aos interesses legítimos de outrem que se revela manifestamente desproporcionado*».

---

[42] Nas citadas conclusões no processo *Halifax*, n.º 69.
[43] Sobre o interessante problema da delimitação do *estatuto societário* em face do *estatuto da insolvência*, Horst Eidenmüller, «Gesellschaftsstatut und Insolvenzstatut», in *RabelsZ*, 70.º, 2006, n.º 3, pp. 474 ss.; Peter Kindler, «Die Abgrenzung von Gesellschafts- und Insolvenzstatut», in Hans-Jürgen Sonnenberger (Hrsg.), *Vorschläge und Berichte zur Reform des europäischen und deutschen internationalen Gesellschaftsrechts*, Mohr Siebeck, Tübingen, 2007, pp. 497 ss.; v. ainda, para outras referências, Rui Dias, *Responsabilidade por Exercício de Influência sobre a Administração de Sociedades Anónimas – Uma Análise de Direito Material e Direito de Conflitos*, Almedina, Coimbra, 2007, pp. 192-194.
[44] Ac. *Diamantis*, n.º 40.

4.2. Há ainda alguns outros aspectos em que a decisão do Tribunal em *Cartesio* não convence em absoluto. Brevemente, vejamos.

É discutível a *negação* de que, no actual estádio do direito comunitário, a interpretação mais conforme ao direito comunitário de uma disposição nacional que preveja a obrigatoriedade de inscrição em registo de uma sede social autorize a inscrição de um endereço situado noutro território – estrangeiro, mas integrante do espaço comunitário. Com efeito, a velha jurisprudência *Marleasing* dizia muito claramente: «*ao aplicar o direito nacional, quer se trate de disposições anteriores ou posteriores à directiva, o órgão jurisdicional nacional chamado a interpretá-lo é obrigado a fazê-lo, na medida do possível, à luz do texto e da finalidade da directiva, para atingir o resultado por ela prosseguido*»[45]. Ora, o que significaria, do ponto de vista dos valores subjacentes à consagração da teoria da sede real, a imposição da aceitação pelo registo comercial húngaro da inscrição de uma sede social situada no estrangeiro (mas no espaço comunitário)? Muito pouco: se, como é tão comum dizer-se, a adopção da teoria da sede real serve sobretudo a protecção dos interesses de credores e de terceiros que se relacionem com a sociedade nesse território[46], então essa imposição em nada brigaria com a afirmação da teoria da sede em relação às sociedades que *efectivamente* tenham a sua administração central na Hungria; antes se estaria como que a *estender* a aplicabilidade da lei húngara para além dos casos em que há a localização da sede no seu território. A crítica que se poderia porventura formular a esta construção é a de que se estaria a subverter ou a manipular a conexão relevante na Hungria, quando na verdade não existe ainda posição legislativa-comunitária ou convencional que contrarie o «*vínculo de dependência*» definido por lei nacional. Mas a crítica rebate-se com a constatação de como em várias outras hipóteses levadas ao Tribunal de Justiça se conduziu, em boa verdade, a uma colocação em causa dos efeitos de uma ou outra teoria (sobretudo da teoria da sede) – ao menos *em toda a sua extensão*. Mais uma vez, as conclusões do Advogado-Geral Poiares Maduro em *Cartesio* pareciam acertadas na chamada de atenção para a impraticabilidade, no actual estado de integração unitária, de qualquer ordem jurídica estadual levar *até às suas últimas consequências* a afirmação da conexão societária para si relevante[47].

---

45 Ac. *Marleasing*, de 13.11.1990 (C-106/89), n.º 8.
46 V. p. ex. Frada de Sousa, *Company's Cross-border Transfer of Seat...*, cit., p. 8.
47 Na Alemanha, está em curso um debatido processo que poderá culminar na adopção da teoria da constituição. Para alguns autores, certas alterações legais às GmbHG e AktG, que resultaram da *MoMiG* (A «Lei de Modernização do Direito das Sociedades de Responsabilidade Limitada [*GmbH*] e Anti-Abuso»), tiveram já consequências ao nível da *lei aplicável* às sociedades [cfr. a nossa breve notícia em n.º anterior da *DSR*: Rui Dias, «A

Ademais, este caso também torna visíveis as dificuldades que os *particularismos de registo comercial* de cada Estado-membro – perante a ausência, à data, de uma verdadeira harmonização a este nível – trazem para a mobilidade das sociedades sujeitas a registo[48]. Não é indubitável que uma maior *interconexão* entre os serviços competentes para estes registos fosse irrelevante para o rompimento da adesão de alguma doutrina e da jurisprudência comunitária à *tese da criação nacional* das sociedades, uma vez que a necessidade de registo das sociedades comerciais *incorpora* muito da imagem *nacionalista* da constituição de sociedades. Interessante é por isso a iniciativa em curso acerca da *interconexão dos registos de empresas*, objecto do Livro Verde[49] publicado em Novembro de 2009, que visa justamente, entre outros objectivos, «*reforçar a cooperação no caso de procedimentos transfronteiras, como fusões transfronteiras, transferências da sede social ou processos de insolvência*»[50]. Pois bem: se em relação às fusões foram dados passos

---

Reforma de 2008 do Direito das *GmbH* (Desenvolvimentos Recentes do Direito das Sociedades na Alemanha)», in *DSR*, n.º 1, 2009, pp. 243 ss., *maxime* pp. 247-248. Cfr. Peter Kindler, «Internationales Gesellschaftsrecht 2009: MoMiG, Trabrennbahn, Cartesio und die Folgen», in *IPRax*, 2009, Heft 3, nas pp. 197-199, onde se pode encontrar notícia sobre o debate acerca do conteúdo e consequências (materiais e/ou conflituais) extraíveis da nova redacção dos §§ 4a GmbHG e 5 AktG (de que resulta a abolição da exigência de coincidência entre sede estatutária e sede real; à semelhança do que *agora* resulta da lei alemã, não existe em Portugal uma coincidência *necessária*, embora *normal* e até *presumível*, entre a *sede real* e a *sede estatutária*: v. Maria Ângela Bento Soares, «A Transferência Internacional»..., cit., pp. 61-62; Lima Pinheiro, *Direito Internacional Privado – Volume II – Direito de Conflitos – Parte Especial*, 3.ª ed., Almedina, Coimbra, 2009, pp. 169-170; Coutinho de Abreu, *Curso de Direito Comercial*..., cit., p. 107, n. 36). O Autor apoia-se designadamente no recente acórdão *Trabrennbahn*, do BGH alemão, que continuou a aplicar a conexão da sede real a uma sociedade anónima *suíça* (portanto *extra-comunitária*), para a afirmação de que a *Sitztheorie* não foi implicitamente abolida pela *MoMiG*. Concordante neste aspecto, Marc-Philippe Weller, «Rechtsquellendogmatik des Gesellschaftskollisionsrechts», in *IPRax*, 2009, Heft 3, pp. 206-207. Quanto ao ac. *Trabrennbahn*, de 27.10.2008 (II ZR 158/06), pode ver-se uma anotação (neste caso crítica) por Eva-Maria Kieninger, precedida pelo texto da decisão, in *NJW* 5/2009, pp. 292-293]. Além disso, continua pendente o processo legislativo atinente à proposta de lei de Janeiro de 2008 no sentido de consagrar-se como conexão relevante a do Estado em cujo registo público a sociedade é inscrita (*Registrierungsstaat*), a que nos referimos já em Rui Dias, «As Sociedades no Comércio Internacional»..., cit., pp. 81-82; cfr. outros elementos em Moura Vicente, «Liberdades Comunitárias»..., cit., pp. 32-33, n. 56.
48 V., com muito interesse, Rafael Arenas García, «La Función del Registro Mercantil en el Derecho Internacional de Sociedades», in *Anuario Español de Derecho Internacional Privado*, 2002, II, pp. 47 ss. (*maxime* pp. 58 ss.).
49 Comissão das Comunidades Europeias, *Livro Verde – A interconexão dos registos de empresas*, COM(2009)614 final, Bruxelas, 4.11.2009.
50 No citado Livro Verde, p. 4.

significativos com a Directiva 2005/56/CE de 26.10.2005[51], de que resultaram os arts. 117.º-A a 117.º-L do CSC português[52], já no que respeita às transferências de sede de sociedades «*de direito nacional*» não está garantida a cooperação «inter-registal»[53].

5. Consequências para a *emigração* (intra-comunitária) de sociedades *portuguesas*

Como é sabido, resulta da jurisprudência assente do Tribunal de Justiça a impossibilidade de serem impostas, pelas ordens jurídicas nacionais, restrições injustificadas ao direito de estabelecimento, o que tem como consequência a protecção pelo direito comunitário da *imigração* ou transferência internacional da sede efectiva de uma sociedade «comunitária» para Portugal.

Mas vejamos, a terminar, se da decisão em análise resulta algum subsídio para a interpretação do direito das sociedades português, no que toca à transferência internacional *emigratória*, para o espaço europeu, de uma sociedade constituída em Portugal e com sede real inicial no nosso território.

No acórdão *Cartesio*, estabelece-se a distinção consoante se trate de uma *emigração* que cause ou não uma *alteração do direito nacional aplicável*. Ou seja, como vimos, a mobilidade das sociedades que adoptam a teoria da sede *na sua formulação mais rígida* não vê aqui nenhuma expansão. Mas... que dizer da situação das sociedades *portuguesas*?

Apesar de a decisão propriamente dita não trazer inovações a este nível, se conferirmos valor ao *obiter dictum* do Tribunal de Justiça no n.º 112[54] do acórdão, poderemos extrair uma conclusão relevante.

---

51 Do Parlamento Europeu e do Conselho, relativa às fusões transfronteiras das sociedades de responsabilidade limitada. Como a Comissão menciona no Livro Verde, também no que respeita às SE e às SCE, os respectivos Regulamentos comunitários prevêem expressamente mecanismos de cooperação entre entidades registais para «*procedimentos transnacionais*».
52 Introduzidos pela Lei n.º 19/2009, de 12 de Maio.
53 Aliás, este é um argumento contra a posição assumida pela própria Comissão Europeia no caso *Cartesio* (cfr. de novo os n.ºs 115-116 do ac.), pois a necessidade de adoptar instrumentos que consagrem essa cooperação entre entidades registais comprova precisamente a impossibilidade de fazer repousar a sua obrigatoriedade geral nos instrumentos legislativos comunitários já existentes.
54 De onde resulta, em suma e lembrando o acima referido, que, para o TJUE, a adesão à *tese da criação nacional* das sociedades não pode «*justificar que o Estado-Membro de cons-*

É que, nos termos do art. 3.º, n.os 4 e 5 do CSC, as sociedades portuguesas que transfiram para o estrangeiro a sua *sede real* mantêm a sua personalidade jurídica, «*se a lei desse país nisso convier*». Ou seja, através de uma regra de direito internacional privado material[55], determina-se que a lei portuguesa não coloca, da sua parte, obstáculos à *emigração* da sociedade, conquanto a lei do *país de imigração* esteja de acordo com a mesma. Ou seja, do lado de Portugal, não há qualquer limitação à *emigração*; e, da parte de todos os Estados-membros, quando são Estados *de acolhimento* da sociedade, não pode haver restrições à *imigração* para as suas ordens jurídicas, agora em resultado da jurisprudência *Centros-Überseering-Inspire Art*.

Significa isto que, em suma, a tomar-se por válido o que consta do n.º 112 do acórdão *Cartesio*, pode dizer-se que as sociedades constituídas e com sede real em Portugal (que gozam de estatuto pessoal português) vêem ser plenamente protegida pela liberdade de estabelecimento das sociedades, consagrada no Tratado, a sua *mobilidade para qualquer outro Estado-membro*, que não poderá impor restrições injustificadas ao seu acolhimento. Portanto, se a decisão propriamente dita no acórdão *Cartesio* não adianta nada às sociedades com sede em Estado-membro que adopte uma concepção rígida da teoria da sede real, já o *obiter dictum* nele inserido tem o sentido de garantir a sociedades constituídas e com sede em ordens jurídicas como a portuguesa a sua mobilidade para o espaço europeu.

---

tituição, ao impor a dissolução e a liquidação dessa sociedade, a impeça de se transformar numa sociedade de direito nacional do outro Estado-Membro, desde que este o permita».
55 Cfr. MOURA RAMOS, «Aspectos Recentes do Direito Internacional Privado Português», in *Das relações privadas internacionais – Estudos de Direito Internacional Privado*, Coimbra Editora, Coimbra, 1995, pp. 112 ss..

Textos para publicação

A Revista aceita a apresentação de textos inéditos para publicação, sujeita a parecer favorável da Comissão de Redacção e à disponibilidade de espaço.

Cada texto não deverá exceder 75.000 caracteres (contando espaços e incluindo notas de rodapé) e deverá observar as seguintes regras gráficas:

- Nomes de autores referidos em texto: em caracteres normais
- Nomes de autores referidos em notas: em maiúsculas pequenas
- Títulos de livros (monografias e obras colectivas): em itálico
- Títulos de textos inseridos em revistas e em obras colectivas: entre aspas, em caracteres normais
- Nomes das revistas: em itálico
- Sinal de aspas primacialmente usado: «» (as chamadas aspas francesas ou baixas)
- Ausência de espaço entre uma palavra e um sinal de pontuação
- Uso das abreviaturas adoptadas pela Revista (v. lista inserida nas primeiras páginas)
- Os textos deverão ser enviados por correio electrónico para *dsr@almedina.net* ou por via postal para:

> *DSR – Direito das Sociedades em Revista*
> **Secretariado da Redacção**
> Edições Almedina, SA
> Rui Dias
> Av. Fernão de Magalhães, n.º 584, 5.º andar
> 3000-174 Coimbra